ATITUDE

SAMUEL FERREIRA

ATITUDE

PRÁTICAS POSITIVAS QUE LEVAM AO SUCESSO

Academia

Preparação: Elisa Nogueira
Revisão: Ceci Meira e Huendel Viana
Diagramação: Vivian Oliveira
Capa: Luiz Sanches Junior

CIP-BRASIL. CATALOGAÇÃO NA PUBLICAÇÃO
SINDICATO NACIONAL DOS EDITORES DE LIVROS, RJ

F44a
Ferreira, Samuel
Atitude: práticas positivas que levam ao sucesso / Samuel Ferreira. – 1. ed. – São Paulo : Planeta, 2017.

ISBN: 978-85-422-1049-1

1. Autorrealização. 2. Técnicas de autoajuda. I. Título.

17-41670 CDD: 158.1
CDD 159.947

2017

EDITORA PLANETA DO BRASIL LTDA.
Rua Padre João Manuel, 100 – 21º andar
Ed. Horsa II – Cerqueira César
01411-000 – São Paulo-SP
www.planetadelivros.com.br
atendimento@editoraplaneta.com.br

À Keila Ferreira, esposa amável e a pessoa mais importante da minha vida.

Aos meus queridos pais, Manoel Ferreira e Irene Ferreira, por serem minhas maiores e melhores referências como seres humanos.

Aos meus diletos filhos, Manoel Ferreira Netto e Marinna Costa Ferreira, motivos de minha grande alegria.

À igreja que presido, Assembleia de Deus, no Brás, pelo carinho e apoio permanente que recebo.

A todos aqueles que buscam a excelência e maximizam o que há de melhor dentro de si.

AGRADECIMENTOS

A gratidão é uma virtude que precisa ser cultivada. E é exatamente por isso que eu quero agradecer ao meu amigo Alex de Mello Cardoso, que tem sido um grande companheiro ao longo de duas décadas. Foi ele quem, cuidadosamente, analisou e deu seu típico toque de mestre aos originais deste livro. Sem a sua prestimosa ajuda, confesso que esta obra não teria sido publicada com tanta graça e beleza.

Agradeço também ao brilhante servo de Deus Oséias Santos Silva, pelo acompanhamento meticuloso de cada etapa da publicação desta obra. Isso já era de esperar, pois ele sempre busca a excelência naquilo que faz.

SUMÁRIO

Apresentação

Esta obra foi escrita com algumas intenções, entre elas, demonstrar a importância das atitudes que devemos ter para que experimentemos uma vida de "sucesso" e para que evitemos os "fracassos".

Ao contrário do que muitos pensam, o sucesso não está disponível para apenas um determinado grupo de pessoas, os que nasceram com "sorte" ou com uma "estrela". Não! Na verdade, eu e você podemos ter sucesso em todas as áreas da nossa vida, e são as atitudes positivas (como as tratadas na primeira parte deste livro) que nos levam a ele. Ter sucesso significa ser eficaz e vitorioso naquilo que se realiza. O sucesso pode estar vinculado à fama, mas não necessariamente é assim. Pode redundar em resultados financeiros, mas nem sempre. Talvez seja confundido com o estrelato, mas, na verdade, está ao alcance de pessoas comuns como nós.

Cheguei à conclusão de que o sucesso é, na verdade, um lugar ao qual se chega mediante uma caminhada responsável, dedicada e honesta e por meio de uma vida de oração. Estarmos conectados a Deus nos torna bem-sucedidos porque nos submetemos Àquele que conhece em detalhes o ontem, o hoje e o amanhã, Àquele que é capaz de nos ensinar e de nos ajudar a moldar nosso caráter para que possamos usufruir dessa condição, a qual Ele conhece tão bem! Afinal, Deus nunca fracassou e jamais fracassará. O motivo? Ele sempre conclui de forma excelente aquilo que começa (Filipenses 1:6). Assim, atinge o sucesso quem toma atitudes para chegar ao final feliz de seu empreendimento, projeto, plano. Em sua sabedoria, o rei Salomão registrou: "O fim das coisas é melhor do que o seu início" (Eclesiastes 7:8a). Isso porque muitos começam, mas poucos concluem. Aquele que não parou, que não desistiu, que não desanimou, mas, ao contrário, persistiu e chegou ao final de seus projetos, esse cumpriu o propósito que havia determinado para si. Esse teve atitude e alcançou o sucesso!

O profeta Isaías nos mostra como é importante sermos bem-sucedidos em nossos planos. Veja o que ele disse a respeito: "Mas o homem nobre faz planos nobres, e graças aos seus feitos nobres permanece firme" (Isaías 32:8). Note que para se chegar ao fim que se deseja é preciso ter atitudes (feitos), além de uma qualidade que pouco se vê: a nobreza. Essa, aliás, é uma virtude pouco apreciada nos dias de hoje e pouco cobiçada, porém fundamental. O grande escritor e poeta italiano Dante Alighieri disse que "amor e coração nobre são uma única coisa". Realize seus projetos com amor.

Creio que está na hora de trazermos a nobreza para o nosso caráter. Neste livro, falaremos de inúmeras características que precisam fazer parte do caráter de alguém nobre, como excelência, responsabilidade e disciplina. Podemos aprender muito com elas. Trataremos ainda de atitudes que decorrem de sentimentos que os nobres precisam extirpar de sua vida, como orgulho, medo, vingança e outros. Nestas páginas, entenderemos que o sucesso não é fruto do acaso, ainda que tenha sido resultado de alguma situação não planejada. O fato é que alguém se dedicou para que o resultado acontecesse, seja com trabalho, com ideias, com oração, com investimento financeiro.

Será que é preciso ter atitude para se chegar ao sucesso? Óbvio! Ninguém chegará a lugar algum se ficar parado em suas questões, temores, preguiças, incapacidades. Ou se ficar paralisado, inerte, estático. Não! Por isso tratamos de atitudes nesta obra. Aprendemos que ideias que ficam apenas no papel estão fadadas a cair no esquecimento, inclusive de quem as concebeu.

Esta obra está recheada de citações e conselhos de pessoas nobres – sábios, estudiosos, cientistas, escritores, filósofos – e de valiosos ensinamentos da Bíblia Sagrada. Meu desejo é que, a partir desses pensamentos, você possa refletir e despertar para uma vida de sucesso saudável e duradouro. Que você venha a lutar por ele, a trabalhar para alcançá-lo. Ah, como desejo que você tenha atitudes de sucesso em todas as áreas de sua vida!

O autor

Introdução

Vivemos no século XXI, uma época em que se transmite a todos os povos, indistintamente, a seguinte mensagem: "Tenham atitude!". Essa espécie de pregação acontece por diversos meios e nem sempre com palavras. Na realidade, o que esses formadores – ou supostos formadores – de opinião querem é que os outros tenham a atitude que eles estão tentando impor. Atitudes baseadas em conceitos modernos, como novas concepções de família, de autoridade, de felicidade, de prazer... Para isso, buscam convencer, por meio de propagandas, sobre a importância do *ter*, e não mais do *ser*, entre outras coisas.

Infelizmente, essa cultura do ter é uma das maiores responsáveis por distúrbios em jovens, que, para ter certos artigos, acabam enveredando pela criminalidade, por exemplo. Eles desejam obter o status vendido pelas fartas propagandas de marcas e grifes, exibidas em todas as mídias. É como se a publicidade dissesse "quem usa essa marca conquista, é um vencedor, é uma pessoa de sucesso" ou "só quem tem esse produto é o cara!". Aliás, a expressão "é o cara" acabou também se tornando uma marca, a marca daquele que é mais bem-sucedido que todos.

O que existe, na verdade, é uma total inversão de valores e uma supervalorização das coisas em detrimento das causas. Assim, o tênis, a casa, o carro, a roupa, os objetos tornam-se os chamados "sonhos de consumo". De posse deles, as pessoas sentem-se felizes e realizadas, ainda que por um breve momento, porque logo precisarão de mais coisas para sentirem-se novamente felizes e realizadas e, assim, terem prazer. É como uma espécie de droga que nunca basta. Muitos, aliás, ficam viciados em consumo! E, para se sentirem bem, compram, compram, compram... Transformam-se, assim, em consumidores contumazes.

Mas será essa a atitude que de fato devemos ter? Se fizermos uma breve análise, teremos como resposta um sonoro "não!". Ter atitude vai além dessas efemeridades. Para ter a atitude que interessa e importa de verdade é preciso ter autoconhecimento. É preciso buscar dentro de si mesmo os ingredientes que devem ser utilizados para compor essa personalidade e descartar aqueles que poderão estragá-la.

Infelizmente, a palavra "atitude" e seus conceitos seculares e midiáticos acabam sendo absorvidos por todos indistintamente. Mas há uma razão para isso. Visite uma livraria, física ou virtual, e procure títulos que tratem desse assunto. Logo descobrirá dezenas de livros. Parte desses volumes terá como intenção indicar caminhos para uma multidão ávida por incorporar à sua vida condutas que, ainda que os leitores não saibam, são esperadas por outros autores deste tempo, principalmente por aqueles ligados aos cenários intelectual e cultural. Essas obras proliferam nas estantes das livrarias com o intuito de ensinar a essa multidão como ter a tal "atitude". Para isso, trazem centenas de receitas, dicas e tutoriais. Tudo genérico, claro, mas que o leitor (consumidor) acredita ser ideal e feito sob medida para ele.

Esses autores, na verdade, apoderam-se do título de formadores de opinião, os tais "fazedores de comportamentos", e tornam-se, por isso, detentores de enorme respeito na abordagem de diversos temas sociais, dos mais aos menos relevantes. Eles são chamados de especialistas, pesquisadores ou estudiosos do assunto em voga. Mas não vamos aqui culpá-los. Se eles existem é porque há uma demanda. Se eles são muitos é porque a demanda é grande. O que desejo é trazer algumas reflexões sobre atitudes que estão ao nosso alcance, para que possamos conhecê-las e adaptá-las à nossa personalidade, e, assim, adquirir o comportamento apropriado ao nosso jeito de ser.

"Tenha atitude!" é uma frase de impacto, desafiadora, ditada de forma imperativa pela mídia como se isso fosse algo simples e mágico! Ela imprime certa obrigação de mudança de hábitos e comportamentos criticados ou não aceitos pelos demais. Essa frase pode ser transmitida de forma subliminar e passar despercebida pela nossa razão, mas, na verdade, estará lá, dentro de nós, gritando: "Ei, seja diferente do que você tem sido!". Ela pode estar escondida entre imagens e sorrisos, em ambientes de pura felicidade, envolta em um verdadeiro tratamento publicitário convincente, atrativo e apelativo para incutir, em nossas mentes, ideias que, muitas vezes, são reprováveis e antagônicas aos valores que adquirimos ou nos quais acreditamos. Para isso, seus autores não medem esforços, dinheiro e criatividade.

"Como o homem imagina em sua alma, assim ele é", dizem as Escrituras em Provérbios 23:7. Diante disso, pergunto: qual é a imagem que você tem em sua alma ou em sua mente? O que você tem imaginado? Serão vontades próprias ou adquiridas por conta das excessivas e persistentes propagandas que recebe por todos os meios?

É preciso refletir sobre isso.

O fato é que as pessoas sentem um forte desejo de adquirir os comportamentos que a publicidade "vende" e apregoa como sendo responsáveis pelo sucesso. Elas acreditam que esses "comportamentos ideais" podem ser facilmente alcançados por intermédio de receitas fartamente disponíveis e compartilhadas via internet ou pelos ditadores de comportamento que nos cercam por todos os demais meios.

De novo, não estou querendo dizer que ter atitude é algo errado. Não é! O que estou dizendo é que precisamos tomar cuidado com a atitude que nos dizem que precisamos ter. Existem atitudes e atitudes. Umas nos levam a viver o sucesso, e essas não aparecem como um passe de mágica. Outras nos levam ao fracasso, e essas muitas vezes estão por toda parte, sendo despejadas, sem nenhum critério ou proteção, pelo nosso subconsciente.

Com este livro, quero entrar nessa seara voltando o olhar para uma série de ações, positivas e negativas, que devem ou não fazer parte, segundo meu ponto de vista, do comportamento daqueles que desejam ou precisam ter atitudes capazes de levá-los a uma vida bem-sucedida. Atitudes que não sejam efêmeras e que não nos satisfaçam apenas em determinado momento da nossa história, mas que possam ser incorporadas por nós, levando-nos ao crescimento pessoal, profissional e espiritual. Atitudes que surgem não por conta dos apelos da publicidade ou de um grupo social, mas cultivadas dentro de nós mesmos. Não atitudes falsas, fabricadas por terceiros que exigem certo comportamento de nós para, quem sabe, admitir-nos em seus círculos de relacionamentos. Precisamos, sim, de atitudes que verdadeiramente nos satisfaçam e que satisfaçam ainda mais ao conjunto de valores e crenças no qual está baseada a nossa existência.

Há, de fato, uma necessidade urgente de termos atitude. Porém, isso não é algo mágico. Não é também algo que poderá ser trocado daqui a pouco, a depender da conjuntura econômica, política ou social ou das pregações de profetas e gurus contemporâneos. Ter atitude não deve ser uma imposição nem resultado da expectativa de terceiros em relação a nós.

Ter atitude significa preservar sua identidade única. Para ter atitude é necessário também ter ousadia para romper com o estado de coisas – o chamado *status quo* – que estamos vivenciando no século XXI. Ter atitude é não reproduzir comportamentos vendidos ou oferecidos como se fossem uma franquia, disponibilizados em prateleiras de supermercados ou em gôndolas de lojas.

E, ainda, ter atitude deve ser algo que nos lance a um patamar mais elevado de consideração e a uma convivência harmoniosa com nós mesmos, em vez de nos moldar ou nos conformar a um exército uniformizado, idealizado e recrutado pela contemporaneidade.

Como está escrito na Bíblia Sagrada, "não se amoldem ao padrão deste mundo, mas transformem-se pela renovação da sua mente, para que sejam capazes de experimentar e comprovar a boa, agradável e perfeita vontade de Deus" (Romanos 12:2). Essa é a recomendação de Deus, o autor das nossas vidas, que nos direciona a termos a atitude que nos diferenciará de tudo o que há por aí.

Temos de nos tornar a transformação que queremos ver no mundo. O escritor irlandês C. S. Lewis (1898-1963) disse:

> Pode ser difícil para um ovo se transformar em um pássaro, mas seria muito mais difícil, e uma cena deveras divertida, que o pássaro tentasse voar enquanto permanece um ovo. Hoje nós somos como ovos. Mas não podemos nos contentar em sermos para sempre um ovo comum, ainda que decente. Precisamos quebrar a casca ou apodreceremos.

Tomemos, agora mesmo, uma atitude para romper a casca do nosso ovo e descubramos o pássaro encantador que existe dentro de cada um de nós!

Reverendo Samuel Ferreira
Inverno de 2016

PARTE I

Atitudes positivas que levam ao sucesso

CAPÍTULO 1

Excelência

> A excelência pode ser obtida se você se importa mais do que os outros julgam ser necessário, se arrisca mais do que os outros julgam ser seguro, sonha mais do que os outros julgam ser prático e espera mais do que os outros julgam ser possível.
>
> *Vince Thomas Lombardi*

"O bom é inimigo do ótimo." Com esse conceito, o consultor norte-americano Jim Collins (1958), em sua obra *Empresas feitas para vencer*, nos faz entender que há certo comodismo em realizar coisas de forma boa, satisfatória, e que esse comodismo nos impede de avançar em qualidade, de realizar mais e melhor. O fato é que não podemos conformar-nos em viver como se fôssemos pardais quando, na verdade, fomos criados com o potencial para ser águias. Se nós podemos voar, não há por que aceitarmos rastejar. Há sempre a possibilidade de atingir metas mais dignas e sublimes.

François Marie Arouet, mais conhecido como Voltaire (1694-1778), defendeu que é melhor fazer algo, ainda que não possa ser feito com perfeição, do que deixar de fazê-lo, porque o que se busca, na maioria das vezes, é a superação da qualidade do que se faz. Olhando por esse lado, sou obrigado a concordar com o escritor e filósofo francês. Porém, acredito que precisamos, sim, buscar o melhor resultado naquilo que desejamos realizar, pois o que merece ser feito precisa ser bem-feito!

Vivemos em uma sociedade competitiva, que nos impulsiona e nos desafia a apresentar nossos melhores resultados, sob o risco de sermos deixados para trás. Esses desafios surgem na vida acadêmica, profissional e até mesmo eclesiástica. Ninguém quer menos de nós. Todos querem o máximo!

Quem nunca ouviu que qualidade é melhor do que quantidade? Na correria do dia a dia, muitos pais se ressentem de não poderem estar junto de seus filhos, especialmente se ainda são pequenos. O excesso de trabalho, as longas distâncias percorridas de um ponto a outro dentro da cidade grande, o trânsito caótico e as inúmeras atividades das quais participam acabam por tornar esse convívio menos próximo. O sentimento de culpa desses genitores tem sido abrandado por pedagogos e psicólogos que recitam, para esses pais frustrados, essa máxima. Então, mais animados e menos culpados, eles se convencem de que essa frase faz sentido e dizem para si mesmos: "Bem, realmente, se só posso passar pouco tempo com meu filho, que seja aproveitado da melhor forma".

Mas será que a qualidade desse intervalo de tempo é excelente? Ouso dizer que quem vai avaliar essa questão é o outro, o filho, aquele a quem é doado esse tempo. Se suas expectativas forem preenchidas nesse intervalo, pode-se considerar que o tempo foi bem aproveitado. Mas, se esse tempo for capaz de superar as expectativas do filho, aí, então, pode-se classificá-lo como excelente.

Se existe uma atividade que nos faz entender quão importante é a excelência, essa atividade é a esportiva. Nela, tanto o treino como o talento são produtores de ações excelentes. Ela nos ensina que o treinamento torna-nos capazes de realizar uma ação de modo cada vez melhor, ainda que seja simplesmente um chute!

No Brasil, o país do futebol, chutar é algo básico. Mas, quando batemos o pé em uma bola, temos um objetivo, que é fazê-la entrar no gol. Um chute sem qualidade dificilmente estufará a rede, a menos que isso aconteça por um simples acaso. Mas o acaso, como sabemos, é raro e acontece de forma involuntária. Portanto, para que tenhamos eficácia em nosso chute, é preciso chutar muito, chutar o máximo possível. Cansar de chutar. Chutar muitas vezes, até sentirmos dor nos pés e nas pernas!

Essa repetição produzirá resultados. E, quanto mais treino, mais excelentes serão os resultados. O que quero dizer é que, caso você não tenha nascido com o talento que o tornará excelente em suas atividades, treine. Treine o máximo possível. Dedique um tempo de qualidade, de excelência, a essa tarefa, e o resultado também será excelente.

A excelência não acontece por acaso. Ela é fruto de muito treino e vontade de fazer algo cada vez melhor. É diferente do perfeccionismo, que é um defeito de personalidade, uma busca exagerada pela perfeição. A excelência é virtuosa e torna-nos mais hábeis a cada dia, de tal forma que possamos oferecer nosso melhor.

O aluno nota dez

Em seu livro *Um bom professor faz toda a diferença*, o poeta e professor nova-iorquino Taylor Mali (1965) fala sobre o método de Henry Kissinger (1923), secretário de Estado do presidente Richard Nixon (1913-1994), para obter o máximo de alguém:

> Kissinger pediu a um assessor que preparasse um relatório. O assessor assim o fez, mas Kissinger devolveu o documento naquele mesmo dia com um bilhete que dizia: “Sinto muito, não está bom o bastante”. O assessor ficou sem graça, admitindo que Kissinger estava certo. Constrangido, revisou o próprio trabalho, achando que dessa vez o aperfeiçoara de forma significativa. Novamente, o secretário rejeitou o relatório com uma observação semelhante: “Ainda não está nem perto de ser bom o bastante”. A essa altura, o assessor estava apavorado. Ele cancelou seus planos e passou a noite em claro burilando seu trabalho. Corrigiu erros bobos que não tinha percebido antes e acrescentou uma seção de análise que

> ajudava a amarrar todas as ideias do texto. Dessa vez achava que tinha feito o melhor trabalho possível, então, em vez de apenas submeter o relatório como nas vezes anteriores, ele marcou hora para entregá-lo pessoalmente a Kissinger.
>
> "Senhor secretário", ele disse, "escrevi este relatório três vezes e por duas o senhor o devolveu, alegando que não estava bom o bastante. Senhor, o que estou lhe entregando agora é absolutamente o melhor que posso fazer, portanto, se não for bom o suficiente, eu não sou a pessoa certa para esse cargo." Kissinger lhe agradeceu, sorriu, pegou o relatório e lhe declarou: "Ótimo. Desta vez eu vou mesmo ler o seu relatório".

Taylor Mali diz, no livro, que pensou nessa história quando preparava seu poema "O que os professores fazem", que, pelo sucesso e pela repercussão mundiais, acabou se transformando no livro citado acima. Taylor afirma que o papel dos professores é fazer "os alunos trabalharem mais do que eles imaginavam ser possível". Para o autor, o professor deve conseguir fazer uma nota nove parecer um "tapa na cara" do aluno.

> Quando você não entrega o seu melhor trabalho possível para avaliação, todos perdem. Uma nota nove pode ser de fato um insulto para um estudante que tem potencial para realizar um trabalho digno de nota dez.

Evidentemente que, para uns, a nota nove será a excelência, mas eles só saberão que a alcançaram depois de terem feito e refeito, escrito e reescrito, burilado, refinado, apurado e aprimorado o que lhes foi proposto. Quem sabe, após esses processos, não recebam nota dez?

Insistir ou persistir?

Embora tenham significados semelhantes nos dicionários de língua portuguesa, os verbos "insistir" e "persistir" ganham sentidos diferentes quando aplicados a ações. Normalmente, a insistência é negativa e inoportuna e deve ser evitada; já a persistência é estimulada e vista como virtude, como firmeza de caráter.

Muitos dizem a si mesmos que não insistirão em determinada atividade, como se fosse uma perda de tempo tentar novamente realizar algo que não ficou bom ou que não deu certo. Mas também podem ouvir de outros sobre suas tentativas fracassadas: "Persista! Você pode. Você consegue!".

A excelência decorre de muita insistência. O êxito vem após muita persistência. O ator, diretor e produtor inglês Charlie Chaplin (1889-1977) disse: "A persistência é o caminho do êxito". Dificilmente obteremos resultados excelentes com uma única tentativa. Claro que essa possibilidade existe, mas no campo da genialidade, das pessoas que demonstram capacidades inatas insuperáveis e realizam feitos que não voltam a ser repetidos por séculos.

Para as demais pessoas, resultados excelentes só chegam após muito se trabalhar por eles. Chega-se muitas vezes a desejar desistir de um objetivo complicado, mas, ao perseverar (persistir e insistir) e empenhar-se em busca deste propósito, é possível obtê-lo.

Por meio de uma célebre frase, o filósofo grego Aristóteles (384-322 a.C.) nos ajuda a compreender melhor essa questão: "Nós somos aquilo que fazemos repetidamente. Excelência, então, não é um modo de agir, mas um hábito". Ele está falando daquilo que chamamos de prática. Quanto mais nos dedicarmos à realização de algo, melhores nos tornaremos em sua execução.

Talento refinado

Um excelente pianista passa longas horas dedilhando seu instrumento, a ponto de sentir-se exausto, como se estivesse realizando uma tarefa braçal extenuante. Ele se cansa muito porque sua meta é alcançar a excelência em suas apresentações. Ele não quer ser apenas mais um pianista e treina para ser aquele que executará de forma excepcional as peças que qualquer pianista pode simplesmente tocar!

Sua postura, seu envolvimento, sua entrega durante as apresentações formam um conjunto que torna seu talento refinado. À medida que dedica horas ao seu instrumento, livra-se das impurezas e dos detritos que poderiam igualá-lo aos demais pianistas. Seu talento vai sendo aprimorado. Ele começa a eliminar aquilo que certamente o impediria de ser o melhor profissional.

Da mesma forma, uma bailarina clássica se esmera e passa horas a fio, em uma jornada muitas vezes diária, sobre as duras ponteiras de suas sapatilhas com a finalidade de apresentar-se de forma esplêndida para a plateia, à qual ela deseja entregar mais do que uma dança. Nessa busca, há sofrimento, dores, calos e bolhas de sangue nos dedos! Durante os exercícios, ela cai, levanta-se, cai, levanta-se... Há cansaço, estresse e o temor de não conseguir alcançar seu objetivo. Mas a bailarina não desiste, e o resultado, que pode ser apreciado no grande dia da apresentação, é a graça de seus movimentos, nos quais há excelência.

Voltando à história contada pelo professor Mali, imagine quão difícil foi para o assessor de Henry Kissinger ter de refazer seu relatório. Imagine a sua preocupação: "Será que desta vez ele vai aprovar? Será que estou fazendo o que ele espera de mim? Será que sou capaz de fazer algo bom o suficiente?".

Esses dilemas vêm à mente daqueles que se esforçam para realizar suas atividades com excelência. Isso é natural. Isso é humano! Mas essas preocupações não os impedem de prosseguir e perseguir sua meta, porque há uma insatisfação com resultados medíocres, aqueles que qualquer um poderia obter.

O jogador de futebol português Cristiano Ronaldo já ganhou o troféu Bola de Ouro quatro vezes e já recebeu da FIFA, mais de uma vez, o título de melhor jogador do mundo, mas esse reconhecimento é fruto de um empenho pessoal que poucos conheciam antes que a imprensa o revelasse. Além dos habituais exercícios físicos extenuantes feitos pelo jogador português e por seus colegas, Ronaldo adiciona dificuldades às séries de exercícios que trabalham força e condicionamento físico, aprimorando seu desempenho em campo. Essas práticas exaustivas o tornaram um jogador fenomenal. Ele refina seu talento dia a dia em busca da excelência. Desse enorme esforço decorre seu sucesso!

Superando os limites

Esses poucos casos são suficientes para nos fazer entender que a persistência, através do treino e da dedicação, é o caminho para o destino onde a excelência nos aguarda. A persistência gera excelência! Todos aqueles que citei aqui precisaram superar seus próprios limites, quer físicos, quer psicológicos, emocionais, técnicos e até mesmo referenciais.

Muitos daqueles que ultrapassaram limites não tiveram em quem se espelhar, mas simplesmente quiseram ir além das próprias capacidades. Quem seria uma inspiração ou uma referência para Booker Washington (1856-1915)? Negro e nascido como escravo nos Estados Unidos, ele não frequentou a escola quando criança. Apesar dos reveses que enfrentou, determinou-se a estudar e entrou para o Instituto Normal e de Agricultura de Hampton, na Virgínia, onde trabalhou como zelador para pagar os estudos. Graduado, passou a lecionar para crianças e adultos. Em sua biografia, Booker é citado como educador, autor, orador e assessor de presidentes dos Estados Unidos.

O psicólogo norte-americano David W. Johnson (1940) asseverou que "não há limite de velocidade na estrada para a excelência". Essa frase parece encaixar-se perfeitamente na trajetória de Booker Washington, cuja corrida em busca do conhecimento levou-o a tornar-se conselheiro de presidentes norte-americanos. Apesar de sua origem simples, tornou-se um transmissor de sabedoria para aqueles que tinham em suas mãos a liderança de uma grande nação.

Paulo de Tarso também nos ensina que nossos limites podem ser superados. O apóstolo dos gentios disse para os crentes de Corinto que estavam limitados aos seus próprios sentimentos: "Não lhes estamos limitando nosso afeto, mas vocês nos estão limitando o afeto que têm por nós" (2 Coríntios 6:12). É importante que não coloquemos a culpa desses limites nos outros, mas que reconheçamos que são pessoais e que muitas vezes estão vinculados ou condicionados aos nossos sentimentos de incapacidade. Porém, se decidirmos, como Booker, romper essa condição pessoal, alcançaremos o sucesso com excelência.

Um famoso pregador da Igreja Batista inglesa durante a era vitoriana, Charles Haddon Spurgeon (1834-1892), conhecido como C. H. Spurgeon, afirmava que "muitas pessoas devem as grandezas de suas vidas aos problemas e obstáculos que tiveram que vencer", ou seja, o que as impulsionou não foram referências de sucesso, mas suas próprias perspectivas de fracasso. Pode ter sido esse o motivo do êxito de Booker Washington?

Spurgeon nasceu com um dom especial ou sobrenatural para a exposição de textos bíblicos, transformando-os em mensagens ricas, poderosas e vivas e influenciando, assim, a vida de seus ouvintes. Por essa razão, era chamado de "príncipe dos pregadores". Mas, mesmo tendo tão reconhecido talento, ele se esmerava em fazer o melhor, e isso se tornou uma marca de exaltação do seu chamado ministerial, algo que o diferenciava dos demais.

Outro grande exemplo de superação de limites, nesse caso físicos e até emocionais, é dado pelos atletas paraolímpicos. Só o fato de estarem em uma competição já demonstra quão determinados – insistentes e persistentes – são ao ignorarem sua condição, que poderia ser uma bela desculpa para não fazerem literalmente nada da vida. Não satisfeitos em disputarem com seus adversários, esses atletas buscam a excelência da medalha de ouro.

Porém, o destaque não é o pódio, o troféu ou a medalha recebida. Não acredito que esses sejam os prêmios perseguidos pelos atletas. Na verdade, são apenas recompensas pela quebra dos limites – próprios ou impostos, ou ambos. Essa quebra de limites é muitas vezes transformada em recordes, distinguindo alguns atletas daqueles que não foram tão longe nem tão rápido nessa estrada da excelência descrita por David W. Johnson.

Penso que a láurea mais importante é a superação dos limites humanos. É de fato emocionante testemunhar um atleta superando suas dores musculares e ver o esforço pessoal que leva seu corpo, muitas vezes extenuado, a obedecer à determinação de chegar ao fim da prova e romper a fita que o aguarda lá na frente ou superar alturas, profundidades, velocidades. A garra traduzida em gritos, uivos e expressões de absoluta dor é a marca destes homens e mulheres em busca da excelência.

Fugindo do perfeccionismo

Por que o perfeccionismo não significa excelência? Na verdade, o perfeccionismo atende às exigências da própria pessoa que realiza a tarefa, numa forma individualista de satisfação, ao passo que uma tarefa feita com excelência visa a atender com qualidade excepcional ao outro, e não ao próprio executante da tarefa. É como se fossem sentimentos. O primeiro é egoísta, o segundo, altruísta. Por isso, o perfeccionismo pode ser considerado um defeito de personalidade, ao contrário da excelência, que denota uma preocupação em ir além da expectativa de alguém.

O perfeccionismo também é condenável porque busca, na maioria das vezes, não cometer erros, em vez de procurar superar a qualidade com que a tarefa é realizada. O psiquiatra brasileiro Augusto Cury (1958) diz: "Todos sabem que errar é humano. Mas insistimos em sermos deuses, temos a necessidade neurótica de sermos perfeitos". O perfeccionista é neurótico. Quando seu intento não é alcançado, torna-se uma pessoa frustrada.

Quase todas as pessoas lavam ou já lavaram, pelo menos uma vez na vida, a louça do almoço ou do jantar. É uma tarefa cotidiana em todas as casas. Acontece que há pessoas que lavam a louça de forma primorosa, mesmo sabendo que ela logo estará suja novamente. Será que é preciso tanto empenho em torná-la limpa? Acontece que a louça será usada por alguém, e isso vale o empenho na limpeza. Por isso, essas pessoas deixam copos, pratos e talheres limpíssimos. Empenham-se de forma excepcional em uma simples tarefa do lar e tornam-se excelentes nela!

Muitas vezes, o que procuramos é realizar algo que ninguém nunca realizou. Talvez esteja na hora de realizarmos aquilo que todos fazem, porém de uma forma diferente, pois "a excelência consiste em fazer algo comum de maneira incomum", disse Booker Washington. Isso pode nos tornar bem-sucedidos em nossa empresa, negócio, lar, ministério ou relacionamento.

A excelência é divina

Se a excelência fosse uma pessoa, ela seria revestida da presença de Deus. A excelência não abriga em si nada que a desqualifique. Ela só exibe qualidades, as mais excelsas. Mas, diante disso, como seria possível alguém como nós agir de forma excelente? Somos falhos e repletos de defeitos, incomparáveis, portanto, a tal superioridade. Como podemos ter atitudes de sucesso se elas pressupõem excelência?

Quero discorrer a respeito desse tema, buscando socorro, novamente, em um texto primoroso do apóstolo Paulo. Veja o que ele diz em 2 Coríntios 4:7: "Mas temos esse tesouro em vasos de barro, para mostrar que esse poder que a tudo excede provém de Deus, e não de nós".

Tudo o que Deus fez em sua criação foi perfeito. Podemos constatar as obras das Suas mãos na natureza, nos animais, no ser humano. Ah, este, inclusive, contou com a excelência de Deus em sua formação e ainda recebeu o Seu divino sopro para, assim, abrigar dentro de si uma porção do Espírito Excelente de Deus. Isso nos leva a crer que temos toda a capacidade de realizar qualquer atividade de forma excelente, afinal abrigamos essa excelência em nós. Paulo diz que somos considerados "vasos de barro", algo muito frágil, que pode, com qualquer descuido, partir-se, rachar, quebrar-se. Mas, dentro de nós, foi depositado o Espírito de Deus, que é a excelência compartilhada pelo Criador conosco, seres simples, falhos e mortais.

Então, se temos esse conteúdo precioso, podemos realizar as tarefas que nos são apresentadas com excelência. Qualquer um de nós pode! Tanto isso é verdade que, quando nos criou, Deus nos deu duas nobres tarefas, que, aliás, deveriam ser, e foram, realizadas com excelência. A primeira delas era lavrar a terra (o Jardim do Éden) e a segunda era dar nome aos animais. Uma atividade era braçal; a outra, intelectual. Porém, era preciso ter capacidade divina para executar ambas. E, para isso, ali estava o Espírito Excelente, dentro do ser humano, para lhe dar condições de executar ambas as tarefas solicitadas com o primor que elas exigiam.

Você imagina os cachorros sendo chamados de peixes? Ou as girafas com o nome de borboletas? Você não acha que os nomes escolhidos por Adão, o primeiro homem, foram perfeitos para os bichos? Descontração à parte, o fato de Adão ter sido designado por Deus para realizar essas tarefas mostra que Ele sabia que o ser humano teria capacidade – e criatividade – para continuar a obra que Ele havia iniciado. Se o próprio Deus a classificou como boa, Adão certamente não faria nada que a pudesse piorar! Sua tarefa era dar continuidade à missão (ou propósito) dentro do padrão que Deus havia criado.

Você já parou para pensar no motivo pelo qual Deus criou você? Qual é sua missão ou seu propósito nesta terra? Esta talvez seja a pergunta mais difícil de ser respondida. Talvez, se perguntássemos isso a nosso círculo de amigos, ouvíssemos diversas respostas, mas todas sem consistência ou convicção. "Para ser feliz", diriam alguns; "para fazer outros felizes", responderiam outros; "para nascer, viver e morrer", falariam os mais pragmáticos. A maioria talvez dissesse "Não sei!". Pense, agora, por si mesmo: qual terá sido o propósito de Deus para a sua existência? Tenha certeza de que existe um! Você não é fruto do acaso nem de um erro, mas de um propósito excelente de Deus! O fato é que Deus tem expectativas em relação a você. Ele nos criou com propósitos que já foram declarados ao primeiro ser humano, ou seja, dar continuidade àquilo que Ele criou.

Eu me arrisco a dizer que Deus criou você para que lavre a terra, que é a sua própria vida. Para isso, Ele o dotou do Seu Espírito Excelente, de dons, de talentos e de inteligência. Cultive seus sonhos, cuide deste jardim de forma excelente para que você possa colher suas realizações com sucesso. Deus o incumbiu de dar nomes para as situações que se apresentam em sua vida. Talvez você esteja nomeando como fracasso aquilo que pode ser um sucesso ou denominando o que é ruim como bom. Pare e pense. Reflita a respeito dessa capacidade que Deus lhe deu e comece a usufruir da excelência que habita em você.

Rompa seus limites, avance sobre as impossibilidades e não fique preso a desculpas. O cientista e homem público norte-americano

Benjamin Franklin (1706-1790) dizia que "as pessoas que são boas em arranjar desculpas raramente são boas em qualquer outra coisa". Se a capacidade de realização é bloqueada, seja por qual motivo for, uma pessoa estará muito distante de empreender algo e, quem sabe, assim, experimentar o sucesso.

Empreender é arriscar. Não há garantia de que o sucesso será alcançado, por mais que haja conhecimento ou talento, mas ter essa consciência pode ser de grande utilidade para que não haja decepção com os eventuais fracassos.

Abraham Lincoln (1809-1865) foi o 16º presidente dos Estados Unidos, feito que conquistou apesar de sua infância turbulenta. Sua mãe morreu quando ele tinha apenas 9 anos; dois anos antes, o pai havia perdido a propriedade da família. Lincoln não teve educação regular e frequentava a escola esporadicamente, o que apenas lhe permitia ler, escrever e fazer algumas contas básicas.

Esse histórico, por si só, talvez o impedisse de chegar à posição de homem mais poderoso do mundo, mas ele foi um dos presidentes mais admirados de todos os tempos, modelo e exemplo para tantos que vieram posteriormente, até os dias de hoje. Imagino que o motivo de seu sucesso tenha sido sua coragem em assumir que era permitido errar. Lincoln simplesmente não tinha problema em dizer que ele era o responsável por algo que tinha dado errado.

Essa atitude, sem dúvida, apresenta duas interessantes facetas: expor sua humanidade, permitindo que todos soubessem que, tendo dado certo ou errado, alguém, um humano como qualquer outro, havia sido responsável por determinada ação e mostrar que é permitido tentar refazer algo que não deu certo. Isso é fantástico! Lincoln era o cara! Não apenas como um ícone, mas como um ser humano sujeito a erros, como qualquer um, e corajoso, como poucos, para persistir em seu projeto de acertar, de realizar o excelente.

Em seu livro *Chamados à excelência*, Heet Varnadoe diz que

> A estrada para o sucesso e para a excelência é sinuosa e nos leva a muitos lugares rochosos, muitos rios furiosos e muitos temporais. Contudo, se perseverarmos com vistas ao objetivo e buscarmos

aprender com os outros e a ouvir a voz de Deus, sempre descobriremos, com alegria, que o próximo destino é exatamente aquele que nós queríamos.

Superando expectativas

Qual é o sentimento que vem ao seu coração quando, após muitas tentativas, você consegue ter êxito em uma empreitada? É difícil defini-lo ou exprimi-lo, não é mesmo? Mas, com certeza, é mais gratificante do que simplesmente acertar algo logo na primeira vez. Não damos valor ao que acontece de forma fácil, mas aquilo que nos custa, que nos desafia, torna-se um marco em nossa história.

Aqueles atletas dos quais falamos, que buscam superar limites, certamente darão mais entrevistas e terão mais alegria ao relatar o quanto foi difícil quebrar um recorde após treinos e treinos, tentativas frustradas e fracassos. Eles serão mais admirados por sua persistência. Aquela bailarina e aquele pianista serão muito mais aplaudidos. Ou melhor, eles serão aplaudidos de pé ao executarem suas peças de forma brilhante depois de superarem todos os obstáculos que surgiram até chegar o grande dia de suas apresentações.

João Carlos Martins é um talentosíssimo pianista brasileiro e um dos maiores intérpretes das obras de Johann Sebastian Bach (1685--1750). Seu trabalho é internacionalmente reconhecido e admirado. Ainda menino, começou a aprender piano. Aos 11 anos, estudava diariamente durante pelo menos seis horas. Sua dedicação foi recompensada quando seus concertos chamaram a atenção de toda a crítica musical, abrindo portas para apresentações internacionais, inclusive no famoso Carnegie Hall, em Nova York, onde se apresentou aos 20 anos de idade.

Em sua trajetória, estão concertos com as maiores orquestras sinfônicas norte-americanas, apresentações em grandes eventos internacionais e reportagens nos mais importantes veículos mundiais. Sua vida virou filme. Mas a história de sucesso de João Carlos Martins poderia ter chegado ao fim quando, a partir do ano 2000, começou a desenvolver distúrbios osteomusculares relacionados ao trabalho e aos esforços repetitivos, algo que o tirou dos palcos várias vezes. Suas mãos ficaram deformadas, mas o pianista esforçava-se e, apesar das fortes dores que sentia, não deixou de tocar o instrumento. Em 2004, começou a estudar regência para iniciar uma nova trajetória em sua vida. Hoje, João Carlos Martins conduz uma orquestra de jovens carentes. Que história fantástica de alguém que sempre primou pela excelência e que não a guardou para si, mas compartilhou-a com pessoas que, de outra forma, talvez não conseguissem viver seus sonhos.

A superação das expectativas é algo a admirar. Mais até que o talento. Mais que a simples vontade de realizar algo. Sobre o pianista brasileiro, o jornal americano *The New York Times* disse: "Trata-se de uma história de aclamação pública e tragédia pessoal, de traumatismo físico e recuperação obstinada".

De fato, são admiráveis as histórias daqueles que se reinventam, daqueles que buscam o sucesso não pelo reconhecimento ou pela fama, mas que se doam simplesmente com o objetivo de oferecer mais do que todos estão esperando. A excelência é extraída, muitas vezes, do choro, da dor, da dedicação, da solidão, da persistência, da superação dos limites.

Não importa o lugar

Quero voltar à Bíblia, agora ao Velho Testamento, para destacar a história de um homem que, por meio de seu sofrimento pessoal, demonstrou que a excelência não está vinculada a um lugar privilegiado em que se mora ou se trabalha. Conhecido posteriormente como José do Egito, o filho caçula de Jacó (Israel) foi vendido pelos seus irmãos a mercadores estrangeiros quando ainda era uma criança.

O que levou seus irmãos a tamanha crueldade? De acordo com a história narrada em Gênesis 30, o motivo dessa atitude maldosa foi a inveja que os irmãos sentiam de José. O jovem inadvertidamente compartilhava seus sonhos com a família, nos quais ele sempre parecia estar em vantagem. Acontece que José, além do talento e da vocação para realizar suas atividades com excelência, também era dedicado e esforçava-se para atender àqueles a quem servia ou para quem trabalhava.

Na terra estrangeira para a qual foi levado, viveu como escravo, mas era tão zeloso que passou a cuidar de toda a casa de seu rico patrão. Por não aceitar o assédio da mulher do patrão, José tornou-se vítima de suas mentiras e foi preso. Apesar das dificuldades do novo lugar, o jovem não deixou de realizar suas tarefas de forma primorosa e, assim, destacou-se.

Tempos depois, indicado por um colega que conhecera na prisão, José foi chamado a resolver um problema que atormentava o faraó, rei do Egito. Após obter êxito nessa visita, José passou a trabalhar dentro do palácio e servir diretamente ao rei. A excelência com que realizou suas tarefas foi novamente motivo de admiração. Com isso, José passou a administrar não só o palácio, mas todo o Egito! Acima de sua autoridade só estava a do faraó. Essa condição deu a José a oportunidade de alimentar sua família em tempos de fome e de viver os sonhos que ele mesmo havia compartilhado com os seus irmãos no passado, sonhos enviados por Deus.

Quando agimos com excelência, não importando onde ou a quem ela servirá, estamos fadados a ser reconhecidos pela forma extraordinária com que agimos. O faraó, líder de um dos povos mais importantes daquele tempo, reconheceu essa característica tão prodigiosa em José.

> Por isso o faraó lhes perguntou: "Será que vamos achar alguém como este homem, em que está o espírito divino?". Disse, pois, o faraó a José: "Uma vez que Deus lhe revelou todas essas coisas, não há ninguém tão criterioso e sábio como você." (Gênesis 41:38-39)

A exemplo de José, os sonhos deixam de ser apenas uma fantasia, uma ilusão ou mesmo motivos de chacota para tornarem-se realidade na vida de todo aquele que leva a sério o propósito de servir com excelência. Mesmo tendo sido chamado apenas para interpretar um sonho do faraó, José julgou que não poderia fazer esse trabalho de qualquer jeito, que precisava fazer o seu melhor. José não manifestou tristeza ou frustração por ter sido enganado por tantas pessoas, até mesmo por seus irmãos, e desacreditado pelo seu antigo patrão. Ele continuou fiel ao seu caráter, e isso lhe garantiu a fidelidade de Deus para que pudesse viver seu sonho, para que, enfim, o filho "sonhador" de Jacó pudesse usufruir da própria excelência que dedicava a tudo e a todos com quem convivia.

Vale a pena dedicar a vida a realizar tudo de forma excelente, porque só poderemos fazer isso aqui. Salomão, o rei mais sábio do Antigo Testamento, disse: "O que as suas mãos tiverem que fazer, que o façam com a toda a sua força, pois na sepultura, para onde você vai, não há atividade nem planejamento, não há conhecimento nem sabedoria" (Eclesiastes 9:10).

Embora eu tenha objeções a alguns ensinamentos do pregador americano Kenneth Hagin (1917-2003), rendo-me às suas palavras em *Planos, propósitos e práticas*: "O que você dirá quando estiver perante o Senhor Jesus e ele perguntar: 'Você seguiu os meus planos para a sua vida ou os seus próprios?'". A verdade é que aquilo que Deus faz sempre é excelente, assim sendo, se seguirmos o seu roteiro para as nossas vidas, seremos pessoas excelentes em tudo o que fizermos. Nunca se esqueça de que os propósitos de Deus são sempre maiores e mais excelentes que os nossos, "pois os meus pensamentos não são os pensamentos de vocês, nem os seus caminhos são os meus caminhos, declara o Senhor" (Isaías 55:8).

CAPÍTULO 2

Disciplina

> A disciplina é a alma do exército; torna números pequenos temíveis; obtém êxito para os fracos, estima para todos.
> *George Washington*

"Disciplina" é uma palavra que nos parece, muitas vezes, assustadora. Num primeiro momento, pode sugerir algo como um castigo, já que ser disciplinado também pode significar ser corrigido – e quase nunca uma correção é desejada ou prazerosa. Sem falar que o termo é muito utilizado nas casernas, onde a disciplina militar faz parte da rotina, de todas as atividades do dia a dia, e incorpora-se, por tal insistência, à personalidade de cada um. Assim, ouve-se essa palavra com certo temor, imputando a ela uma conotação antipática ou autoritária.

Por outro lado, a disciplina também pode sugerir, e não tenho dúvidas de que sugere, uma ação positiva para que algum objetivo seja alcançado. Isso porque a disciplina é capaz de otimizar o tempo e evitar erros inerentes a diversas atividades realizadas, que podem ser muitas ao longo do dia.

É interessante observarmos que tanto a palavra "disciplina" como o termo "discípulo" advêm da mesma raiz etimológica. Ambas têm origem no latim, sendo que "discípulo" significa "aluno, aquele que aprende" e "disciplina", um de seus derivados, significa "instrução, conhecimento, matéria a ser ensinada".

Não é difícil compreender que um discípulo precisa ser disciplinado. Algumas pessoas têm uma vida bagunçada, uma casa desarrumada, um escritório desorganizado, um pensamento confuso e uma agenda desordenada, mas será que no meio de tanto tumulto é possível chegar aos resultados desejados em um intervalo de tempo adequado ou que satisfaça minimamente às necessidades daquele que trabalhou por eles? Pode até ser que se chegue a bons resultados, porém haverá certos conflitos até esse desfecho, o que pode gerar desgaste, apatia, sensação de incompetência e até enfermidades. É como se você pudesse chegar a um lugar caminhando durante quarenta dias, mas sua indisciplina o fizesse gastar quarenta anos até atingir seu objetivo!

A falta de disciplina muitas vezes não é percebida pelas pessoas como algo que traz grandes entraves às suas realizações. Isso acontece porque por trás dela estão outros fatores que roubam a produtividade das tarefas e a eficácia das atitudes. Mas a disciplina pode ser responsável pela eficiência das atividades, pois é capaz de tornar uma pessoa diligente e dedicada aos seus compromissos e afazeres, já que pode ser comparada a uma autoridade que tem de ser obedecida. Ela funciona como uma espécie de guia que nos conduz ao nosso destino com o mínimo de interrupções possíveis – sim, porque algumas dessas interrupções são inevitáveis. Ou, para ser mais rigoroso, ela pode funcionar como um agente da lei que nos mostra as normas a serem observadas para não transgredirmos uma importante regra, que é a concentração. Sem esta, nós ficamos vulneráveis e acabamos furtados de algo muito precioso: o tempo.

Vítimas da indisciplina

Temos ouvido falar sobre diversos "ladrões" especializados em roubar bens, que, apesar de abstratos, subjetivos ou intangíveis, são valiosos. Trata-se de coisas como nossa energia ou nosso tempo, por exemplo. Esses ladrões usam armas poderosas fornecidas por nós mesmos.

Quantas vezes ficamos insones por conta de (pré)ocupações que nos fazem desperdiçar sete ou oito horas que nunca mais poderemos ter de volta? Nossos pensamentos voam, e ficamos esgotados em busca de soluções que, sabemos, muitas vezes não estão em nossas mãos. Mesmo assim, somos feitos reféns por esses ladrões noturnos e sorrateiros que roubam nossa energia, deixando-nos fracos e sem disposição para o dia subsequente, que, de outra maneira, poderia ser bem aproveitado. Tornamo-nos vítimas perfeitas para esses salteadores por causa de nossa própria indisciplina.

Se aplicássemos a disciplina, não permitiríamos que tais perturbações nos assaltassem em um dos momentos mais importantes de nosso dia, que é a hora do descanso físico e mental. É sabido que, durante o sono, nosso cérebro entra em uma espécie de "oficina", onde passa por "recauchutagens" importantes para que possa estar regenerado para as próximas horas. Por isso, se não descansamos porque estamos sendo assombrados num momento em que deveríamos estar em paz, somos vítimas desses larápios que levam embora nossa alegria e nosso vigor.

A disciplina nos ajuda a controlar nossas atividades, inclusive aquelas que não estão diretamente ligadas a produzir algo (é claro que todas as atividades estão direcionadas a algo, mas muitas vezes não as identificamos dessa forma). Precisamos de momentos para o lazer, o descanso, a leitura, a alimentação, a oração, o sono. A disciplina nos permite ter uma vida harmoniosa e prazerosa, na qual somos felizes e bem-sucedidos até nas atividades mais simples do nosso dia a dia, como, por exemplo, repousar.

Outro grande exemplo de ladrões – esses ainda mais vorazes – são aqueles que roubam tempo quando as pessoas estão, por exemplo, na internet. Mesmo sem querer ou sem ter planejado isso, muitas pessoas passam horas a fio navegando na internet porque não são disciplinadas. Perdem-se nas páginas virtuais, mergulham nas ondas da rede e deixam seu precioso tempo ser subtraído, esquecendo-se de que jamais será recuperado. Quando se dão conta, lá se foram preciosos minutos do seu dia, que certamente farão falta na hora de realizar outras atividades muito mais importantes.

Sem disciplina é difícil realizar algo que tenha a marca do sucesso, já que acabamos sendo privados da dedicação necessária para chegar a tal realização. Para alcançar resultados positivos ao longo do dia, precisamos criar roteiros para nossas atividades. Não se trata de viver sob uma fórmula rígida, com um roteiro pronto que não pode ter improvisos. Não é isso, mas sim saber organizar as coisas para, no final, colher bons frutos.

Se não houver disciplina, não teremos tempo nem em quantidade nem em qualidade. Não teremos nada, porque tudo será feito pela metade, de qualquer jeito, apenas para cumprir uma obrigação, para ocupar o dia, para entregar um serviço ou para estar em algum lugar ou com alguém.

Quero resultados

Quando uma pessoa procura um médico ou um nutricionista com o desejo de emagrecer, ouve, dentre várias outras, a seguinte orientação: "Você precisa ingerir alimentos a cada três horas e realizar alguma atividade física diária". Esses profissionais são categóricos ao explicar que, se essas decisões não forem tomadas, a pessoa perderá a vida inteira esperando pelos tão sonhados quilos a menos. Sem disciplina, eles podem até sumir, mas voltarão a aparecer. É a chamada perda de peso, porque, um dia, ele é reencontrado. O certo seria eliminá-lo, e um bom começo é lançar mão da disciplina.

Obter resultados requer determinação, que precisa ser direcionada pela disciplina. Aliás, sobre isso, o poeta francês Victor Hugo (1802-1885) disse: "As pessoas não carecem de força, carecem de determinação". Para mim, essa frase demonstra um entendimento do valor verdadeiro das coisas, algo que tem feito muita falta atualmente. Hoje, procura-se obter força, porque ela indica poder e domínio, e não se valoriza a determinação, que é tão subjetiva quanto detectável na vida daqueles que, por suas conquistas, acabamos por admirar.

A disciplina não é algo fácil de ser alcançado. Para obtê-la, muita gente tem investido altos recursos financeiros, o que prova que ela, de fato, é um bem, algo que tem valor. Existem treinadores – ou *coaches* – especializados em ensinar os outros a adquirirem disciplina. Portanto, é possível aprender a ser uma pessoa disciplinada.

A ajuda desses especialistas pode ser uma boa solução para muitos daqueles que se perdem em suas atividades e se prejudicam com a falta de foco, seja material, seja emocional ou profissionalmente. Mas também é possível buscar a disciplina em nossa própria essência humana, trabalhando a chamada autodisciplina. Para isso, existem exercícios capazes de centrar a pessoa, o que pode ser conseguido por meio de práticas diárias e insistentes. Claro que tais atitudes só serão conseguidas com alguma motivação, e penso que a mais provável seja a perspectiva de obter sucesso nas diversas atividades a serem realizadas.

Há profissionais que perdem clientes ou empregos porque não conseguem dar conta de tudo o que chega às suas mãos, ainda que seus colegas de trabalho recebam a mesma quantidade de serviço e consigam entregá-lo dentro do prazo. Isso não é sinal de falta de capacidade, de inteligência ou de recursos; o que falta é disciplina para organizar-se e realizar suas atividades bem e em tempo hábil.

Existem também pessoas que não são capazes de chegar aos seus compromissos no horário combinado. Elas se perdem em seus afazeres e se esquecem de que o relógio não andará mais devagar para atendê-las e de que o trânsito não estará menos complicado para que elas façam o trajeto em menos tempo. Quando veem, chegaram atrasadas de novo! Por que isso acontece? Por falta de disciplina ao programar-se. Apenas por isso.

Conheço pessoas que ficam doentes por causa da enormidade de coisas que precisam fazer ao longo do dia, incluindo as atividades mais variadas, como levar o cachorro ao veterinário, fazer compras no supermercado e atender clientes. A falta de disciplina as deixa atribuladas a ponto de experimentarem males físicos, como terríveis dores de cabeça e tonturas, e males emocionais, como depressão e síndrome do pânico.

Como pastor, eu já aconselhei inúmeras pessoas que passam por esses problemas. Eu digo "passam" porque, se quiserem e se esforçarem, logo poderão deixar esses transtornos para trás e dar início a uma vida melhor e mais disciplinada. Essas pessoas chegam a mim desesperadas porque não são capazes de fazer todas as atividades programadas para um dia ou período. Sentem-se incapazes, frustradas, estressadas e, pior, doentes.

A primeira coisa que digo é que isso não é uma exclusividade delas. Muita gente vive a mesma situação, portanto ela não é anormal. Também falo que é possível resolver essa questão simplesmente tendo disciplina. Para livrar-se desses incômodos basta ordenar as atividades, tanto pessoais como profissionais, e lutar para cumprir o que se definiu como meta, se seja fazer determinada quantidade de coisas, seja controlar melhor o tempo ou chegar no horário. Essa disciplina não deve ser imposta por ninguém, mas estabelecida pela própria pessoa e adequada ao seu dia a dia.

A cura para muitos males que sentimos ou experimentamos também pode estar na disciplina. Esse hábito é um santo remédio para quem deseja levar uma vida plácida, ainda que esteja repleto de afazeres. Um dia bem arranjado garante uma noite de paz!

O que é mais fácil: ter um dia com 48 horas ou uma vida disciplinada e organizada para que todos os afazeres caibam na metade desse tempo? A única resposta possível é a disciplina! Não adianta clamar por algo que nunca será possível e, ainda que fosse, sem disciplina também se tornaria insuficiente.

É preciso dizer "não"

A falta de disciplina nos leva a cometer muitos erros, mas o pior deles é não saber dizer "não". Essa é uma das coisas mais difíceis que precisamos fazer, principalmente diante de um superior ou de alguém a quem admiramos ou de quem gostamos muito. Mas, independentemente de quem seja, é melhor dizer "não" do que deixar de cumprir compromissos já assumidos ou, pior, ficar doente por conta de uma nova incumbência que não será concluída.

O escritor colombiano Gabriel García Márquez (1927-2014), ganhador do Prêmio Nobel de Literatura, revelou uma grande descoberta que fez na maturidade: "A coisa mais importante que aprendi a fazer depois dos 40 anos foi dizer não quando quero dizer não". Percebemos, então, que mesmo ícones como Márquez já se sentiram pressionados e aprisionados pelo simples fato de não saberem dizer um simples, mas determinante, não.

Uma pessoa disciplinada é uma faladora de "não". Ela diz "não" aos ladrões de energia e de tempo e às coisas e pessoas que aparecem para distraí-la ou desviá-la de suas prioridades. Ela diz "não" aos pensamentos que alçam voos e se tornam independentes e aos pedidos que não poderão ser atendidos dentro do prazo adequado. Ao agir assim, ela diz "sim" para o que importa de fato, que é concluir com êxito as tarefas que estão sob sua responsabilidade.

Dizer "não" requer personalidade e firmeza para manter essa posição até o final. Em Mateus 4 está registrada a passagem em que Jesus foi levado ao deserto para ser tentado pelo diabo. Ali aconteceu um diálogo em que houve uma sucessão de negativas por parte de Jesus. Elas foram dadas até para ofertas aparentemente muito boas e tentadoras. Porém, Jesus era disciplinado e tinha sob seu absoluto controle todas as atividades que importavam a Ele e que deveriam ser realizadas com sucesso.

Lendo atentamente esse capítulo de Mateus, chegaremos ao final dessa história, que, apesar de milenar, serve de parâmetro para os dias de hoje. Após a tentação no deserto, temos uma grande surpresa: Jesus é servido por anjos, ou seja, é suprido em suas necessidades. Ao falar "não" de forma categórica e nas horas certas, Jesus tornou-se referência, também nesse quesito, para todos aqueles que precisam aprender a dar respostas negativas, ainda que diante de aparentes vantagens em aceitar as propostas. O "não" que talvez nos prive momentaneamente de algum recurso logo mais será a razão do nosso êxito.

Mas muitas pessoas têm medo de dizer "não". Medo de magoar o outro, medo de perder amizades, medo de frustrar expectativas e tantos outros. Então, diante desses temores, a pessoa sucumbe ao "sim" que a colocará em sofrimento. Ela não pensa que mais uma demanda pode ter reflexos negativos nas demais atividades que já estão em suas mãos. Não imagina que um "sim", no lugar de um "não", pode comprometer todo um projeto.

É claro que não devemos falar "não" para tudo e para todos indistintamente, mas sim ter discernimento daquilo que pode causar um acúmulo de tarefas desnecessárias ou tirar o foco de nossos objetivos. Algumas simples perguntas, feitas a nós mesmos, podem indicar a melhor resposta: "Conseguirei fazer?", "Não prejudicarei algum projeto que já está em minhas mãos?", "Não estou acumulando muitas tarefas?", "Isso não vai me deixar preocupado?" e "Não será melhor dizer 'não'?".

Modernidade e caos

Vivemos em um mundo que, apesar do progresso tecnológico e do avanço do saber em todas as áreas do conhecimento humano, parece-nos caótico. Não conseguimos resolver questões um tanto quanto elementares, como a fome que mata milhares de seres humanos a cada ano. Mesmo com tantas descobertas feitas pela ciência, capazes de multiplicar a capacidade da terra e das sementes para produzirem alimentos, pessoas ainda morrem de fome!

Questões humanitárias, como a situação dos refugiados que cruzam fronteiras em busca de um lugar para viverem e de comida no prato, formam um cenário que assusta as nações que veem seus territórios "ameaçados". As guerras, o ódio, as religiões, o medo do outro e as perseguições levam milhares de pessoas a abandonarem aquilo que o ser humano mais preza: sua terra natal.

Assim, para a vida ou para a morte, multidões arrastam seus filhos em busca de uma simples vida disciplinada, em ordem, na qual não falte o pão de cada dia, uma vida em um lugar onde possam estar livres dos males que as expulsaram de seus lares. De outro lado, os países aonde esses grupos chegam tentam colocar ordem na casa e criar condições para que essas pessoas possam voltar para seus países.

Todo esse drama nos faz entender que aquilo que todos buscam, sejam refugiados desamparados sejam as pessoas abastadas que vivem em suas terras, é uma vida disciplinada, ainda que a grande maioria das pessoas não saiba disso. A disciplina promove bem-estar porque nos faz entender que, por causa dela, tudo está sob controle, indo bem, dentro do cronograma. E, ao contrário, quando ela nos falta, a vida sai dos trilhos e, portanto, fica sujeita aos transtornos da imprevisibilidade.

Em meio ao caos, nada funciona. A anarquia é um dos piores sistemas porque nela não há ordem. O próprio Deus é um Deus de regras, de organização, de hierarquia, de disciplina. Podemos ver isso claramente quando lemos o livro do Gênesis, em que é descrito o princípio de tudo. Logo no primeiro capítulo está escrito que "a terra era/estava sem forma e vazia". Ou seja, não havia harmonia nem organização naquele cenário.

Esse mesmo capítulo também mostra Deus criando todas as coisas: os animais, as plantas, os elementos celestiais e, por fim, o ser humano. Tudo foi feito com muita disciplina quanto ao tempo e quanto ao modo. O que significa isso? Que até a criação, que veio à existência onde nada havia, foi feita com disciplina para pôr fim ao caos anteriormente estabelecido. Feito isso, o ser humano pôde ser inserido no novo ambiente não só para ali viver, mas também para manter o padrão de disciplina determinado por Deus.

Imagine se o ser humano tivesse sido criado em meio à confusão. Qual mensagem Deus estaria deixando às suas criaturas? "É desse jeito que eu gosto que as coisas sejam"; "É desse jeito que Eu 'vivo'"; "Podem deixar tudo como está porque o caos me agrada". Porém não foi o que ocorreu. Deus pôs ordem na casa e disse que aquilo que fez, a forma como fez e o tempo que usou para sua realização eram bons.

Se essa organização agradou a um Deus que faz tudo com perfeição e ordem, o contrário certamente não O agrada. Não é bom. Então, precisamos nos conduzir segundo o padrão definido lá no princípio, o padrão da disciplina, da excelência e do sucesso.

Talvez muitos se sintam incapazes de agir conforme esse padrão, mas é preciso lembrar que o ser humano, criado por Deus, foi feito à imagem e semelhança de seu Criador, o que o torna completamente capacitado a agir com aquela mesma competência.

Disciplina enriquece

Passar a ter uma vida disciplinada significa mudar completamente de comportamento, deixar de viver de um jeito e passar a viver de outro, muito melhor que o anterior. Todos que se comprometem a dedicar seu tempo a tarefas específicas são capazes de crescer nas mais diversas áreas de sua existência. Essas conquistas são impossíveis sem disciplina, porque o que hoje é virtude ontem foi disciplina, já dizia o ditado.

Sem disciplina, o fazer fica somente na vontade de fazer. Quantas vezes já ouvimos ou dissemos coisas como "preciso colocar minhas leituras em dia", "vou levantar uma hora mais cedo para estudar", "vou ler a Bíblia toda", "quero aprender a tocar um instrumento" ou "vou voltar a estudar"? Se esses projetos não forem acompanhados de disciplina, eles ficarão na simples vontade de fazer, no discurso. Não passarão de promessas vazias.

A disciplina enriquece em todos os sentidos, trazendo o enriquecimento que cada uma dessas atividades é capaz de agregar. Se você ler mais, enriquecerá sua cultura; se estudar mais, certamente estará em melhores condições para galgar novos postos; se ler a Bíblia inteira, enriquecerá sua vida espiritual; se aprender a tocar um instrumento, será uma pessoa melhor. Saber que devemos fazer algo não é o bastante e ter vontade não é o suficiente. Precisamos fazer! Por isso, a disciplina é um dos segredos do sucesso.

Ésquilo, um dramaturgo e escritor da Grécia Antiga, disse que "a disciplina é a mãe do sucesso". Ela faz vir à luz o sucesso naquilo em que houve dedicação e determinação. E, junto com o sucesso, vem a riqueza.

Existe uma ideia equivocada sobre o que é riqueza. Muitos pensam que ela se resume apenas a bens materiais, como automóveis, dinheiro, imóveis e joias, mas isso é um equívoco, para dizer o mínimo. Todas essas coisas são bem-vindas, e, sim, a disciplina e a aplicação nos estudos e na vida profissional podem ser condutoras até esses patrimônios. Porém é preciso entender que a riqueza está em ser bem-sucedido em qualquer área da vida, da intelectual à emocional, da pessoal à social.

Por esse prisma, pode-se entender que a riqueza não está em simplesmente acumular coisas, mas em aplicar energia, de forma ordenada, a tudo o que é preciso fazer para ter respostas satisfatórias às nossas pretensões. Acumular por acumular pode ser só um problema ou, às vezes, até mesmo uma doença. O que importa é ter prazer com as realizações e usá-las de forma a agregar valor à sua existência.

Assim, uma pessoa disciplinada aprende a organizar cada área da sua vida de modo a desfrutar dos resultados que cada uma lhe proporcionará. Na verdade, ser disciplinado implica saber gerenciar o tempo e priorizar tarefas. Veja, por exemplo, o leitor de um jornal. Logo nas primeiras horas da manhã, ele já está com seu periódico em mãos para tomar conhecimento das notícias. Houve uma sistematização dessa tarefa e foi estabelecida uma disciplina que precisa ser obedecida. Caso decida ler o jornal na parte da tarde, correrá o risco de encontrar notícias velhas, que em nada lhe acrescentarão ou o enriquecerão, pois estarão ultrapassadas.

Disciplina do vencedor

As ações de um vencedor são sempre planejadas com muita disciplina. Não fosse assim, chegar aos objetivos traçados seria muito custoso e demorado. E, nessas circunstâncias, talvez nem mesmo todo o empenho colocado no projeto o tornasse viável. O pastor bahamiano dr. Myles Munroe (1954-2014) dizia que o lugar onde mais existem sonhos e projetos é o cemitério. Há milhares e milhares de sonhos e projetos ali, pena que estão enterrados! Embora ele tenha usado o cemitério como figura para ilustrar o que efetivamente acontece com projetos que não são levados à frente, não é difícil acreditar que o cemitério seja mesmo o lugar onde há mais sonhos e projetos, porque sabemos como pode ser complicado levá-los avante sem disciplina.

A disciplina é mais importante até que a vontade. Sem disciplina, a vontade é derrotada. Sem disciplina, há cansaço, há estresse, há murmurações. Sem ela, todo o tempo que poderia ser despendido para possibilitar a realização de um sonho acaba desperdiçado em atividades que em nada ajudam a concretização do projeto.

A trajetória de todo vencedor é construída com muito trabalho, dedicação e determinação. Algo trabalhoso exige esforço e firmeza nas atitudes, e isso, na verdade, torna a conquista ainda mais valiosa. O custoso é diferente; ele é difícil, cansativo, e não algo elaborado, construído aos poucos. A disciplina transforma o que poderia ser custoso em apenas trabalhoso. Sua aplicação levará à valorização de cada etapa percorrida até o sucesso.

É fácil observar uma obra acabada e admirá-la. Mas quais foram os obstáculos ultrapassados até que se chegasse àquele resultado? Como foi cada etapa? Que privações foram necessárias? Quantos "não" foram ditos? O certo é que a disciplina foi a espinha dorsal que colocou de pé a obra e possibilitou o resultado agora admirado. Sem ela, não haveria obra. Sem obra, não haveria reconhecimento. Sem reconhecimento, não haveria sucesso.

Vencer os desafios

É muito comum começar alguma coisa e não a concluir. Há um grande desafio em terminar aquilo que foi iniciado, em tornar a obra acabada. O autor de Eclesiastes diz no capítulo 7, versículo 8a: "O fim das coisas é melhor do que o seu início". A inspiração divina presente nesse texto, escrito há mais de 3 mil anos, já chamava a atenção para o problema. Sua intenção era deixar claro que começar algo é bom, mas terminar é muito melhor, é mais valioso, é a condição que todos devem almejar.

Diante da mesma questão, John Maxwell (1947) demonstrou igual entendimento. O famoso escritor cristão norte-americano aponta a disciplina como o ingrediente que dá fim a esse problema ao dizer que "as decisões nos ajudam a começar, e a disciplina nos ajuda a terminar".

Os contratempos, os reveses e os aborrecimentos impedem as pessoas de experimentar o prazer de ter algo pronto. Esses e outros motivos podem levar à desistência e, assim, ao fracasso. Contudo, não se pode deixar de ter em mente que chegar à conclusão de um projeto é ser bem-sucedido. Ainda que haja fracassos em determinadas etapas, o que importa é não parar diante das dificuldades.

Assim como John Maxwell, acredito que a disciplina tem o poder de nos auxiliar, fornecendo-nos a ousadia capaz de nos fazer ir além dos limites que se apresentam. Quando não superamos esses empecilhos, tornamos a vida repleta de pendências, e nosso tempo é perdido em um círculo vicioso de projetos iniciados e não concluídos.

É preciso detectar onde está o problema, quais são os impedimentos e por que as coisas não vão para a frente. O que torna o projeto inexequível? É a falta de pessoas capazes de dividir a carga de trabalho? A ausência de recursos financeiros que viabilizem o projeto? De tempo para o seu desenvolvimento? De criatividade? De ânimo? Seja o que for, é preciso vencer os empecilhos!

Não devemos conviver de forma pacífica com essas pendências. Elas precisam ser resolvidas, ou, ao longo da vida, criarão um registro negativo, uma marca de fracasso, que, se contínua, acabará formando uma "cicatriz na alma", que ficará cada vez mais grossa conforme os projetos forem sendo abandonados pelo caminho.

Um projeto que fica pela metade não possui valor, ainda que tenha havido investimentos. Se ele for abandonado, o que valerá? Quem valoriza aquilo que está construindo vence obstáculos para vê-lo finalizado. Desta forma, os projetos transformam-se em ideais, em motivos para sentir desejo de viver!

O poder da disciplina

Aquele que alcança uma vida disciplinada alcança também o poder. Ele vence questões objetivas e subjetivas, pois leva em conta que precisa concluir seu intento. E é isso o que importa. Ele tem autodomínio, algo fundamental para que deixe de lado assuntos que até podem ser importantes, mas nem por isso podem fazer parte da sua programação.

O poder da disciplina para o bom desempenho das tarefas a serem realizadas é indiscutível. Imagine alguém que leve uma vida completamente desregrada e que não tenha comprometimento nem consigo mesmo, que não tenha hora para acordar nem para dormir, que coma qualquer coisa, ainda que lhe faça mal, que use substâncias perniciosas à saúde e que não realize exames de rotina para monitorar o funcionamento do organismo. Como alguém com tamanha falta de zelo consigo mesmo pode dar atenção à outra pessoa? Não, isso não acontecerá. É preciso amar a si mesmo para depois amar ao outro, como disse o filósofo e teólogo dinamarquês Søren Kierkegaard (1813-1855): "Acima de tudo, não se esqueça da obrigação de amar a si mesmo".

Ter poder é ter força. O poder da disciplina traz a força necessária para seguir em direção ao alvo, aconteça o que acontecer, sob quaisquer circunstâncias, pelo tempo que for necessário. Se o objetivo não estiver encravado em sua mente, haverá desistência logo no primeiro ou segundo entrave. Dessa forma, não haverá realização.

Ter o poder da disciplina é estar fadado ao sucesso. O que poderá roubar o sonho de alguém que tem atitude, que já estabeleceu seu alvo, que acredita nas possibilidades, que não se entrega aos medos e às inseguranças, que não para na metade do caminho, que rompe limites, que sabe que até os percalços lhe trazem ensinamentos?

CAPÍTULO 3

Responsabilidade

> A maioria das pessoas não quer realmente a liberdade,
> pois liberdade envolve responsabilidade, e a maioria
> das pessoas tem medo de responsabilidade.
> *Sigmund Freud*

Consultando ligeiramente as páginas de um dicionário, busco a palavra "responsabilidade". Quero entender seu conceito, o significado dessa palavra, para ver se consigo enxergar, com a máxima clareza possível, seu sentido real. Também procuro, por esse meio, eliminar todo o ranço que esse termo traz, já que geralmente nos é apresentado como algo difícil, pesado, que vem, por vezes, em companhia de algo de que não gostamos: a culpa.

No dicionário, encontro diversas definições. Muitas delas me são familiares; sobre outras, eu nunca havia parado para pensar. Mas a definição que mais me chama a atenção e que escolhi para tratar aqui, neste início de conversa, é a seguinte: "Obrigatoriedade de responder pelos próprios atos ou por aqueles praticados por algum subordinado". Essa definição está no dicionário digital *Michaelis*.

Responsabilizar-se por algo é, portanto, uma obrigação que assumimos mesmo quando não queremos. Embora muitas vezes o vocábulo não nos venha à mente, todas as nossas ações, e aquelas de quem está sob nossa tutela, estão envoltas por um termo de responsabilidade, ainda que ele não esteja em forma de documento. Isso é interessante e importante porque nos faz entender que nenhuma ação que realizamos está isenta de responsabilidade, seja para o bem seja para o mal.

Assim, ter responsabilidade pode significar, e muitas vezes significa, receber o ônus ou o bônus que uma atitude gera. É impossível dissociar a responsabilidade daquilo que fazemos, ainda que, repito, não tenhamos parado para pensar a respeito das implicações que decorrerão dos atos praticados. Uma pessoa responsável precisa saber disso, mas o modo como ela descobre que seus atos estão atrelados a uma responsabilidade é muitas vezes surpreendente.

Por exemplo, foi decidido, recentemente, que alguém que compartilha ou curte alguma notícia ou informação falsa divulgada na internet é corresponsável por essa mentira. A Justiça já decidiu assim e justificou essa decisão dizendo que, com tal atitude, a pessoa concorda com aquela informação e ajuda a disseminá-la. Veja, a pessoa não escreveu, não fotografou e não está diretamente ligada àquela notícia. Ela simplesmente curtiu, ou seja, aprovou, gostou, concordou e replicou aquele conteúdo. Mas, segundo o entendimento da Justiça, essa pessoa torna-se responsável pelos eventuais danos que seu gesto possa causar a alguém. Então, um simples clique pode levá-la a responder por um crime.

Na nossa sociedade contemporânea, as pessoas têm uma vida, e até uma identidade, virtual. Estamos em plena era digital, na qual tudo acontece de forma rápida, ou mesmo instantânea, aproximando todos os moradores do globo. Conviver bem nesse ambiente requer muita astúcia e uma enorme responsabilidade, já que os rastros das nossas ações no invisível mundo virtual podem ser detectados por hábeis investigadores cibernéticos.

É mais ou menos o que acontece no mundo espiritual, aquele que, embora a gente não enxergue, existe! Muitos agem como se não estivessem sendo observados por esse mundo, como se ninguém visse suas ações, a não ser eles mesmos. Ledo engano. Há uma plateia invisível que vê e que pode condená-lo por suas ações, caso causem prejuízo ou transtorno a outrem. Veja o que diz o autor de Hebreus no capítulo 12, versículo 1:

> Portanto, também nós, uma vez que estamos rodeados por tão grande nuvem de testemunhas, livremo-nos de tudo o que nos atrapalha e do pecado que nos envolve, e corramos com perseverança a corrida que nos é proposta.

As nossas ações podem ser acompanhadas no mundo espiritual, e, se praticadas na internet, também podem ser acompanhadas no mundo virtual. Se compreendermos isso, perceberemos que sempre responderemos por aquilo que fizermos, tanto em um como no outro mundo.

O ambiente virtual é impressionantemente sedutor por nos integrar a tudo. Afinal, por meio dele estamos em todos os lugares e sabemos de tudo. Ouvimos e lemos tudo. Conhecemos pessoas que nunca conheceríamos se não fosse pela globalização digital. Tudo isso é um convite a participarmos de forma efetiva da vida dos outros, para aprová-la, criticá-la, ameaçá-la, apoiá-la ou denegri-la.

Experimentamos uma insatisfação quando não participamos desses momentos. Sentimo-nos fora do planeta quando alguém traz uma informação que não tínhamos primeiro! É como se nada pudesse nos escapar. Mais do que ter o poder da informação, queremos ter o poder do pertencimento. Assim, precisamos, de qualquer forma, estar ativos nesse ambiente e interagir com todos, esquecendo-nos de que essa interação vem acompanhada da tal responsabilidade pelos atos que praticamos, ainda que de forma "oculta".

Síndrome do irmão mais velho

Não seria a falta de responsabilidade uma espécie de síndrome do irmão mais velho? Na Bíblia Sagrada, lemos que, em certo momento, Abel e Caim tiveram a mesma iniciativa: entregar uma oferta a Deus como forma de agradecimento pelo sucesso que obtiveram em suas atividades. Caim era ligado aos frutos da terra, ao campo; Abel, aos animais. Caim, o irmão mais velho, foi o primeiro a ter a atitude de entrega e separou a melhor parte da colheita para apresentar a Deus. Igualmente, Abel selecionou as melhores partes de suas primeiras crias – chamadas de "partes gordas" – para oferecer ao Senhor como forma de gratidão.

Embora tenham tido a mesma atitude, o sentimento dos irmãos não foi o mesmo. Tanto foi assim que lemos em Gênesis 4, versículos 4 e 5: "O Senhor aceitou com agrado Abel e sua oferta, mas não aceitou Caim e sua oferta. Por isso Caim se enfureceu e o seu rosto se transformou". Deus reprovou a oferta de Caim, mas aceitou a de Abel. Isso despertou no irmão mais velho o desejo de matar Abel. Assim, Caim preparou uma emboscada, longe dos olhos de qualquer pessoa, sem imaginar que o mundo espiritual o observava, e assassinou Abel.

Caim não imaginava que esse ato, até então inédito, traria uma condenação muito pior que a reprovação de sua oferenda, que havia motivado o cometimento daquele ato criminoso. Para trazer sobre Caim a responsabilidade de seu ato, deixando claro que ele deveria responder pelo mal praticado, Deus o interpelou: "Onde está seu irmão Abel?" (Gênesis 4:9). Que pergunta perturbadora para Caim! Ele sabia onde estava seu irmão. Ele sabia que havia cometido algo grave contra Abel. Ele sabia que nunca mais o veria. Caim estava consciente de seu erro. Porém, não havia parado para pensar que tão cedo prestaria contas de seus atos, que logo responderia por um ato dramaticamente irreversível.

Qual foi a desculpa de Caim para tentar fugir de sua culpa? Responder a Deus que ele não tinha responsabilidade sobre seu irmão. "Respondeu ele: 'Não sei; sou eu o responsável por meu irmão?'." (Gênesis 4:9). Essa resposta, dada por meio de uma pergunta, deixa subentendido que Caim achava que não tinha coisa alguma a ver com o que ele mesmo tinha feito.

Ora, quando o procurou, Deus estava mostrando a Caim que a única pessoa que poderia dizer o que havia acontecido a Abel era ele, o autor daquele assassinato. Ninguém mais poderia responder por aquela atitude. Não se poderia imputar a mais ninguém um ato que fora cometido por ele, Caim. Da mesma forma, nós somos responsáveis, ainda que não aceitemos, por todas as nossas ações.

Muitas vezes, somos acometidos pelas mesmas desculpas dadas por Caim, autor do primeiro homicídio, e queremos que outros assumam uma responsabilidade que é única e exclusivamente nossa. Porém, isso não acontecerá. Devemos ter maturidade e dignidade para arcar com todas as consequências de nossos atos, boas ou más.

O estadista britânico Winston Churchill (1874-1965) disse: "O preço da grandeza é a responsabilidade". O que isso significa? Que toda pessoa honrada, ética e proeminente tem como valor a responsabilidade por seus atos. Ela assume tudo o que faz, diferentemente de Caim, que teve uma atitude condenável e não foi capaz de dizer a verdade nem para Aquele que sabia o que ele havia feito! O irresponsável foge de Deus; os responsáveis, não.

Oskar Schindler (1908-1974) foi um industrial alemão dos Sudetos, além de espião e membro do Partido Nazista, e testemunhou os horrores do Holocausto. Sua história foi dramaticamente transformada quando, com a ajuda de um contador judeu, ele assumiu a responsabilidade de salvar o máximo possível de vidas judias. Aproveitando-se de seu relacionamento privilegiado com a Gestapo, a polícia nazista, conseguiu "comprar" alguns desses militares e tornar-se rapidamente um industrial próspero. Em sua fábrica de panelas na Polônia, empregou centenas de famílias judias e ajudou-as a escapar da ida forçada para os campos de concentração. Uma lista com mais de mil nomes, feita por Schindler, foi o passaporte desses judeus para a liberdade e para a vida.

Essa história verídica ilustra bem o pensamento de Churchill. Que gesto de grandeza teve Oskar Schindler ao investir seu dinheiro em vidas, ainda que não fosse sua responsabilidade pessoal protegê-las. Ele pagou, literalmente, um preço por aquelas pessoas, correndo riscos para que homens, mulheres e crianças pudessem escapar de destinos horrendos sob o regime nazista de Hitler. Fez-se responsável, pessoalmente, pelo maior número de famílias judias que pudesse livrar dos campos de concentração e da morte. Esses lugares já estavam prontos, preparados para recebê-las e consumir suas vidas de forma hedionda, e a responsabilidade que Schindler assumiu foi fundamental para que a história destas pessoas, e dele próprio, fosse outra.

A responsabilidade pode ser mais que uma consequência e tornar-se uma forte característica na vida de alguém. Abraham Lincoln viveu inúmeros fracassos e muitas situações nada virtuosas. Porém, uma das marcas mais fortes de seu mandato como presidente dos Estados Unidos foi seu desempenho político, que culminou com o fim da escravidão naquele país. Suas convicções ideológicas o levaram a firmar um compromisso com essa causa e a assumir a responsabilidade, pessoalmente e como líder máximo do país, pela nova vida que os negros norte-americanos deveriam e passariam a ter. Isso mudou a história dos Estados Unidos!

Lincoln empenhou-se de forma contundente para conquistar os votos parlamentares necessários para pôr fim ao regime escravocrata em seu país. Chamou para si a responsabilidade por tal medida, procurando e abordando cada um dos votantes. Mesmo enfrentando uma forte oposição, e até ameaças, trabalhou de forma incansável para ver seu desejo de liberdade para os negros tornar-se realidade em seus dias de governo. Muitas décadas após sua morte, os Estados Unidos elegeram seu primeiro presidente negro, Barack Obama, por dois mantados consecutivos. Como é grande o poder da atitude!

Talvez a resposta de Caim pudesse ter sido usada por Schindler e Lincoln. Afinal, eles não eram responsáveis pelo que acontecia aos judeus e aos negros, respectivamente. Portanto, não cabia a eles a solução para esses problemas, com os quais poucos pareciam se importar. Mas o senso de responsabilidade que esses homens tinham não os deixaria em paz se nada fizessem para mudar aquele estado de coisas que matava milhões de pessoas.

A propósito, Abraham Lincoln disse: "Você não consegue escapar da responsabilidade de amanhã livrando-se dela hoje". Quando temos senso de responsabilidade, nossas atitudes passam a ser impregnadas de motivações, de causas, de bandeiras, de motivos para que nossa vida seja conduzida de uma forma que extrapole os limites de nossos próprios interesses.

Responsabilidade e compromisso

Há um ditado que diz que o que está nas mãos de todos não está nas mãos de ninguém. Para que algo aconteça de forma organizada e bem-sucedida é preciso muita clareza na divisão de responsabilidades. Imagine uma organização qualquer – seja empresarial, seja religiosa ou política – em que as tarefas sejam delegadas sem se levar em conta o sucesso dos resultados pretendidos.

Será impossível criticar alguém por sua atuação se não tiver sido dado a essa pessoa um resultado a ser atingido. Ela não assumirá a responsabilidade pelo resultado – nem entenderá que a responsabilidade é sua, ou que é culpa de quem a está liderando – se não tiver sido indicado um alvo ou um objetivo que ela, e somente ela, deve empenhar-se para conquistar. Se tudo ficou solto, se não foram estabelecidas metas, se não foram dados nomes aos bois, o resultado será o fracasso.

Para que alcancemos o sucesso em nossas atividades, precisamos agir com racionalidade. Cada etapa a ser processada, cada pessoa envolvida, cada tarefa agendada e cada função desempenhada precisam estar, de forma prática, objetiva e clara, sob a responsabilidade de alguém, a menos que ninguém se importe com o resultado, seja ele bom ou ruim. Mas se o desejo é um resultado positivo, não pode haver nenhum milímetro de brecha que permita que se perca o controle da situação.

Colocar determinada tarefa sob a responsabilidade de alguém, com todas as diretrizes, é dar a esse alguém a oportunidade de realizar algo que seja de fato bem-feito! É oferecer condições para que as pessoas possam entregar o seu melhor com o objetivo de conquistar o seu próprio crescimento pessoal, profissional ou ministerial. As tarefas não podem ser largadas nas mãos das pessoas sem orientação, sem ordens, sem que seja mostrado o real peso daquela atividade, ainda que seja a mais simples de toda a cadeia produtiva, de todo o projeto.

Ter compromisso com o resultado e com aqueles a quem as tarefas foram delegadas é uma marca de boa gestão, pois, antes que o sucesso seja atingido, é necessário medir o grau de envolvimento e compromisso que se tem com ele, com o resultado.

Vamos imaginar um dos momentos mais importantes na vida de uma pessoa, que é passar em um vestibular para cursar a universidade, o ensino de nível superior que a levará a exercer a profissão que ela escolheu.

Um estudante sabe que para alcançar seu objetivo, que é passar das diversas matérias, inclusive aquelas de que ele não gosta ou com as quais não tem nenhuma facilidade, deve ter compromisso com todas as escolhas que fazem parte desse processo. Ele precisará dormir menos, porque estará correndo contra o tempo, mas deve dormir o suficiente para descansar e fazer algumas pequenas pausas para alimentar-se. No restante do tempo, precisará estudar e estudar. Também deverá abrir mão dos compromissos sociais, como sair com os amigos e até mesmo com a família, porque tem um alvo a atingir. Outras atividades de entretenimento também serão abolidas, inclusive aquelas de que ele tanto gosta e sem as quais não "viveria", porque, afinal, seu grande objetivo o aguarda lá na frente.

Esse estudante tem uma responsabilidade e um compromisso. Talvez não com os outros, com o professor ou mesmo com seus pais, mas consigo mesmo, com o futuro que traçou para sua vida. Vendo por esse ângulo, podemos entender melhor que a responsabilidade sempre nos faz pensar em algo maior, que não é momentâneo, mas duradouro. Estudar para passar no vestibular e ser um profissional é maior e mais relevante que dormir horas a fio, que ir a alguma festa, que almoçar por uma hora. É um objetivo muito maior, e por ele vale a pena deixar de lado outras coisas que, mais cedo ou mais tarde, a depender do comprometimento, estarão novamente à disposição.

Além de responsabilidade por nossas ações, seja nos negócios, seja nos relacionamentos ou ainda nas atividades recreativas, é fundamental que haja comprometimento para que se chegue ao melhor desfecho possível. O que seria de um empreendedor sem compromisso? Como estaria sua empresa alguns anos depois de iniciadas as atividades com as quais ele tanto havia sonhado? Bem, provavelmente suas portas estariam fechadas após alguns fracassos por conta de irresponsabilidades que não foram detectadas ou que foram ignoradas. Seu sonho pode ter virado um grande pesadelo.

Você já parou para pensar no compromisso que tem com seus sonhos e objetivos? Que resultados você espera obter? Que responsabilidade você tem de assumir para chegar ao seu destino? Que privações está disposto a enfrentar para que um grande resultado seja alcançado? Você já se desafiou a ter compromissos com coisas maiores, que estão lá na frente, e evitar situações que desviam sua atenção e que, se não forem eliminadas, impedirão o objetivo excelente que você mesmo projetou?

Senso de responsabilidade

Todos nós nascemos com um dispositivo que podemos chamar de senso. O que é isso? É o sentido, a noção, a direção, a percepção que nos faz compreender que algo é certo ou errado. Lembra-se de que falamos de Caim, que assassinou o irmão Abel? Será que ele sabia que aquela atitude era errada? Ninguém havia matado outra pessoa até então. Os Dez Mandamentos dados a Moisés, entre os quais está a proibição de matar alguém, ainda não haviam sido escritos. Mas podemos assegurar que, apesar dessa falta de legislação e ensinamento, Caim sabia que matar seu irmão era errado.

Da mesma forma, temos um senso de responsabilidade. Nascemos com esse senso. Flagre uma criança fazendo alguma coisa errada e veja se ela se mostrará à vontade com a situação. Certamente não! Ela pode não entender quais são as consequências daquele ato, mas sabe que algo está errado e, muitas vezes, tenta esconder-se, como Caim fez! Essa mesma atitude, tão humana quanto antiga, é repetida por todo ser humano.

Podemos voltar até os primeiros humanos, Adão e Eva, exemplos da falta de responsabilidade e comprometimento com o objetivo estabelecido pelo próprio Deus. Após terem cometido o pecado, ou seja, terem desobedecido as ordens de Deus, seu senso de responsabilidade fez com que eles fugissem de Deus, daquele que simbolizava o que era absolutamente correto. A voz de Deus, que ecoou no Jardim do Éden e clamou pelo casal, era como o levantar de um espelho preparado para confrontá-los.

O desejo de Deus não era eliminar a coroa de sua criação, não era romper sua aliança com o primeiro casal. O que Deus queria era que eles enxergassem o resultado e as consequências de seus atos e que, assim, pudessem entender quanto se afastaram do propósito divino, que era simplesmente que usufruíssem o que havia de melhor, de mais excelente. Mas uma escolha momentânea os tirou do propósito eterno.

Quando criou Adão e Eva, uma das primeiras providências de Deus foi dar-lhes responsabilidade. O livro do Gênesis, no capítulo 2, versículo 15, diz: "O Senhor Deus colocou o homem no Jardim do Éden para cuidar dele e cultivá-lo". Nessa passagem, entendemos que Deus fez o ser humano e o dotou de responsabilidades: cuidar e cultivar o jardim.

Talvez por causa disso tenhamos esse senso de responsabilidade, porque Deus o implantou em nós tão logo fomos criados. Então, podemos concluir que a responsabilidade é um dom, no sentido de um presente, de Deus para nós. Que privilégio! Com ele, podemos cuidar da nossa comida e vigiar a terra, não permitindo que sejamos roubados ou desviados de nossos objetivos e até dos objetivos de Deus.

Quão desesperador deve ter sido para Adão, cuja responsabilidade era cuidar da terra, ter permitido que a serpente entrasse naquele jardim para, de forma desastrosa, levá-los a pecar e a experimentar algo que não havia sido destinado a eles: a morte, a separação em relação a Deus! Felizmente, a providência divina fez com que um plano fosse estabelecido para que essa situação pudesse ser revertida. Ou seja, Deus tinha – e tem – responsabilidade e compromisso para com o ser humano que Ele criou e ama!

Olhamos para esse passado na tentativa de aprender com ele, com os erros daqueles que deixaram de viver seus objetivos plenamente porque não foram diligentes com as etapas e os processos que deveriam levá-los a um final bem-sucedido. Um dos mais importantes presidentes norte-americanos, John F. Kennedy (1917-1963), disse, certa vez: "Não vamos tentar consertar a culpa pelo passado. Vamos aceitar a nossa responsabilidade pelo futuro".

Precisamos ter compromisso com o nosso futuro, que nem sempre chegará amanhã, mas daqui a pouco, daqui a alguns minutos ou segundos. Não desperdice nenhuma oportunidade. Traga a responsabilidade para o centro da sua atenção. Ela é preciosa e o ajudará a atingir seu alvo. Cuide dela muito mais do que das aparências, que geralmente nos parecem mais importantes.

Filho feio tem pai

Quando algo não dá certo, parece difícil encontrar o responsável. Há um adágio popular, extraído da mitologia grega, que diz que filho feio não tem pai, mas o fato é que tem, sim! Filho feio também tem pai, porque toda obra tem um autor. É preciso ter coragem para assumir essa paternidade. E coragem e responsabilidade precisam andar juntas.

Uma grande montadora de automóveis assumiu recentemente um grave erro que cometeu. Por meio de um software, ela manipulava os motores dos carros para alterar os dados sobre a emissão de poluentes, enganando, assim, seus clientes interessados em veículos que causassem menos danos ao meio ambiente. O caso se tornou um escândalo, já que ninguém imaginava que uma renomada companhia recorreria a esse tipo de fraude para promover a venda de seus veículos. Mas, apesar de a situação ser bastante vexatória e expor negativamente a famosa e conceituada marca, a fabricante assumiu sua responsabilidade. Com coragem, admitiu seu erro junto aos clientes, convocando-os, por meio de um *recall*, para a realização dos acertos necessários e assumindo as consequências de seu erro junto à Justiça e à opinião pública.

Assumir a responsabilidade por algo que não deu certo – ou que não foi feito de forma correta – é uma virtude. Vivemos em um mundo onde a maioria das pessoas busca reconhecimento e louros. Todos querem ter sua imagem vinculada ao sucesso, e não ao fracasso. Porém, a paternidade dos erros precisa ser assumida. Aquele que erra, persiste e consegue êxito em sua tarefa certamente será reconhecido por não ter desistido do seu objetivo, por ter mantido seu compromisso com ele, e ainda provará um sabor especial por sua conquista. Afinal, ela custou mais caro: custou o preço da persistência.

O senso de responsabilidade é o que faz com que não haja desistências. Imagine um alpinista que deseja escalar uma alta montanha de neve. Ele planejará a escalada por meses, talvez por anos. Tudo será meticulosamente programado e muitas contrariedades serão superadas até sua chegada à base da montanha. Chegar ali já poderia ser considerado, por muitos, um sonho realizado, dadas tantas superações e persistências. Mas o compromisso do alpinista é com a subida, com a escalada, até que o topo seja, enfim, tocado.

Muitos medos serão enfrentados, sendo o pior deles o medo da morte. Afinal, não são poucos os alpinistas que perdem a vida nessas escaladas tão perigosas quanto fascinantes. A superação acontecerá por meio da coragem, que é o combustível necessário para essa aventura.

É interessante saber que os alpinistas não fazem essas viagens sozinhos. Eles formam uma grande equipe, juntando-se a pessoas de nações diferentes. Na base da montanha e em outros pontos, eles montam seus acampamentos e estudam estratégias, os locais a serem acessados, as melhores oportunidades, os fatores climáticos, a alimentação, a saúde e muitas outras condições e detalhes. Mas o que certamente é mais fascinante é o compromisso que têm entre si e a responsabilidade pela vida um do outro. Mais importante que chegar ao topo é que todos cheguem juntos e íntegros.

O pai do filho feio precisa entender que é pai, ou seja, que sobre ele paira uma responsabilidade que vai muito além de simplesmente "ter" o filho. Ele precisa acompanhá-lo até que se estabeleça e chegue ao seu objetivo de forma plena. Podemos dar um exemplo muito concreto. Quando o chefe de uma equipe de profissionais apresenta um projeto com metas definidas para que cada um faça a sua parte, uma pessoa pode ter problemas para realizar aquilo que foi colocado sob sua responsabilidade. Na verdade, a responsabilidade deve estar em quatro mãos, nas do funcionário e nas do chefe, para dizer o mínimo, porque, em se tratando de uma boa equipe, deveria estar nas mãos de todos. Qual deve ser a postura desse líder? Deve abandonar seu funcionário, deixando que ele se vire, dê no que der? Deve aproximar-se dele, ajudando-o a superar as dificuldades? Ou deve passar a tarefa para alguém mais competente?

Se abandonar o seu filho feio, continuará sendo o pai, mas o filho poderá ter sérios problemas de desenvolvimento. Não há como se desconectar dessa paternidade sem que haja algum trauma ou prejuízo. Porém, se mostrar interesse e compromisso com esse filho feio, ambos poderão, juntos, enfrentar as dificuldades e avançar em direção ao objetivo comum. O líder e o pai influenciam. Sua atitude, seu compromisso e sua coragem levam o filho feio a não aceitar o seu fracasso e, assim, a ter a oportunidade de reverter algo que estava fadado ao insucesso.

Se tirar o projeto de suas mãos, poderá, mais que perder um potencial realizador, criar um multiplicador de projetos falidos. Essa pessoa poderá passar a acreditar e a transmitir aos outros que novos projetos não dão certo, e, assim, ser geradora de outros tantos filhos feios.

Qual atitude, então, parece ser a melhor?

Um líder precisa ser como o capitão de um time de futebol e estar sempre dentro de campo com o grupo. Ele deve jogar e, com sua liderança, empurrar todos os integrantes da equipe para atingir o grande objetivo, que é fazer um gol. O técnico está fora do campo. Ele treinou todos os jogadores e traçou as estratégias para chegar ao objetivo, mas o capitão está dentro do campo e faz parte da equipe de forma atuante. Ele motiva. Anima. Abraça. Cobra. Estimula. Comemora a vitória! Ele é o líder reconhecido em campo. Chama para si a responsabilidade e tem compromisso com cada jogador e com o resultado.

Há inúmeros exemplos de líderes ou pais de filhos feios, mas quero destacar o maior de todos eles: Jesus, o Cristo. Ele nos ensinou que vale a pena investir naqueles por quem ninguém dá nada, seja porque nada têm a oferecer, seja porque não são dotados de capacidade de realização. O fato é que essas pessoas existem, mas elas podem perfeitamente ser transformadas por um líder interessado, por alguém que aposte suas fichas nelas, que enxergue além do que elas aparentam e além de suas fraquezas. O Mestre cruzou o caminho de muita gente assim, homens e mulheres que nada tinham a oferecer, mas seu compromisso com o futuro daquelas pessoas fez com que Ele as enxergasse além do que pareciam ser!

A elas foram dadas novas oportunidades, novas chances de ter uma vida distinta daquela que até então vivenciavam. Jesus assumiu a responsabilidade de torná-las prósperas, felizes, libertas e frutíferas. Eram filhos feios que, ao receberem amor, atenção e investimento, tornaram-se capazes de surpreender em seus resultados. Assim foi com Pedro, com Maria Madalena, com Tomé, com Saulo, comigo e com você. Assim pode ser com todos os filhos feios que receberem a companhia e a liderança de seu "pai" durante sua caminhada.

Formando pessoas responsáveis

Mesmo tendo um senso de responsabilidade natural, precisamos, cada vez mais, ensinar às novas gerações sobre essa importante parte do nosso caráter. A famosa escritora cristã e colunista norte-americana Pauline Phillips (1918-2013) disse algo que expressa com exatidão essa necessidade: "Se quiser que seus filhos tenham os pés no chão, coloque-lhes algumas responsabilidades nos ombros". Certamente, o peso da responsabilidade torna os jovens mais enraizados e concede-lhes maturidade, desafiando-os a superar os problemas que podem aparecer até que alcancem um objetivo proposto.

Um dos papéis que devemos ter na formação de uma pessoa responsável é o de apontar para a necessidade de assumir suas ações e os consequentes resultados, pois a criatividade humana costuma dar um jeito de culpar outros pelo próprio fracasso.

Millôr Fernandes (1923-2012), escritor e jornalista brasileiro, disse: "Errar é humano. Botar a culpa nos outros também é". Mas será que culpar os outros pelo nosso fracasso não é o maior dos fracassos? Acredito que admitir os próprios erros é uma marca de uma pessoa responsável e que isso também deve ser ensinado, transmitido às crianças e aos jovens.

Quando admitimos nossos erros, abrimos uma porta para que novas oportunidades se apresentem. A confissão, ou seja, a admissão do erro, é uma chance de recebermos o perdão e também de trilharmos um novo caminho. Claro que não nos esqueceremos desses erros. Aliás, nem é bom que eles sejam esquecidos, para que, assim, outros sejam evitados, mas teremos agido com responsabilidade em relação aos nossos atos.

Na confissão somos purificados. É como se trocássemos de roupa e colocássemos o traje adequado para o tipo de atividade que realizaremos. Admitir o erro é livrar-se de uma roupa pesada e suja que nos impediria de entrar no ambiente limpo da paz.

Se você quer alcançar seus objetivos, confesse seus erros e livre-se deles por esse meio. Pessoas bem-sucedidas são inveteradas reconhecedoras de suas culpas. Elas são tão responsáveis por seus atos que não admitir seus fracassos seria como não serem bem-sucedidas. O sucesso tem um companheiro, e o nome dele é responsabilidade.

Quando entendemos isso, podemos transmitir esse conhecimento para as novas gerações. Podemos formar indivíduos responsáveis por suas ações, que demonstrarão as virtudes próprias de um discípulo que um dia será o mestre a ser imitado. Como disse o doutor em teologia e escritor anglo-irlandês Jonathan Swift (1667-1745), "um homem nunca deve ter vergonha de confessar que errou, pois, na verdade, é como dizer, por outras palavras, que hoje ele é mais sábio do que foi ontem".

CAPÍTULO 4

Foco

> Algumas pessoas acham que ter foco significa dizer "sim" para a coisa em que você irá se focar. Mas não é nada disso. Significa dizer "não" às centenas de outras boas ideias que existem. Você precisa selecionar cuidadosamente.
>
> *Steve Jobs*

Chegar ao sucesso não é fácil, mas mantê-lo é ainda mais difícil. Não estou falando daquele sucesso que vem e vai, daquele que surge de repente, alçando pessoas absolutamente desconhecidas ao patamar de celebridades – neologismo criado exatamente para o tipo de pessoa que surge de repente e se torna conhecida por meio de ações midiáticas próprias desse tipo de fama. Essas pessoas "famosas" passam a ser assediadas, requisitadas e até admiradas, ainda que por um tempo curto e determinado. Não estou falando desse tipo de sucesso, tão efêmero que é logo seguido pelo esquecimento, levando, inclusive, muitos "famosos" à solidão e à depressão.

Na verdade, refiro-me ao verdadeiro sucesso, àquele que faz parte da vida de pessoas que se tornam referências em suas áreas de atuação por suas realizações ou ideias capazes de mudar a vida de outros. Esse sucesso, bem representado pelo inventor e empresário

Steve Jobs (1955-2011), não é fácil. Ao contrário, é trabalhoso e requer muito foco.

Para obter esse tipo de sucesso é necessário ter uma vontade tal que seja capaz de enfrentar todos os empecilhos e dificuldades, de superar todos os obstáculos, porque, como já dizia o roteirista norte-americano Frank Clark (1888-1962), "um caminho sem obstáculos provavelmente não leva a lugar nenhum". E essa vontade só existe quando se está absolutamente focado no objetivo, na realização, na criação, na descoberta, na ideia, no projeto.

Estar focado talvez seja, hoje, a coisa mais difícil para aqueles que precisam continuar em seu caminho em direção aos seus objetivos e ao sucesso. Afinal, vivemos em um mundo onde existe uma forte concorrência entre sistemas e pessoas que se esforçam para conquistar a nossa atenção. Recebemos centenas de informações diariamente, por mensagens e em tantas outras situações, e o pior é que elas conseguem – facilmente até, eu diria – nos desconcentrar e nos desviar dos nossos objetivos. Ainda que o façam por um curto intervalo, ao fim do dia teremos perdido um tempo que fará muita falta. Por causa desse tempo desperdiçado, algo importante deixará de ser realizado. Não é necessário muito esforço para que sejamos atraídos por essas distrações e, por causa delas, perdemos tempo, sono, dinheiro e até mesmo a saúde. Perder o foco é mais sério do que podemos imaginar!

Estar focado significa não perder nosso objetivo de vista. As máquinas fotográficas antigas tinham, no centro do visor, um círculo dividido em duas partes, que, quando se juntavam, indicavam que o objeto que nos interessava capturar estava dentro do foco. Todo o restante da paisagem ficava em segundo plano, desfocado. Precisamos criar esse mecanismo em nossa mente, a fim de não nos distrairmos com nada mais ao nosso redor além daquilo que queremos "fotografar".

As distrações estão em toda parte, prontas para nos desviar de nosso alvo. Eu, como pregador do Evangelho, sei bem o que é isso. Encontro tais distrações em todas as fases que envolvem minha atividade, que me é tão cara, desde a preparação da ministração até a hora de levá-la ao público. E talvez esse seja o momento mais crítico, quando estou diante de uma plateia composta pelos mais diversos tipos de pessoas, das que estão envolvidas pelo que está sendo dito e ensinado às que se distraem com qualquer mosca que passe por ali.

Há também aquelas pessoas que geram distração. São os falantes, aqueles que não conseguem ficar quietos e ainda importunam os outros. São os calorentos que se abanam com movimentos tão vigorosos quanto incômodos. Sem falar nas crianças que choram ou não param quietas (é claro que, sendo crianças, elas não devem ser culpadas por isso, mas os responsáveis devem perceber a distração que está sendo gerada e buscar o ambiente correto para elas, que são as alas infantis). Há ainda aqueles que insistem em andar de um lado para o outro, ainda que o ambiente e o momento não sejam apropriados para isso.

Saber selecionar

Talvez uma das definições mais simples de foco seja a que foi dada pelo cofundador da gigante Apple, Steve Jobs, quando disse que "foco é dizer 'não'". Dizer "não" é saber o que de fato importa naquele momento. Se um objetivo foi estabelecido e precisa ser alcançado, não se pode perder de vista o que se pretende. Muitas coisas têm sido criadas para nos tirar o foco, mas para elas só existe uma palavra: "não!".

Um bom diagnóstico é necessário para que se obtenha a resposta adequada: sim ou não. Por exemplo, a nova situação irá agregar algum valor à conquista ou à construção de seu objetivo? Ela está, de alguma forma, ligada ao seu objetivo? Ela precisa receber sua atenção agora ou pode ser adiada? Só você pode atender a essa situação ou ela pode ser resolvida por outra pessoa? De quanto tempo você precisará dispensar para atendê-la?

Vamos ver, uma a uma, as respostas a essas questões.

A nova situação irá agregar algum valor à conquista ou à construção de seu objetivo?

Se a resposta for sim, é bom analisar que tipo de valor será agregado e quanto tempo você precisará disponibilizar para atender a essa situação. O que não pode ser esquecido é que existe um objetivo a ser atingido e que o foco deve estar nele. Ele é o principal; o restante é acessório e deve ser tratado dessa forma. Não despreze aquilo que pode agregar valor, mas não se deixe consumir por distrações.

Ela está, de alguma forma, ligada ao seu objetivo?

Essa não é uma pergunta difícil. Se aquilo que pretende desviá-lo do foco não tem nada a ver com o que você está realizando, simplesmente descarte-o. Se for algo interessante, que pode ser aproveitado depois, anote em sua agenda ou em seu cronograma e explore-o em outra oportunidade, quando tiver concluído suas atividades ou quando não for atrapalhar seu processo. Só o foco o fará concluir de forma eficaz o seu projeto. Quanto mais distrações, mais difícil e cansativo se torna nosso trabalho.

Essa situação precisa receber sua atenção agora ou pode ser adiada?

É claro que surgem situações que acabam sendo importantes para os nossos projetos, trazendo ideias que tornarão nosso trabalho mais rico e interessante. Saber identificá-las é primordial. Mesmo sendo boas ideias, precisamos discernir se devem receber atenção imediatamente ou se podem ser deixadas para depois. Em que fase o projeto se encontra? Ela pode ser interrompida para que a atenção seja desviada para outra situação? O certo é que não se pode comprometer o agora por aquilo que será mais produtivo se for feito depois.

Só você pode atender a essa situação ou ela pode ser resolvida por outra pessoa?

Isso também deve ser levado em consideração. Uma pessoa centralizadora não resolve nada porque acumula tudo para si em vez de delegar o que pode perfeitamente ser feito por outro. Assim, fica sobrecarregada e é obrigada a dividir sua atenção entre inúmeras ações a serem executadas. É melhor ter dez homens trabalhando do que tentar fazer o trabalho de dez homens. Então, se puder delegar, faça isso! Administre o que os outros estão fazendo; afinal, eles estão sob seu comando. Se não puder delegar, observe os itens anteriores, mas não perca seu foco. Dele depende o êxito de seu projeto.

Quanto tempo você precisará dispensar para atender a essa situação?

Lembre-se de que o tempo é precioso, pois passa rápido e não volta. Se você utilizar muito do seu tempo para se dedicar a algo que não é o seu objetivo, certamente perderá o foco. Uma boa solução é construir um cronograma e lutar para obedecê-lo. Ele o ajudará a ter disciplina em relação ao seu tempo, para que você cumpra o planejamento que fez até chegar ao seu objetivo.

Pensamentos voam

Todo mundo sofre com as distrações que vêm para lhe roubar o foco e a atenção. É muito fácil perder as ideias e o raciocínio. Difícil mesmo é manter a concentração capaz de nos deixar atentos àquilo que de fato merece nossa atenção. Esses ladrões de foco não vêm apenas do ambiente externo, ou seja, de pessoas, barulhos, informações e objetos. Eles nascem, muitas vezes, dentro de nós mesmos: são os nossos pensamentos que voam sem limites, para a frente, indo ao futuro, ou para trás, voltando ao passado, e, assim, nos fazem desperdiçar minutos preciosos que farão muita falta em algum momento.

Mas como nos ater aos nossos afazeres diante de tantos pensamentos que surgem a todo instante em nossas mentes? As distrações externas podem ser controladas ou extintas com mais facilidade. Mas, e as que vêm de dentro? Aquelas que brotam no nosso interior sem que nem saibamos como surgiram. Aliás, muitas vezes nem nos damos conta de que fomos envolvidos por elas até que algo nos chame de volta à realidade.

Os especialistas nessas questões dizem que o cérebro não foi feito para se concentrar, daí a dificuldade que ele tem de manter-se "preso" em uma única situação. Por um lado, isso é muito bom, porque permite ao nosso cérebro ter liberdade para criar, ter ideias, conseguir respostas... Mas, por outro lado, ficamos suscetíveis a qualquer coisa poderosa o suficiente para nos tirar de nosso caminho. Diante disso, só resta ao cérebro – e a nós, que o comandamos – fazer uma coisa: escolher. Como disse Jobs, selecionar aquilo que queremos atender.

Só que fazer isso não é fácil. Afinal, nossa vontade está sendo contrariada quando decidimos nos concentrar em algo. O que queremos, na verdade, é ver tudo, ler tudo, saber de tudo... Não queremos ficar presos em uma única situação quando temos tantas outras nos chamando para conhecê-las. É complicado abrir um livro e permanecer lendo com atenção quando o celular nos avisa, com aquele barulhinho, que chegou uma mensagem. Isso é bem difícil. Como não olhar a mensagem? Como não a ler? É uma vontade que quer ser satisfeita, e nós acabamos cedendo a ela.

Somos curiosos, e aqueles que precisam da nossa atenção aproveitam essa característica que todos nós temos para nos atrair para aquilo que eles querem dizer, vender, mostrar... É interessante, não é? O foco deles é nos tirar do nosso foco!

Por isso, precisamos nos esforçar para conseguir avançar em nossas atividades e obter sucesso naquilo que pretendemos levar à frente. Não estou falando de nada mirabolante, não, mas de tarefas do dia a dia, como concluir a leitura de um livro ou terminar uma atividade qualquer, e de conquistas cruciais, como finalizar o ano letivo e avançar para o próximo.

Apesar de ser difícil, não é impossível ter foco. Mas como conseguir tal proeza? No caso do celular, que nos atrai com seus barulhinhos, basta desligá-lo. Mas para vencer outros ladrões de foco precisamos treinar a nossa capacidade de concentração, e uma das formas de fazê-lo é ignorar as emoções e os estímulos externos. Uma leitura pode ser um bom exercício para esta finalidade, principalmente se ler for algo que lhe traga prazer. No começo, as coisas talvez não fluam como gostaríamos, porque, como já dissemos, tudo contribui para tirar nosso foco, mas a insistência nos tornará mais fortes e firmes no propósito que almejamos.

É uma felicidade saber que podemos, sim, ser pessoas concentradas, que podemos aprender a ter foco. Se fazer algo que nos proporciona prazer é uma das chaves para vencer esse desafio, a pergunta é: o que você gosta de fazer? Praticar um esporte, ler, fazer trabalhos artesanais ou artísticos, cozinhar, escrever? Comece por suas atividades preferidas. O que importa é que o foco e a atenção sejam conquistados, porque, afinal, eles nos farão chegar ao destino que projetamos.

Quero sua atenção

Você certamente conhece alguém que não consegue terminar o que começa. Alguém que, por exemplo, começa a ler um livro e não consegue concluir a leitura, que faz inúmeras coisas ao mesmo tempo e não leva nenhuma a termo. Lembrou-se de alguém? Talvez essa pessoa seja você mesmo. Então, você sabe o que acontece com ela? Ela simplesmente não tem foco em nada! Não consegue se concentrar e avançar naquilo que começou ou que precisa fazer. Isso é problemático.

Imagine um profissional que tenha esse problema. Com certeza, ele não ficará muito tempo no emprego, porque tudo o que ele começar a fazer não será concluído, pelo menos não no tempo que havia sido estabelecido. Imagine um estudante que tenha o mesmo problema. Ele terminará repetindo o ano escolar ou sofrendo muito em seus estudos porque não mantém sua atenção na aula ou nas tarefas que lhe são pedidas. Aliás, muitas pessoas são diagnosticadas com Transtorno do Déficit de Atenção com Hiperatividade (TDAH). Esse é um problema muito sério, que afeta milhares de pessoas.

O psicólogo norte-americano Daniel Goleman (1946), em seu livro *Foco: a atenção e seu papel fundamental para o sucesso*, fala que

> A vida moderna valoriza o fato de ficarmos sentados na escola ou num escritório, focando nossa atenção em uma coisa de cada vez, valorizando ainda uma postura de atenção que pode nem sempre ter valido a pena no começo da história humana. Alguns

> neurocientistas argumentam que, em momentos fundamentais, a sobrevivência na vida selvagem pode ter dependido de uma rápida troca de atenção e da ação ligeira, sem hesitação para pensar no que fazer. O que hoje diagnosticamos como déficit de atenção pode refletir uma variação natural nos estilos de foco que teve vantagem ao longo da evolução – e, dessa forma, continua se misturando ao nosso reservatório genético.

Essa colocação nos faz entender que uma predisposição em nosso organismo nos deixa vulneráveis a distrações, não porque somos irresponsáveis, mas porque se trata de algo inato à nossa espécie, que foi provida desse mecanismo para que pudesse salvar sua própria vida diante das ameaças dos predadores. Porém, ainda que essa predisposição exista, podemos aprender a ter foco, já que muita coisa mudou desde os primórdios da vida humana.

Hoje, por exemplo, a luta por atenção é tão séria que os profissionais de comunicação têm sido cada vez mais desafiados a conquistar sua "audiência" com peças publicitárias. Sobre isso, Daniel Goleman diz:

> Tomemos como exemplo obter atenção no mercado, onde a moeda é o foco dos clientes. Os critérios para atrair atenção ficam cada vez mais exigentes. O que era empolgante no mês passado parece um tédio hoje. Embora uma das estratégias para virar cabeças seja provocar nossos sistemas de baixo para cima com efeitos especiais surpreendentes e atraentes, está havendo o renascimento de um método mais antigo: contar uma boa história. Histórias fazem mais do que atrair nossa atenção: elas a mantêm. Esta é uma lição que não se perdeu nas "indústrias da atenção", como a mídia, a TV, o cinema, a música e a publicidade – todas jogando um jogo de soma zero pela nossa atenção, onde a vitória de um é a derrota do outro. A atenção tende a focar no que tem significado – no que importa. A história que um líder conta pode inspirar um foco em particular com essa ressonância, indicando para os outros onde colocar atenção e energia.

A capacidade de foco é, portanto, uma grande aliada do indivíduo, o que a transformou em um objeto de desejo com papel determinante em nosso sucesso. Claro! Como chegaremos ao êxito se não dermos atenção a todos os detalhes que compõem cada etapa que devemos percorrer? Se houver alguma falha, ela será revelada no final, e, aí, caso queiramos apresentar um bom trabalho, precisaremos voltar ao lugar onde erramos – ou onde nos perdemos pela falta de atenção – e consertar o problema. Talvez isso custe tempo e dinheiro e traga aborrecimentos, mas precisaremos arcar com essa conta para, enfim, obter êxito em nosso projeto.

Para que servem reuniões

Um dos lugares onde mais podemos constatar a falta de foco são as reuniões. É impressionante como as pessoas acabam falando de coisas que não têm absolutamente nenhuma relação com a pauta a ser tratada. Aliás, elas ignoram a pauta, que foi construída justamente para que o encontro fosse objetivo. E, quanto mais pessoas presentes na reunião, maior a probabilidade de que se perca o foco. Assuntos dos mais variados, e alheios ao que deve ser tratado, aparecem nas conversas, que acabam virando reuniões dentro da reunião principal. Se não houver liderança e pulso firme para trazer a atenção ao que deve ser discutido, a reunião se transformará em um fracasso.

Mas o que todos querem é o sucesso, a realização da atividade com êxito. Acontece que até se chegar à tão esperada conclusão muitas distrações precisarão ser dribladas pelo trajeto.

As reuniões existem para que duas ou mais pessoas, de acordo com suas habilidades e capacidades, contribuam para que se chegue bem à próxima etapa de um projeto. Então, as reuniões são muito importantes, uma espécie de *pit stop* onde se ajustam aqueles detalhes que podem dificultar o avanço do projeto até a linha de chegada. Por isso, elas devem ser objetivas e ir diretamente aos pontos colocados na pauta, sem divagações.

Agora, imagine se, em cada um dos pontos, alguém contar uma história que nada tem a ver com o que foi proposto. Quando a reunião terminará? Se nada for feito para brecar esses desvios, certamente haverá grande prejuízo a todos – sim, a todos os presentes. E o primeiro deles será o tempo perdido ali, que poderia estar sendo usado de forma planejada e calculada, já que não deve existir reunião sem hora para terminar!

Não é raro reuniões serem convocadas sem que sua pauta esteja clara para os participantes. Nesses casos, as pessoas chegam ao encontro sem saber direito o que será discutido. Outras vezes precisam lidar com pendências não resolvidas no último encontro, que ficaram perdidas. Para evitar esses problemas, existem as chamadas atas de reunião. Tudo o que é tratado deve ser colocado nesses relatórios e disponibilizado para todos os participantes. Além de documentar a reunião, a ata ajuda a manter o foco, apontando as discussões a serem feitas, os compromissos a serem cumpridos, os prazos para a execução das tarefas e a data da próxima reunião.

Quando se diminuem as distrações, na verdade trabalha-se para que haja sucesso no projeto a ser executado. Ninguém fica feliz em demorar muito tempo para realizar algo. Pelo contrário: o que buscamos é minimizar esse tempo e, assim, poder partir para outro projeto, outro desafio!

Mundo da lua

Não são apenas os adultos que sofrem com as distrações. Elas buscam por suas presas em todos os lugares, até mesmo entre as crianças. Que criança nunca foi repreendida ou questionada por estar com o pensamento longe, em uma longa viagem, ouvindo a seguinte frase: “Está no mundo da lua?”.

Mas que mundo é esse? É um lugar muito particular, que só é frequentado por pensamentos. Podemos entrar no mundo da lua a qualquer momento, em qualquer lugar, mesmo quando estamos ao lado da melhor companhia. O fato é que nossa mente foge para lá.

Não sabemos como ela entra nesse ambiente, nem o que a leva a divagar tanto a ponto de ficar tão distante de nós.

Isso acontece quando o nosso foco simplesmente desaparece e alguma coisa mais atraente leva nosso pensamento embora. E atraente não significa necessariamente bom. Pode ser alguma coisa que nos incomoda, que nos preocupa ou que nos aborrece, mas que acaba nos levando para longe. Por isso, muitos até dizem: "Eu só estava aqui de corpo; minha mente viajou para sei lá onde". Bem, esse "sei lá onde" é o que muitos chamam de mundo da lua.

O fato é que, quando o foco some, nossa atenção se desvia para outra coisa que pode ser mais importante naquele instante. Isso pode ser muito desagradável se estamos com alguém, pois logo a pessoa notará que sua companhia ou conversa não está sendo interessante para o outro. Para evitar esse tipo de situação é aconselhável interagir com seu interlocutor. Não deixe a pessoa falar sozinha. Procure conversar, questionar, estabelecer um diálogo. Assim é mais fácil ficar atento.

O mundo da lua pode ser considerado também uma fuga que se transforma em um hábito, já que muita gente, sobretudo as crianças, acaba passando mais tempo nesse ambiente do que seria desejável. Isso acontece, por exemplo, durante determinada aula de que não se gosta. O cérebro, desinteressado em ouvir a aula, escapa para o mundo da lua, onde nada, ou alguma coisa muito "melhor", acontece.

Por isso se diz que tal pessoa "vive" no mundo da lua, e não apenas está nele. Esse hábito de distrair-se pode evoluir para uma situação mais complicada, tornando necessário que a pessoa procure a ajuda de algum profissional de saúde para que receba o tratamento adequado, pois a falta de foco frequentemente causa prejuízos.

Os males da dispersão

É difícil contabilizar os malefícios que a dispersão pode causar na vida de alguém. Porém, sabemos que eles existem, são importantes e trazem um tipo de prejuízo em cada fase da nossa existência.

Eles podem ser superados sem nenhum problema ou podem significar oportunidades perdidas para sempre.

Se a dispersão for banal, como acontece com todas as pessoas, ou com quase todas, como, por exemplo, escapar daquela dieta alimentar para eliminar alguns quilos a mais, não há problema. A dieta pode ser começada na próxima semana. Porém, se a dispersão o impedir de realizar as atividades físicas necessárias para melhorar sua saúde e recomendadas por um médico, a coisa já vai ficando mais complicada.

Se a falta de foco surgir na área educacional, a situação torna-se mais complicada ainda, já que o tempo vai passando e, com ele, o próprio ânimo para voltar aos estudos. Todos nós conhecemos pessoas que começaram a fazer um curso de idioma e, por não estarem focadas nos estudos, acabaram abandonando as aulas, com a velha desculpa de que voltariam a estudar em outro momento. Só que esse retorno nunca acontece, porque as distrações ganharam a luta contra a vontade de realizar.

Veja que os prejuízos começaram a aumentar. Agora, eles já estão diretamente ligados à ascensão profissional e ao grau de conhecimento que a pessoa deixa de adquirir porque não dispensou a atenção necessária a atividades tão importantes. Depois de alguns anos, ela se lamentará: "Por que não mantive o foco no meu curso? Por que não abandonei outras coisas menos importantes para estudar? Se tivesse feito isso, hoje estaria apta a pleitear um novo cargo na empresa ou a buscar outra oportunidade de trabalho".

Infelizmente, as dispersões só são vistas como problemáticas muitos anos depois, quando talvez não haja mais condições ou recursos para que o projeto seja retomado. O escritor britânico e ex-primeiro-ministro do Reino Unido Benjamin Disraeli (1804-1881) disse: "O segredo do êxito na vida de um homem está em preparar-se para aproveitar a ocasião quando ela se apresentar". Em outras palavras, quando falta foco não há a devida valorização de uma possível oportunidade. E isso pode ser muito prejudicial, já que o sucesso passa pelas oportunidades.

Distrações para o bem

Existem distrações que são importantes e devem ser objeto da nossa atenção porque são capazes de nos fazer voltar ao nosso foco! O professor Stephen Kaplan, do Departamento de Psicologia da Universidade de Michigan, nos Estados Unidos, propôs o que chamou de Teoria da Restauração da Atenção, em que se busca restaurar o foco por meio de distrações, já que essa é a fórmula predileta do nosso cérebro.

O psicólogo Daniel Goleman explicou o funcionamento dessa teoria em seu livro *Foco: a atenção e seu papel fundamental para o sucesso*, usando os argumentos de Stephen Kaplan:

> Essa restauração ocorre quando passamos de um estado de atenção esforçada, em que a mente precisa anular as distrações, para um estado em que nos deixamos livres e permitimos que nossa atenção seja capturada pelo que quer que se apresente. Mas apenas certos tipos de foco ascendente agem de modo a restaurar energia para a atenção focada. Navegar na internet não é o caso. Fazemos bem de nos desconectarmos regularmente. Tempos em silêncio restauram nosso foco e nossa serenidade. Mas essa desconexão é apenas o primeiro passo. O que fazemos a seguir também importa. Dar uma caminhada por uma rua da cidade, observa Kaplan, ainda exige da nossa atenção – precisamos atravessar multidões, desviar de carros e ignorar os barulhos de buzina e os demais ruídos da rua. Por outro lado, uma caminhada num parque ou bosque exige pouco desse tipo de atenção. Podemos nos restaurar passando algum tempo na natureza – até mesmo alguns minutos caminhando num parque ou em qualquer local rico em coisas fascinantes como os tons avermelhados das nuvens durante o pôr do sol ou o voo de uma borboleta. Isso provoca "modestamente" a atenção ascendente, como define o grupo de Kaplan, permitindo que os circuitos que fazem os esforços descendentes recuperem sua energia, restaurando a atenção e a memória, e melhorando a cognição. Uma caminhada em meio às árvores leva a um melhor foco para a retomada de tarefas que

exigem concentração do que um passeio a pé pelo centro da cidade. Até mesmo se sentar diante de um mural que retrate uma cena da natureza – especialmente alguma cena com água – é melhor do que a cafeteria da esquina.

Essas orientações ou técnicas são importantes para que nosso foco seja restabelecido por meio de outras distrações, fazendo pausas em nossas atividades. Distrações prazerosas, como uma caminhada ou simplesmente observar a natureza, podem ser o suficiente para essa restauração do foco.

Já foi dito que o tempo máximo que se consegue permanecer atento a um assunto e reter informações é de vinte minutos. Depois desse período, é necessário haver um intervalo para que a mente possa renovar a atenção ou uma alteração do tema abordado. Outro fator capaz de renovar a mente é o entusiasmo ou a paixão com que se aborda o tema. Bem, todos nós sabemos que o mínimo que se pode esperar de um palestrante ou orador é que ele não nos faça bocejar.

Em uma pregação, por exemplo, que dura cerca de cinquenta minutos, os temas bíblicos devem ser expostos com entusiasmo e as histórias devem ser bem explicadas e apresentadas com riqueza de detalhes. Isso, aliado ao interesse que as pessoas têm em conhecer os personagens e as narrativas bíblicas, é a chave que abre as portas do interesse e da manutenção do foco.

Piloto automático

Mais do que constrangedora, uma distração pode ser muito perigosa. Quantos motoristas já se envolveram em acidentes, muitas vezes graves, simplesmente porque estavam dirigindo no "piloto automático", com suas mentes perdidas em algum outro lugar? Esse fenômeno, também chamado por muitos de "apagão", pode trazer consequências sérias.

Há algum tempo, uma pessoa me disse que mais de uma vez seguira o carro da frente automaticamente e avançara o sinal vermelho.

Ela simplesmente o acompanhara sem prestar atenção no que estava fazendo e só se dera conta do perigo quando a buzina de outro carro a alertou para a situação! Essa distração poderia ter custado a vida desse desconhecido e de outras pessoas, além de ter causado prejuízos materiais.

Mas o que leva uma pessoa a essa distração tão grave em pleno trânsito, um ambiente desfavorável a esse comportamento distraído, já que é muito movimentado? O escritor norte-americano Mark Twain (1835-1910) disse que não podemos confiar em nossos olhos quando nossa imaginação está fora de foco, ou seja, a nossa mente, que nos leva a divagar, precisa estar fixada naquilo que está sob nosso foco. Não apenas os nossos olhos naturais, físicos, mas os olhos da imaginação precisam ter foco. Caso contrário, ainda que estejam abertos, nossos olhos físicos não poderão enxergar o que está à nossa frente.

Viver no piloto automático também demonstra falta de interesse, e não só de atenção. Quem vive assim leva a vida do jeito que dá, porque no fundo não consegue concentrar-se nos seus projetos de vida. É como se tivesse desistido, desanimado pela falta de cumprimento das metas colocadas anteriormente. Tudo fica mais complicado, difícil, cansativo, enfadonho. Se esse estado de coisas não for combatido, logo se tornará um hábito, algo muito forte e difícil de abandonar.

Entendendo isso, procure ver quem está no comando da sua vida, você ou o piloto automático, as circunstâncias que surgem porque falta o foco necessário para que a sua vida caminhe pelos trilhos que o levarão ao sucesso. Esse piloto automático surge em nossas vidas por meio de atitudes mecânicas e impensadas. É preciso mudar essa condição perniciosa e passar a ter o comando, guiando sua vida de forma equilibrada, para que ela não se transforme em um enorme desastre.

Problemas da falta de foco

Estar focado é fundamental para todos aqueles que precisam ter resultados positivos em suas atividades, sejam elas quais forem.

Isso é fato. Caso a falta de foco não seja eliminada, muitos problemas surgirão e nos deixarão distantes do êxito que desejamos viver em qualquer área: profissional, pessoal, educacional, sentimental, ministerial...

Um dos problemas que podemos experimentar com a falta de foco é a inércia, que deixa a pessoa prostrada, incapaz de prosseguir em direção aos seus objetivos. Só há uma forma de superá-la: movimentando-se em direção ao alvo estabelecido e deixando-a para trás, bem longe do nosso dia a dia. Para isso, precisamos focar naquilo que é importante, no aqui e no agora, até chegarmos ao amanhã, onde estão nossos projetos concluídos. Parece difícil, mas não é. O principal é ter consciência de que a falta de foco é uma inimiga que precisa ser combatida com todas as forças.

O desperdício é outro problema para aqueles que se perdem em seus pensamentos e em atividades desassociadas dos objetivos a serem conquistados. Pode ser um desperdício de dinheiro, de tempo, de energia, de recursos. Podemos gastar dinheiro em estudos, mas não os aproveitar por perder-nos em divagações; podemos deixar o tempo passar distraídos em mundos distantes, que nada têm a ver com nossa realidade e nossos objetivos; podemos gastar energia em coisas outras que não aquelas que estão diretamente ligadas aos nossos projetos; e podemos depositar muitos recursos em atividades que não trazem nada de positivo. E qual será o resultado? Desperdícios.

A frustração também é uma habitual e péssima companheira daqueles que não têm foco. Uma coisa é tentar realizar algo que, pelas razões mais diversas, não deu certo; outra coisa é fracassar porque não mantivemos nosso foco no projeto, porque nos deixamos perder no vasto mundo da lua. Quando há foco, tentamos novamente até que venha o sucesso. Essa, aliás, é uma grande virtude. Não se pode desistir de algo porque não deu certo. Deve-se insistir, tomando outros caminhos e utilizando outras possibilidades, ferramentas e ideias. Deixar de fazer algo por conta das distrações causa enorme frustração e faz com que os sonhos se transformem em pesadelos.

Quem não tem foco vive ainda o dilema da falta de realizações, que não deixa de provocar frustração porque se observa um grande desperdício de tempo com atividades que nada trouxeram de proveitoso. As horas passaram, o dia passou, a semana foi embora, o mês terminou, o ano acabou, e muitas realizações deixaram de acontecer! A falta de foco roubou o tempo, tão precioso, e deixou o gosto forte e amargo típico da falta de realização. Quem não tem foco não consegue produzir, não realiza, fica parado assistindo a outros chegarem ao sucesso!

Para completar a lista de problemas, há ainda a procrastinação, expressa em uma conhecida frase: "Depois eu faço". Há uma lenda que diz que a oportunidade é como um cavalo sem rabo, por isso precisamos nos atirar sobre ele assim que o vemos passar. Temos ainda outra frase famosa: "Não deixe para amanhã o que se pode fazer hoje". Costuma-se dizer isso porque amanhã pode ser tarde. Quando deixamos as coisas para depois, vamos colecionando uma série de atividades inconclusas, de pendências. Então, o melhor que se tem a fazer é enfrentar os obstáculos de cada dia e manter o foco na realização. Se não se eliminar a falta de foco, tudo ficará mais difícil, e a procrastinação será uma eterna companheira em uma viagem que nunca chegará ao seu destino final e feliz!

CAPÍTULO 5

Comunicação

> Eu acredito profundamente que qualquer ferramenta que melhore a comunicação tem efeitos profundos na forma como as pessoas podem aprender umas com as outras e como podem atingir o tipo de liberdades em que estão interessadas.
>
> *Bill Gates*

Comunicação é uma palavra de origem latina, derivada de *communicare*, e significa "tornar comum, partilhar, participar algo". A comunicação sempre existiu, embora tenha havido uma evolução nos métodos e meios utilizados pelo ser humano para transmitir informações.

Estamos na era da comunicação. Disso ninguém tem dúvida. Nunca tantos meios (mídias) estiveram disponíveis e ao alcance de indivíduos de todas as partes do globo. Essas transformações na comunicação começaram quando o alemão Johannes Gutenberg inventou um equipamento capaz de reproduzir cópias idênticas de textos e imagens. O primeiro livro impresso por Gutenberg foi a Bíblia, na qual ele trabalhou de 1450 a 1455.

De lá para cá, os inventos foram sendo aprimorados de forma espantosa. Hoje, a interatividade proporcionada pelas mídias e pelas ferramentas de comunicação é global, conectando e aproximando amigos virtuais e possibilitando a troca de conhecimentos, ideias e experiências.

Agora, aprendemos a distância, nos emocionamos com histórias de pessoas que nunca estiveram em nosso círculo físico de amigos e nos relacionamos com indivíduos que vivem em outros países como se estivessem perto de nós, logo ali na esquina... Esse tipo de contato tornou-se possível graças à evolução tecnológica dos meios de comunicação, que estão literalmente ao alcance de nossas mãos. Isso é muito empolgante, mas também suscita enormes desafios!

É interessante que, apesar dessa disponibilidade e acessibilidade, ainda existam muitos problemas quando o assunto é comunicação. Afinal, comunicar não é simplesmente falar ou teclar, mas uma ação que envolve muitos outros elementos (e sentimentos). Além de o que dizer, é preciso saber como dizer, em que momento, para quem, o que se pretende com a mensagem e se ela pode ser dirigida a uma única pessoa ou a uma multidão, seja off-line, por meio das mídias tradicionais, ou on-line, com as mídias digitais, para usarmos termos mais atuais. Independentemente da quantidade de pessoas que receberão a mensagem, a dificuldade na transmissão será a mesma.

Mas como a comunicação pode interferir em nosso sucesso? Como podemos usufruir toda a acessibilidade que está disponível em nosso tempo? De que forma podemos transmitir nossas ideias para aqueles com quem pretendemos nos relacionar? Afinal, a comunicação mexe com comportamentos, emoções e atitudes e deve alcançar objetivos muito bem definidos pelos seus emissores.

Palavras ao vento

Por mais preparado que esteja um professor, por mais que conheça o assunto que abordará em sala de aula, por mais que tenha pesquisado e conte com recursos variados, ele não será bem-sucedido se a mensagem que deve ser transmitida não for entendida pelos alunos, que, nesse caso, são os receptores. Na verdade, será frustrante para o educador perceber que aquilo que ele desejava ensinar não foi compreendido, não passou de palavras ao vento.

Uma comunicação bem-sucedida pressupõe troca de ideias, profusão de informações, liberdade de questionamentos e objetividade nos pensamentos, para falar apenas de algumas condições importantes. Acredito que podemos analisar um pouco melhor cada uma dessas partes. Embora eu não seja um especialista em comunicação, lido com o tema em minha atividade pastoral, o que me deixa à vontade para discorrer sobre essa ferramenta essencial em meu trabalho e que também aprecio.

Quando há troca de ideias se estabelece um diálogo. Sabemos que não é necessário haver diálogo para que haja comunicação, pois ela pode se dar por meio de um monólogo, quando apenas um fala. Porém, no diálogo, abre-se uma grande oportunidade para a troca de experiências.

É essencial que haja diálogo em nossos relacionamentos interpessoais e que essa troca de ideias possibilite às partes consolidar pensamentos ou substituí-los por outros mais adequados, os quais talvez nem sequer tenham sido cogitados. Rever posições com base em argumentos que nos fizeram pensar melhor a respeito das nossas ideias ou, ao contrário, reafirmar nossas convicções são atitudes importantes, possibilitadas pelo diálogo. E elas tornam o sucesso possível.

Quando falo em profusão de informações não me refiro a verborragias, mas à disponibilização de dados para novos pensamentos e para a compreensão de ideias. Para que eu possa obter uma resposta mais acertada para determinada questão, por exemplo, é importante que eu abasteça o meu ouvinte com dados. Quanto mais dados eu oferecer, mais ele terá condições de responder à questão com propriedade e, da mesma maneira, formar sua própria opinião com mais pertinência. Por isso, torna-se fundamental para o sucesso que tenhamos informações que nos façam entender, com o máximo de exatidão possível, nosso negócio ou projeto.

A liberdade de questionamento, que mencionei acima, talvez seja a parte mais importante no estabelecimento da comunicação – mais propriamente dos diálogos –, pois quando podemos questionar ideias apresentadas podemos também compreendê-las melhor. Em um diálogo, ocorre uma espécie de depuração em que aquilo que não é pertinente vai sendo removido e as ideias que ficam vão se tornando mais claras e consistentes. Em nossas atividades precisamos dessa liberdade para entender bem aquilo que nos cerca e aquilo pelo qual estamos trabalhando. Assim, teremos mais condições de obter bons resultados.

Por fim, ter objetividade nos pensamentos torna-se, cada dia mais, uma obrigação. Vivemos em uma época em que não podemos perder tempo. Diante disso, a objetividade é uma das mais importantes aliadas para que a comunicação seja rápida e eficaz. As mídias sociais têm tido papel fundamental no incentivo à objetividade, pois as informações precisam ser difundidas num intervalo mínimo de tempo e com poucos caracteres.

Ninguém quer que suas palavras sejam levadas pelo vento como folhas secas que só fazem barulho. Queremos que nossas ideias sejam transmitidas e, mais que isso, absorvidas, apreendidas, compreendidas. Se nos aplicarmos minimamente a esse objetivo, poderemos ter sucesso em nossa comunicação. E é isso que desejamos em todas as áreas da nossa vida e em nossas atividades.

Torre de Babel

Utilizando uma narrativa bíblica, quero refletir sobre a confusão que acontece na passagem descrita em Gênesis 11, que fala da comunicação entre os povos durante a construção da Torre de Babel. Aliás, é importante dizer que a palavra "babel", de origem hebraica, vem de *"balal"*, que significa exatamente "confundir".

Nesse episódio, por causa das pretensões das pessoas envolvidas na construção da torre, cujo objetivo era alcançar o céu, Deus instituiu a pluralidade de idiomas, para que as pessoas não se entendessem mais por meio da comunicação verbal. Veja o que diz a narrativa bíblica: "Eles são um só povo e falam uma só língua, e começaram a construir isso. Em breve nada poderá impedir o que planejam fazer.

Venham, desçamos e confundamos a língua que falam, para que não entendam mais uns aos outros" (Gênesis 11:6-7).

Deus tinha um objetivo muito pontual: não permitir que as pessoas se entendessem por meio da comunicação verbal. Assim, umas deixariam de entender o que as outras diziam e seria impossível construir a tal torre. Refletindo sobre isso, vemos que a comunicação é um elemento primordial para que possamos construir alguma coisa, ou seja, uma comunicação eficaz é necessária para que cheguemos aos nossos objetivos e alcancemos o sucesso.

Imagine tentar – e esse é o verbo correto – realizar algo sem que haja comunicação. Como na narrativa bíblica, o projeto será frustrado. Em vez de sucesso, haverá fracasso. O projeto não passará de projeto. Tudo não passará de uma tentativa porque um ingrediente fundamental, a comunicação, não foi colocado em prática, não foi levado em conta.

Pare por um instante e tente avaliar os projetos que você idealizou e que acabaram frustrados. Como foi a comunicação nesses projetos? Ainda que sua intenção não tenha sido alcançar o céu – como era literalmente a intenção daqueles homens de Babel –, você certamente sonhou em alcançar o sucesso. E saiba que não estava errado em sonhar assim.

Os problemas de comunicação não se restringem apenas à nossa vida profissional ou empreendedora, mas vão além e permeiam áreas em que a comunicação também é fundamental, como nossa vida familiar. Pessoas que vivem na mesma casa e não falam umas com as outras estão fadadas a viver conflitos sérios, que podem culminar em separações, no caso de marido e mulher, ou em problemas de relacionamento, no caso de filhos, para falarmos apenas de relações mais próximas.

Não podemos ignorar o poder da comunicação nem, mais que isso, a sua necessidade. Aprendemos, desde cedo, que o homem é um ser social e que se relaciona por meio da comunicação em todas as fases da sua existência e em todas as atividades que realiza.

Precisamos, então, tomar cuidado para que cada uma dessas atividades não seja paralisada como foi a Torre de Babel. Não é incomum conhecermos pessoas que começam algo e nunca o concluem; talvez nós mesmos façamos isso. Não podemos nos esquecer de que a comunicação pode ser o grande diferencial entre o sucesso, que é a conclusão de um projeto, e o fracasso, que pode ser a frustração de ver o projeto abandonado pelo caminho, inconcluso.

Precisamos avaliar sempre como estamos comunicando nossos projetos, sejam eles empreendedores ou pessoais, perguntando-nos o que estamos comunicando, como e a quem. Precisamos tirar lições importantes da negligência com relação à comunicação, algo fundamental para quem deseja obter êxito em seus empreendimentos.

Falando grego

"Será que estou falando grego?" Certamente você já ouviu essa frase – ou até mesmo a disse. Mas, afinal, o que se quer dizer com essa pergunta? Geralmente, ela é dita com certa irritação, quando uma pessoa se sente incompreendida em sua comunicação verbal. Será que estamos falando de forma incompreensível com aqueles com quem queremos ou precisamos nos comunicar bem?

Perdemos muito quando não somos bem compreendidos em nossa comunicação. São perdas de tempo, de dinheiro, de energia e outras tantas que podem prejudicar nossos projetos. Por essas razões, precisamos estar atentos à eficiência da nossa comunicação, à forma como ela chega aos ouvidos dos nossos receptores. Aprender a comunicar-se é uma tarefa à qual todos precisamos nos dedicar com frequência, porque a comunicação é dinâmica.

Lembra-se da brincadeira do telefone sem fio? Dizia-se uma frase para alguém, que a passava para outro, e assim por diante, até chegar à última pessoa. Quando esta última pessoa dizia o que tinha ouvido, constatávamos a perda de diversas palavras e até a troca de significados ou sentidos, tudo porque não tinha havido a devida compreensão do que estava sendo dito para que pudesse ser reproduzido com a mesma precisão.

Essa brincadeira é interessante e nos ensina como é importante ouvir corretamente a mensagem. Se, em vez de ouvir português, a pessoa estiver "ouvindo grego", ela vai retransmitir aquilo que ouviu, e não haverá uma comunicação adequada, tampouco eficaz.

Também é importante discernir aqueles que não querem ouvir corretamente. Sigmund Freud (1856-1939), conhecido como o pai da psicanálise, disse: "Não adianta explicar quando o outro está decidido a não entender". De fato, não devemos perder tempo explicando nossos projetos para pessoas que não estão interessadas em ouvi-los e que ainda, por ouvi-los mal, poderão reproduzi-los de forma equivocada e causar-nos sérios prejuízos.

Precisamos ter discernimento para identificar quem deve, pode ou merece receber nossa comunicação. Algumas pessoas estarão aptas a ouvir apenas uma parte do que iremos dizer, outras poderão ouvir o projeto completo. Existem ainda aquelas que precisam receber as informações em doses homeopáticas, como se diz, para que não fiquem sobrecarregadas nem nos desestimulem a levarmos nossos ideais à frente. Cabe a nós fazer esse julgamento.

Se tivermos a capacidade de identificar essas pessoas, teremos mais chances de ser bem-sucedidos, pois não estaremos falando em bom português para ouvidos mal treinados, de pessoas que colocarão tudo a perder por sua falta de sensibilidade ante aquilo que estão ouvindo.

Mas uma boa notícia é que o idioma grego não é tão distinto do português. Segundo especialistas, mais de 16 mil palavras do nosso idioma vêm grego! Então, se isso serve de alento, ainda que você pareça estar falando grego não será de todo incompreendido.

A mensagem

Toda mensagem precisa ter um objetivo, e saber comunicá-la adequadamente é meio caminho andado para a realização dos projetos. Então, precisamos ter clareza de qual é a mais importante mensagem que queremos transmitir e a ela devemos dedicar todos os nossos esforços. Também precisamos deixar claro que a falta de compreensão da mensagem pode colocar em risco todo o projeto.

Portanto, pergunte-se qual é a mensagem, conheça-a bem e esteja preparado para sanar todas as dúvidas que certamente surgirão entre os demais que farão parte do projeto. Procure expor sua mensagem com clareza, pois como alguém acreditará em algo que estamos dizendo sem convicção, em algo em que nem nós mesmos acreditamos?

Para conhecer profundamente sua mensagem, é preciso saber perguntar e responder. Faça perguntas a você mesmo a respeito do seu próprio projeto, esmiúce-o, entenda-o completamente, apaixone-se por ele para que gere em você a convicção necessária para alcançar os demais. Vasculhe os pontos fracos, busque soluções, eleja os pontos fortes e dê relevo a eles. Tenha a mensagem em seu coração e em sua mente, e, quando for o momento de transmiti-la aos outros, faça-o com entusiasmo.

O estadista sul-africano e ganhador do Prêmio Nobel da Paz Nelson Mandela (1918-2013) disse: "Se você falar a um homem numa linguagem que ele compreenda, a sua mensagem entrará na cabeça dele. Se lhe falar na sua própria linguagem, a sua mensagem entrará no coração dele". Essa frase nos sugere que existem dois destinos para uma mensagem: a cabeça e o coração. Em qual deles você quer ou precisa depositar sua mensagem? Quem deverá recebê-la?

Para que haja sucesso na transmissão de uma mensagem também é primordial conhecer o público, ao qual a forma e o conteúdo da mensagem devem ser adequados. Quem é esse público? O que ele faz? O que deseja? Essas são algumas das questões que precisamos ter em mente e que devem ser respondidas antes de começarmos a emitir as ideias e opiniões contidas em nossa mensagem.

Não adianta termos uma mensagem maravilhosa destinada a um público impróprio para tal conteúdo ou transmitida em um formato equivocado. Vivemos em uma época em que existem uma enorme disputa pela atenção do ouvinte e inúmeros avanços tecnológicos e aparatos à disposição das pessoas. Por isso, é cada vez mais necessário que sejamos precisos na transmissão da mensagem ao público. As pessoas não estão disponíveis nem dispostas a gastarem seu precioso tempo com apenas um de seus interlocutores.

Então, conhecer o público, o tempo de que ele dispõe, quais são seus anseios e de que forma ele aceita melhor uma mensagem é fundamental para todos aqueles que pretendem passar adiante uma mensagem. Vale a pena lembrar que não adianta ter uma boa mensagem se ela não for compreendida e absorvida pelo público a que se destina.

Existem mensagens que precisam ser ditas ao pé da letra, ou seja, que exigem o máximo possível de objetividade e clareza. Se este é o caso, não ignore essas necessidades. Não queira ser prolixo quando se exige objetividade ou simplicidade. Existem casos até em que é preciso ser didático. Verifique qual é o seu caso.

Interesse da mensagem

Não se pode deixar de levar em conta o interesse que a mensagem despertará no público, já que ninguém vai parar para ouvir algo em que não esteja interessado ou que não desperte o seu interesse. "Despertar" é a palavra-chave. Se isso não acontecer, a conversa vai entrar por um ouvido e sair pelo outro.

Como podemos medir o interesse que nossa mensagem despertará em alguém? Primeiramente, sabendo quais são os interesses ou necessidades desse alguém, e isso é relativamente fácil se você conhecer o seu público, conforme apontamos anteriormente.

Em meio a um grupo de mulheres, por exemplo, ninguém vai propor discutir futebol, a menos que elas demonstrem gostar desse tema. É sabido que a grande maioria das mulheres não gosta, não entende e não se interessa por esse esporte que, diga-se de passagem, é, em muitos casos, motivo de desentendimentos entre elas e seus namorados ou maridos, os quais, parece-lhes, dedicam muito tempo ou atenção ao esporte. Mas, se porventura a pessoa com quem você está dialogando, seja homem ou mulher, gosta de futebol, e você conhece esse assunto, terá enormes chances de despertar a atenção dessa pessoa e estabelecer um diálogo que se desenvolverá com facilidade. O interesse do seu público pelo assunto, pela sua mensagem, é fundamental para que ela alcance, além da cabeça, o coração.

Outro fator importante para atrair a atenção e o interesse de uma pessoa pela sua mensagem é não deixar a conversa se transformar em um monólogo em que só você fala! É preciso provocar a outra parte a participar, usar perguntas para envolvê-la, estabelecer pontos de convergência e de divergência para tornar o assunto mais interessante. Precisamos entender que todos têm algo a dizer. Ainda que a pessoa não seja especialista naquele assunto, seu interesse pelo tópico já é um grande motivo para que participe da conversa, ainda que seja fazendo perguntas.

Começo, meio e fim

Quando alguém chega literalmente no meio de uma conversa, não entende o que está sendo falado. Se tentar emitir sua opinião sem saber qual é o tema central, certamente falará muitas bobagens. O ideal é compreender a mensagem que está sendo transmitida e só então introduzir suas ideias a respeito, se o tema for de seu interesse, como já foi dito anteriormente.

Essa situação hipotética, que acontece muito frequentemente, ilustra a importância de estabelecer uma estrutura simples, porém fundamental, para a transmissão de uma mensagem: começo (introdução), meio (desenvolvimento) e fim (conclusão). Essas três partes são indispensáveis para que a mensagem seja compreendida, por mais interesse que ela desperte.

Se a mensagem fosse o corpo humano, o começo seria a cabeça, o meio seria o tronco, e as pernas e os pés seriam o fim.

A parte inicial da mensagem precisa ter parâmetros inteligentes e ser simples e facilmente compreensível. Ela deve trazer os pontos a serem debatidos no desenvolvimento.

No meio estão os temas derivados da parte inicial. Se o assunto que saiu da cabeça foi futebol, no tronco serão desenvolvidos temas como determinação, resultados, saúde, treino, investimentos, torcidas, equipes, atletas, treinadores, patrocinadores, o esporte no Brasil e no exterior, craques e decepções. Uma gama imensa de temas pode ser abordada. Conforme forem digeridos, eles despertarão emoções e tornarão a conversa envolvente.

Depois, a mensagem precisa de uma conclusão em que os envolvidos exponham suas opiniões a respeito do tema principal. Esse é o momento, representado pelas pernas e pelos pés, que nos faz chegar a algum lugar, a algum entendimento, que nos torna mais conhecedores da mensagem principal, já ouvida e discutida.

Vale ressaltar que, se o assunto central gerar muitos temas e debates interessantes, pode-se deixar o fim para um novo encontro, no qual os participantes podem chegar novamente à mesma conclusão, repetindo-o quantas vezes forem necessárias.

Sucesso e comunicação

O escritor alemão Johann Goethe (1749-1832) disse que "falar é uma necessidade, escutar é uma arte". Partindo desse pressuposto, podemos entender que para termos sucesso em nossa comunicação também precisamos escutar os demais pontos de vista.

Quando concebemos algo, devemos estar conscientes de que nossa criação provavelmente possui falhas que não vemos porque estamos tão envolvidos com o projeto, muitas vezes até emocionalmente, que não enxergamos seus defeitos. Por isso, um olhar externo é sempre importante, assim como a abertura para que possamos receber – escutar – o que outras pessoas têm a dizer sobre nosso projeto.

A autossuficiência nunca é algo bom, mas, no caso de um empreendimento, pode ser ainda pior, já que ele envolve a vida de terceiros, suas famílias, seu tempo – que é sempre precioso – e seu dinheiro; em determinados casos, muito do seu dinheiro. Então, é preciso ouvir o feedback daqueles que não estão envolvidos diretamente na concepção do projeto e que podem detectar suas possíveis falhas – e, acredite, elas existem!

Assim como um produto precisa de um protótipo para que seja testado em seu funcionamento e em sua eficiência, as ideias precisam ser debatidas e submetidas a opiniões e a críticas positivas e negativas. Elas nem sempre são muito bem-aceitas ou compreendidas por quem as recebe, alguém a quem a proposta inicial parecia brilhante e infalível, portanto é importante ter em mente que qualquer projeto será submetido, mais cedo ou mais tarde, ao crivo das pessoas. Ele será conhecido e, quer queiramos quer não, será avaliado, com ou sem palavras. Então, precisamos trabalhar duro para que ele esteja pronto, confiando não apenas em nossas próprias opiniões e conceitos, mas fundamentalmente no público.

Também é importante entender que o sucesso só pode ser experimentado por aqueles que não têm medo de se expor, já que o alcance do projeto só aumentará com a chegada do sucesso. Precisamos estar preparados, sim, para falar e expor nossas ideias, mas não devemos deixar de escutar opiniões e avaliar se são pertinentes ou não, pois podem fazer uma imensa diferença no objetivo que temos de alcançar e no sucesso dos nossos empreendimentos.

Ainda que não tenhamos essa consciência, quando comunicamos algo estamos perguntando: "O que vocês acham do meu projeto?". As pessoas mais ousadas, com espírito empreendedor e criativo, dirão exatamente o que pensam e farão suas críticas, positivas ou negativas, de forma livre. Não falarão simplesmente para nos agradar, mas para aprimorar o projeto por meio de suas opiniões. Isso é muito bom e importante. Devemos ouvir o que elas têm a dizer e perceber se suas falas de fato agregam algo, se expõem algum problema que não observamos ou se precisamos apenas explicar melhor o projeto, que parece não ter sido compreendido.

Haverá também aqueles que, mesmo não gostando do projeto ou enxergando algum problema nele, talvez até não confiando no seu sucesso, ficarão calados ou emitirão uma opinião favorável, ainda que não seja o que realmente pensam a respeito. Porém, o fato é que precisamos deixar todas essas pessoas livres para que possam contribuir para o nosso sucesso!

Iniciei este capítulo com uma frase do fundador da Microsoft, Bill Gates, que nos ajudou a refletir melhor a respeito de tudo o que foi exposto aqui. Quero terminar o capítulo com outro pensamento de sua autoria, também muito pertinente, sobretudo vindo de alguém que conhece tão bem as novas formas de comunicação e o sucesso. Ele diz: “O sucesso é um professor traiçoeiro. Ele seduz pessoas inteligentes e as faz pensar que elas não podem perder tudo”. Precisamos estar atentos a esse professor e manter os pés no chão para que nossos projetos possam ser reciclados e adaptados aos novos tempos que atravessarão.

CAPÍTULO 6

Pensamento estratégico

O analfabeto do século XXI não será aquele que não consegue ler e escrever, mas aquele que não consegue aprender, desaprender e reaprender.
Alvin Toffler

Embora eu tenha escolhido uma famosa frase do escritor norte-americano Alvin Toffler (1928-2016) para iniciar este capítulo, prefiro começá-lo refletindo sobre as ideias e ações daquele que ainda é considerado o maior estrategista do século XX, o ex-primeiro-ministro inglês Winston Churchill. A razão para tal escolha é que, no meu entendimento, um bom estrategista pensa no futuro e, por essa razão, dispõe-se, inclusive, a sacrificar o seu presente e ter alguma perda ou prejuízo. Era dessa forma que pensava e agia Churchill.

Winston Churchill nos permite entender exatamente o que significa sacrificar o presente (uma batalha) para obter sucesso no futuro (a guerra). Conta uma passagem de sua biografia que, em 1940, durante a Segunda Guerra Mundial, os ingleses conseguiram decodificar as mensagens militares nazistas que usavam um código conhecido como Enigma. Isso lhes possibilitou antever uma ação iminente dos alemães, que bombardeariam a cidade de Coventry, a 150 quilômetros da capital, Londres.

Apesar de ter conhecimento do ataque, que atingiria (e mataria) milhares de pessoas inocentes, Churchill não fez nada para impedir tal ação. A estratégia usada pelo primeiro-ministro foi não impedir o ataque para que, no futuro, vencesse a guerra. Ele se mostrou disposto a fracassar em determinada situação para que pudesse obter sucesso em um segundo momento.

Foi uma decisão brutal porque, de fato, envolvia a vida de inúmeras pessoas. Ainda que envolvesse a vida de apenas uma pessoa, não teria sido uma decisão fácil. Mas, naquele momento, Churchill tinha em mente vencer, de uma vez por todas, os nazistas, e, assim, poupar a vida de muitas outras pessoas.

Talvez muitos esperassem que o estrategista inglês evacuasse a cidade de Coventry, mas não foi essa a decisão tomada por ele, que tinha poder e autoridade para tanto. Existem muitas decisões necessárias que podem trazer algum tipo de dano ou prejuízo imediato, mas é preciso verificar se lá na frente, no futuro, tal decisão será "compensada".

A expressão "pensamento estratégico" é quase que uma redundância, porque, se analisarmos a fundo, notaremos que todo pensamento é estratégico. Criar uma estratégia significa pensar. Pensar em detalhes, pensar em minúcias, pensar no que muitos não pensam, pensar de forma calculista, pensar inteligentemente.

Na mente do estrategista, a palavra-chave é "sucesso". Seu silêncio não pode ser considerado covardia ou omissão; na verdade, ele é o seu principal trunfo; muitas vezes, é o que engana o seu adversário ao deixá-lo acreditar que suas táticas estão dando certo.

Por falar em táticas, elas também são importantes e requerem observação, sem falar que precisam ser parceiras da estratégia. Porém, a estratégia é mais importante; sem ela, até se pode vencer batalhas, mas perde-se a guerra! Sozinhas, as táticas podem ser comparadas a um voo sem rota, a um avião que perderá tempo, desperdiçará recursos e tornará a viagem de seus passageiros cansativa por falta de um plano de voo, de uma estratégia.

Para compreender melhor, podemos ir ao dicionário e verificar a definição militar para essas duas palavras:

- Estratégia: arte de planejar e coordenar as operações das forças militares, políticas, econômicas e morais envolvidas na condução de uma guerra ou na preparação da defesa de um Estado ou comunidade de nações.
- Tática: arte de empregar as tropas no campo de batalha com ordem, rapidez e recíproca proteção, segundo condições de suas armas e do terreno.

Veja que, segundo as definições, estratégia e tática são ações muito importantes, porém há de se compreender que a estratégia vem antes da tática. Esta é a execução enquanto aquela é o planejamento.

Pensamento estratégico

O objetivo deste capítulo é mostrar que antes de tomar uma atitude é necessário formular as ideias que nos darão a segurança de que não seremos frustrados em nosso propósito. Vivemos em uma época em que a perda de tempo e de recursos, para citar apenas esses dois fatores, são desperdícios significativos, que podem nos fazer perder também o empenho em prosseguir.

Imagine quanta energia é despendida em um projeto, desde seu início, ou melhor, de sua concepção, até sua concretização. Por isso, lançar mão de um pensamento estratégico é fundamental. Saber controlar cada passo e identificar todas as nuances que possam gerar algum resultado não percebido ou ainda não analisado pode ser o grande diferencial em nossa atitude.

Claro que não é uma tarefa fácil, mas isso não significa que não devamos nos esforçar para ver nossos projetos bem-sucedidos. Uma boa forma de incorporar o pensamento estratégico aos nossos projetos é exercitar esse tipo de postura em situações ou atividades menos importantes. A troca de ideias ou de experiências com aqueles que têm os mesmos interesses também é um excelente caminho, como disse Salomão nos Provérbios: "Sem diretrizes a nação cai; o que a salva é ter muitos conselheiros" (11:14); "Os planos fracassam por falta de conselho, mas são bem-sucedidos quando há muitos conselheiros" (15:22); e "Quem sai à guerra precisa de orientação, e com muitos conselheiros se obtém a vitória" (24:6).

Percebendo a importância de ouvir outras pessoas, muitos empreendedores bem-sucedidos escrevem autobiografias em que compartilham todas as suas experiências, inclusive as negativas. Assim, eles podem ajudar os novos empreendedores a não repetirem erros comuns na trajetória de todos aqueles que desejam empreender. É o velho e bom aprender com os erros e os acertos dos outros. Essa é, claramente, uma forma de trilhar caminhos com mais segurança e evitar os desperdícios de tempo, dinheiro e de outros recursos.

É imprescindível que tenhamos em mente que todo planejamento precisa ser acompanhado por um pensamento estratégico. Mesmo não sendo tangível, o pensamento estratégico precisa ser real porque pode levar à transformação de uma ideia em realidade.

Embora esses conceitos sejam geralmente aplicados em organizações, eles também são de grande valia para qualquer área da nossa vida em que estejamos trabalhando por um resultado positivo. Pode ser o financiamento de um imóvel, a conquista de novos clientes, a promoção profissional tão desejada, a abertura de uma empresa... Então, aprofundar-se nesse tema é aconselhável, da mesma maneira como o é obter opiniões de pessoas sensatas e sinceras.

O que deu errado

Mesmo um grande estrategista como Winston Churchill experimentou fracassos em suas estratégias. Mas ele obteve muitos êxitos também, claro. Portanto, ter fracassado em alguns momentos não é motivo para desistir. Pode-se até parar por um tempo ou voltar atrás em determinados momentos, mas desistir, nunca! Até mesmo recuar pode ser uma estratégia para avançar com mais ímpeto! O importante é sempre avaliar cada situação, tanto as que deram certo como as que deram errado.

Evidentemente que as estratégias que deram errado devem ser observadas com mais atenção para que os erros não se repitam. Para tanto, é primordial questionar: o que deu errado? Por que deu errado? Foi alguma coisa que faltou ou alguma coisa que sobrou? Saber em que ponto exato houve problema pode garantir uma vitória mais à frente. Aprendemos com os erros, e muito! Por isso, não podemos ignorar nenhuma falha, ainda que seja um simples detalhe, sob pena de acumular fracassos e, consequentemente, nunca chegar ao sucesso.

Ocorreu um problema? Vá lá e resolva-o! Conserte o barato antes que fique caro. Não procrastine. Não desmereça. Não ignore. Não permita que esse erro comprometa todo o seu planejamento. Repense a trajetória a partir daquele ponto, incluindo as novas situações que foram criadas por conta dessa dificuldade imprevista.

Precisamos entender que os problemas não se resolvem sozinhos. É imprescindível que recebam nossa interferência, que sejam estudados e pensados até que uma solução seja encontrada. Posso assegurar que, se houver diligência quanto a esse quesito, certamente se chegará a uma solução. Tenho convicção de que os problemas existem para serem solucionados, e isso parece óbvio, mas também para nos ensinar suas indispensáveis lições.

É bem verdade que nossa vontade, sempre que nos deparamos com algo fora das previsões que fizemos, é passar para a próxima etapa, ignorando aquele detalhe que fez com que alguma coisa não desse certo. Mas o fato é que, se a pendência não for solucionada, contabilizaremos um fracasso que insistirá em retornar até que aquele problema seja devidamente solucionado. Sem dúvida, é um tremendo desafio lidar com esses momentos, já que ninguém quer "perder tempo" tentando esclarecer algo que aparentemente não atrapalhará em nada. Mas o fato é que se torna inevitável pôr a mão na massa para resolver logo a situação. A partir daí, sim, poderemos avançar, livres, para as próximas etapas!

Estudar o adversário

Ninguém ganha uma guerra sem conhecer seu adversário e estudar suas táticas e estratégias. Sim, os adversários também sabem da importância desses elementos para obter sucesso em suas empreitadas! Vencerá aquele que for disciplinado e encarar seus objetivos com responsabilidade, foco e excelência. É preciso ter em mente que alguém será bem-sucedido. A pergunta é: quem?

Um dos princípios da boa administração, aplicado em empresas, é conhecido pelo acrônimo SWOT (*strengths*, *weaknesses*, *opportunities* e *threats*) ou, em português, FOFA (forças, oportunidades, fraquezas e ameaças). Esses são elementos fundamentais a serem analisados nas ações de empresa, considerando as circunstâncias internas e externas que possam afetá-la. Apesar de ser uma técnica empresarial, podemos utilizá-la em nossa vida pessoal ou em nossos projetos, porque certamente nos norteará quanto às investidas a serem feitas. Claro que não abordarei aqui um tema tão técnico, mas acredito que um pouco desse conhecimento pode ajudar a evitar ou a resolver problemas.

Se você avaliasse esses quatro aspectos em sua vida, o que poderia apontar, hoje, como positivo – forças e oportunidades – e como negativo – fraquezas e ameaças?

Depois de responder a essa pergunta, procure pensar em quais podem ser as soluções para os aspectos negativos e as formas de intensificar os aspectos positivos. Você verá que existem muitas soluções para questões difíceis e ainda valorizará aquilo que tem de melhor.

Atitude diferenciada

Agir diferente faz diferença – desculpe-me a redundância, mas ela é necessária. Porém, para agir diferente é preciso pensar diferente, uma vez que nossas atitudes nascem de nossos pensamentos. Todos aqueles que pensaram de forma diferente alcançaram patamares inéditos.

Quero me valer da história bíblica que narra a conquista da (melhor parte da) Terra Prometida por Calebe e Josué para mostrar um exemplo de alguém que se diferenciou pelo seu modo de pensar. Veja o que diz a narrativa:

> Nenhum deles chegará a ver a terra que prometi com juramento aos seus antepassados. Ninguém que me tratou com desprezo a verá. Mas, como o meu servo Calebe *tem outro espírito* e *me segue com integridade*, eu o farei entrar na terra que foi observar, e seus descendentes a *herdarão*. Visto que os amalequitas e os cananeus *habitam nos vales* [...]. Nenhum de vocês entrará na terra que, com mão levantada, jurei dar-lhes para sua habitação, *exceto Calebe*, filho de Jefoné, e Josué, filho de Num.[1] (Números 14:23-25a e 30)

Em meio a muita dificuldade e, por que não dizer, impossibilidade, humanamente falando, Calebe teve um pensamento diferente, que gerou uma atitude nova, capaz de movê-lo e levá-lo a um enorme sucesso.

Em primeiro lugar, o próprio Deus, nesse trecho da Bíblia, destaca que Calebe abrigava outro espírito, diferentemente de todos os outros israelitas que estavam sob a mesma circunstância. O que significa isso? Simplesmente que Calebe teve outro pensamento, um pensamento diferente dos demais, que não enxergavam a possibilidade de vencer. Para a maioria (e sempre é assim, porque a voz do povo não é a voz de Deus), as dificuldades são frequentemente uma boa desculpa para que as coisas continuem como estão, para que não haja crescimento, avanço ou sucesso. Apresentar desculpas é sempre mais fácil, principalmente quando existem motivos que justifiquem a falta de atitude.

Deus viu em Calebe algo que Ele também deseja ver em mim e em você, porque, a despeito das dificuldades, existem em nós capacidades que podem nos levar a alcançar nossos objetivos. Deus identificou em Calebe "outro espírito", algo diferente, que "despertou" a atenção de Deus. Minha pergunta para você é: qual é o espírito que

1. Grifos do autor. (N.E.)

tem estado em sua vida? Dependendo da sua resposta, ele pode ser o responsável pelo seu êxito ou pelo seu fracasso.

Dificuldades sempre existirão. Obstáculos surgirão até como forma de selecionar os verdadeiros merecedores de alcançar o alvo. Pessoas correrão ombro a ombro conosco em direção a um objetivo comum, mas existe algo que determina a diferença entre vencer e perder, e isso se chama "outro espírito", ou seja, outro pensamento. Pensar de modo diferente dos demais nos impulsiona a chegar ao objetivo, ainda que ele pareça inalcançável para a maioria.

Em segundo lugar, Calebe perseverou, e certamente isso aconteceu em virtude de seu pensamento diferente. Tentar várias vezes não é a mesma coisa que perseverar. Perseverar vai além de tentar e envolve buscar estratégias que ainda não foram utilizadas por nós, abastecer o nosso intelecto, analisar o que tem nos impedido de conquistar nosso objetivo, avaliar o que deu certo e o que deu errado e, a partir dos resultados, tomar as atitudes adequadas.

O fato de Calebe ter perseverado em meio àquela crise pela qual ele e tantas outras pessoas estavam passando e superado os conflitos que se apresentavam enquanto a maioria desistia ou dissuadia aqueles que desejavam ir adiante foi o motivo de sua vitória. A perseverança é uma qualidade rara, mas o próprio Deus constatou-a em Calebe e mostrou que por causa dela ele possuiria a terra com a qual tanto sonhara. Logo o projeto de Calebe se tornaria realidade!

De novo, quero lhe perguntar: quantas vezes você já desistiu? Por que não perseverou? O que o fez desistir? O que o impediu de perseverar? Pare e pense. Descubra quais foram os motivos e elabore-os em seus pensamentos. Tente pensar de forma diferente e habitue-se a gerar pensamentos estratégicos e ter atitudes que os acompanhem. Certamente você verá a diferença que isso causará em sua vida e em seus negócios.

Calebe recebeu aquela terra e a garantia de que seria herdada por seus descendentes como resultado da atitude diferente que ele teve. Todas as nossas atitudes geram resultados, sejam eles negativos ou positivos. O mesmo capítulo de Números nos conta o que aconteceu com aqueles que não tiveram espírito diferente nem as atitudes condizentes com uma nova forma de pensar. Todos eles morreram no deserto, ou seja, foram engolidos pelas dificuldades e pela crise.

Sua falta de desejo de perseverar foi entendida por Deus como desprezo, como aparece no versículo 31: "[...] eu os farei entrar para desfrutarem a terra que vocês rejeitaram" (Números 14:31). Para Deus, os demais israelitas, que não tinham o espírito diferente, que não perseveraram, não entraram na Terra Prometida porque "desprezaram" aquela terra que havia sido prometida por Deus. Com isso, fica fácil entendermos que quando não trabalhamos o suficiente por algo, pelo nosso projeto, pelos nossos objetivos, na verdade nós estamos desprezando esses projetos e objetivos. E, sendo assim, será que merecemos conquistá-los?

Estratégia é essencial

O escritor norte-americano Alvin Toffler acertou na mosca quando disse: "Ou você tem uma estratégia própria ou então é parte da estratégia de alguém". Tal frase resume bem o que de fato acontece em todas as relações, sejam comerciais, sejam para obter alguma conquista, sejam em nossa vida pessoal. Sem estratégia, nada acontece.

É como na política. Se você não gosta de participar e de se envolver com ela, não há problema, mas você será comandado por quem gosta e se envolve. Partindo desse raciocínio, fica mais fácil entender que é preciso ter uma posição em relação a tudo, sendo contra ou a favor. A neutralidade não existe. E mais: ela não funciona no sentido de deixar-nos imunes a uma ou outra posição. Não!

Antes de chegarmos ao nosso objetivo, precisamos ter em mente qual ou quais estratégias nós usaremos para a obtenção dos resultados desejados. Não estou falando de estratégias mirabolantes aprendidas com grandes pensadores de determinado tema, mas da aplicação de um plano que determine os caminhos que você deverá trilhar e a forma como deverá percorrer cada um deles. Isso é extremamente importante porque, se você não tiver a sua estratégia, lembre-se, será inevitavelmente parte da estratégia de alguém. Então, comece, ainda que de forma simples, a planejar suas ações prevendo erros e acertos. A estratégia escolhida ou desenvolvida deve ser completamente absorvida, a ponto de estar impregnada em sua mente.

Estratégias devem sempre ser utilizadas com a finalidade de alcançar êxito em alguma atividade. Caso contrário, será como não se importar com o que acontecerá, com o resultado. Se o seu objetivo é ter sucesso no projeto que iniciou, então é importante que sejam definidas quais estratégias serão utilizadas para esse fim.

Aprender

De volta à frase do pensador Alvin Toffler que utilizei para abrir este capítulo, podemos refletir sobre os três pontos que ele propõe: aprender, desaprender e reaprender.

Um dos grandes trunfos daquele que deseja obter sucesso em seus projetos de vida é saber aprender. Não estou falando aqui de condição financeira, disponibilidade de tempo ou capacidade intelectual, mas do interesse em aprender. Ter vontade de aprender é mais que meio caminho andado.

Muitos estudantes descobrem que gostam de determinada matéria quando conseguem aprendê-la. Isso é interessante. Eles pensavam que não gostavam de matemática ou de física, para citar algumas disciplinas menos apreciadas, mas a verdade é que não conseguiam aprendê-las, quer pela falta de didática do professor, quer pela sua imaturidade ou por outro motivo qualquer. Quando, enfim, conseguem entendê-las, ficam admirados ao notar que gostam das matérias que antes odiavam.

Vamos transportar essa situação para nossas vidas. Tudo é difícil e complicado quando não conseguimos entender ou enxergar, com razoável clareza, as circunstâncias que nos cercam e que, muitas vezes, nos fazem temer ou rejeitar algo. Mas, se empenharmos esforços em compreender o que está acontecendo conosco, certamente conseguiremos entender a problemática e, o que é mais importante, encontrar soluções para ela.

Como pastor, vejo isso acontecer com frequência. As pessoas, muitas vezes, não conseguem encontrar saídas para suas dificuldades e até ficam doentes. Muitas perdem noites e noites de sono, como se isso fosse resolver algum problema; outras se tornam intolerantes com seu cônjuge ou com seus familiares; e ainda há aquelas que fazem coisas erradas porque acreditam que assim poderão resolver suas dificuldades.

É preciso entender que posturas novas e positivas devem ser assumidas diante de problemas. Para isso, as pessoas devem buscar aconselhamentos capazes de lançar luz sobre a situação de treva que porventura estejam vivendo. Na condição de pastor ou mentor, ouvir suas histórias e mostrar-lhes que para cada problema existe uma solução já trazem esperança para essas pessoas. Elas passam a entender o que estão vivendo e, a partir daí, conseguem discernir qual é o melhor caminho a seguir. Elas encontram uma nova forma de enxergar seus problemas, e isso muda tudo!

Desaprender

Falamos da importância de aprender, mas desaprender também é muito relevante.

Trazemos muitos comportamentos da nossa mais tenra infância, talvez cultivados pelo ambiente em que fomos criados ou pela maneira como fomos educados. Alguns desses aprendizados podem interferir negativamente em nossa conduta quando chegamos à maturidade. Também podem nos bloquear ou prejudicar nossas escolhas e as avaliações que precisamos fazer de forma consciente. Por isso, sem qualquer delonga ou medo, precisamos nos livrar dessas formas de pensar. Elas precisam ser desaprendidas.

Aprender não é fácil, mas desaprender é ainda mais complicado porque lidamos com comportamentos enraizados em nós mesmos, atitudes que carregamos por anos a fio como parte de nós mesmos, coisas que julgávamos importantes, mas que, na verdade, nos atrapalham a viver ou a crescer. Então, de repente, nós nos deparamos com uma proposta desafiadora: desaprender tudo o que nos prejudica ou nos impede de sermos bem-sucedidos.

Desaprender também significa ver situações de formas diferentes, usando conceitos novos. Imagine que você tenha vivido boa parte de sua juventude em uma cidade do interior, onde os valores e o modo de vida são bem diferentes daqueles adotados nas metrópoles. Então, por algum motivo, você precisa sair desse ambiente interiorano e começar uma vida absolutamente nova em uma grande cidade.

Será que os valores aplicados anteriormente serão os mesmos adotados no novo lugar? Com certeza não!

Os costumes, por exemplo, serão outros, pois a realidade de um local é diversa da de outro, e até o jeito como as pessoas se relacionam muda a depender da localização. Então, se você deixa um ambiente e se muda para outro, parte dos costumes que lhe eram intrínsecos precisarão ser "desaprendidos" e deixados de lado. Eles não poderão mais ser utilizados porque estarão em desconexão com o novo lugar.

Talvez você nunca tenha vivido uma experiência assim, mas eu já vivi, e afirmo que essa mudança de costumes é uma verdade. Quando saí da cidade onde morei e trabalhei por um longo tempo e cheguei a São Paulo, tive que me reposicionar com relação a uma série de situações, porque as pessoas com quem passei a me relacionar simplesmente tinham outros comportamentos. Precisei, obviamente, desaprender o que antes eram comportamentos cotidianos para mim e adequar-me a novas relações interpessoais, por exemplo.

Outro aspecto muito interessante que precisei levar em conta foi a cultura local. Existem situações que são normais em determinada região e impensáveis em outras. Um bom exemplo é o uso de palavras ou expressões. Mesmo em cidades grandes, em capitais como, por exemplo, Rio de Janeiro, São Paulo e Salvador, pode-se cometer grandes gafes ao pronunciar determinadas palavras. Em uma cidade, seu significado pode ser usual, mas em outra pode ser até mesmo o oposto do que se quer dizer, causando grande constrangimento. Minha sugestão é conversar com pessoas locais e informar-se sobre a cultura e a linguagem para evitar tais situações.

Todas essas questões, ainda que pareçam simples e insignificantes, podem interferir, de forma comprometedora, em nossos projetos. Para que isso não aconteça, pode ser necessário desaprender, ou seja, mudar nossa forma de pensar, falar, agir e nos relacionar, adaptando-a ao novo ambiente.

Desaprender não significa esquecer, mas mudar para avançar em direção aos nossos ideais.

Reaprender

O que me vem à cabeça quando penso no termo "reaprender" é, naturalmente, aprender de novo. Esse é o significado mais simples desse verbo, mas quero refletir com você para além dele, tendo em vista a obtenção do sucesso em nossos empreendimentos, em nossa vida.

Algumas coisas que compreendíamos com facilidade em determinado momento podem, em outros, talvez pelo acúmulo de experiências e pelas mudanças na forma de nos relacionarmos, tornar-se um tanto quanto complexas ou, em outro extremo, banais. Um exemplo disso é a amizade.

O que é a amizade hoje em dia? Bem, a julgar pelas redes sociais, a amizade depende simplesmente de ter algum interesse em comum com outra pessoa. Pode ser uma religião, uma cidade ou um terceiro amigo comum a ambas as pessoas. Assim, a amizade passou a ter um significado muito diferente daquele que tinha alguns anos atrás.

Hoje, não conhecemos nem mantemos relacionamentos com pessoas que moram do nosso lado, com nossos vizinhos, mas chamamos de "amigos" pessoas que nunca vimos antes, que não conhecemos e que estão distantes. E até passamos a nos gabar por termos milhares de amigos nas redes sociais! Obviamente, não estou condenando nenhum ingresso ou acesso a essas ferramentas tecnológicas, que considero importantes por vários motivos.

Mas, levando-se em conta essa distorção de entendimento, não será o caso de reaprendermos o significado real e o sentido verdadeiro do termo "amizade"? Vamos nos exercitar: o que é amizade para você, esquecendo, neste momento, as redes sociais? O que significa ser amigo de alguém? Quantos amigos você tem? Que experiência positiva (ou mesmo negativa) você já teve com uma amizade? Pense a respeito.

Quando uma amizade virtual não mais me interessa, eu posso simplesmente desfazê-la com um clique. É rápido e fácil. Mas e quando se trata de um relacionamento que existe desde a juventude, do amigo do jogo de futebol, da amiga da escola, de uma amizade de infância, da vizinhança, da igreja, da família? Bem, essas amizades não costumam acabar por uma simples divergência de opinião política. Não. Elas perduram, passam por diversos percalços e reveses. São amizades verdadeiras, por isso sobrevivem.

Usei como exemplo as mudanças no sentido da palavra "amizade", mas poderia ter utilizado outros conceitos que vêm sofrendo a mesma deterioração, inclusive o mais excelente dos sentimentos, que é o amor. A pergunta que quero deixar é: será que não precisamos reaprender o que é amizade e o que é o amor?

Reaprender é resgatar, voltar ao passado para buscar aquilo que ficou para trás e trazê-lo para junto de nós, porque faz falta, porque fará falta, porque nos ajudará em nossa trajetória até a conquista de nossos sonhos.

O sucesso passa pelo reaprendizado justamente porque as coisas evoluem e precisamos adequar nossos conhecimentos às novas circunstâncias, ou seja, precisamos reaprender! Reaprender também é ir para a frente e arranjar espaço em nossa mente e em nosso coração para abrigar os novos padrões exigidos pelas circunstâncias.

Pessoas que não sorriem mais precisam reaprender a sorrir. Como? Identificando em suas vidas aquilo que é motivo de alegria e de felicidade, ainda que não esteja de acordo com os padrões sociais modernos. Outros precisam reaprender a admirar ou a reconhecer valores nos outros e, quem sabe, até em si mesmos. Há ainda aqueles que precisam reaprender a pedir ajuda para seguir em frente em suas vidas.

Podemos conectar esses processos – aprender, desaprender e reaprender – ao pensamento estratégico. Essas são atitudes positivas que precisamos ter ao longo da vida, em todas as suas fases. Não se conquista uma meta apenas aprendendo, mas desaprendendo e reaprendendo. Não se chega a um objetivo sem que exista, em nossa mente, o interesse pela vida. E a vida é dinâmica.

CAPÍTULO 7

Realização

> Sem sonhos, a vida não tem brilho. Sem metas, os sonhos não têm alicerces. Sem prioridades, os sonhos não se tornam reais. Sonhe, trace metas, estabeleça prioridades e corra riscos para executar seus sonhos. Melhor é errar por tentar do que errar por omitir.
>
> *Augusto Cury*

Tudo o que tratamos anteriormente não fará sentido se não houver ação, atitude. Serão apenas palavras, e palavras são levadas pelo vento. Se todo bom começo exige planejamento, podemos afirmar que todo bom resultado exige realização. Portanto, a realização é a concretização dos nossos projetos, sonhos e desejos, e para que ela aconteça são necessárias inúmeras ações.

Todos querem realizar, mas, para tanto, é preciso sair da conjectura e da inércia. Isso parece óbvio, contudo o que mais se vê são pessoas com ideias irrealizáveis. Irrealizáveis não porque não possam ser realizadas, mas porque ficam apenas no campo das palavras, do discurso vazio, da vontade, da imaginação ou, no máximo, no papel. Quantos ficam entusiasmados com a concepção de alguma ideia, considerada brilhante naquele momento, mas, passado algum tempo, não sabem onde ela foi parar?

O que aconteceu para que essa ideia fosse abandonada e morresse antes mesmo de nascer? Muitas coisas podem ter acontecido. Vamos falar de algumas delas aqui.

A primeira é a covardia. Sim, a covardia! Mas quem é o covarde? É aquele que não tem coragem de acreditar que pode levar seu projeto adiante, não tem coragem de se arriscar, não tem coragem de recomeçar, caso seja necessário. O covarde é frouxo e fraco. Assusta-se ao menor sinal de problema. Ele deseja usufruir as benesses que seus projetos trarão, mas não tem coragem de pagar o preço para torná-los reais.

Aquele que tem um perfil covarde não ousa sonhar nem conquistar. Ou melhor, aquele que não ousa sonhar nem conquistar é um covarde. Como bem afirmou o filósofo grego Aristóteles, "o homem que evita e teme tudo não enfrenta coisa alguma, torna-se um covarde". Diante desse apanhado de ideias, é possível concluir que o covarde não realiza!

Outro motivo para a irrealização, e, aliás, um motivo muito comum, é o medo. Há um forte temor que assalta o coração das pessoas e que as impede até mesmo de tentar realizar suas ideias. As fantasias permeiam suas mentes com ameaças de fracassos: "E se não der certo?"; "E se você não conseguir?"; "E se ficar difícil?". E por aí vai... Mais do que a falta de condições para fazer algo, o medo do fracasso, o medo do engano, o medo da crítica e tantos outros temores pesam sobre potenciais realizadores. Assim, seus projetos se tornam fantasmas que lhes perturbam a alma.

O medo é um sentimento tão avassalador que chega a paralisar as pessoas. Quando dominadas por ele, muitas não conseguem ir para a frente nem para trás. Elas simplesmente param, com medo de continuar trabalhando pelos seus projetos. Param porque não conseguem enxergar um futuro vitorioso e preferem obedecer ao comando do medo, que dá uma só ordem: pare!

Fogo de palha

Muitas pessoas concebem ideias que podem até mudar suas vidas. Elas percebem isso e sentem alegria quando começam a pensar a respeito do que podem fazer, aonde podem chegar, mas logo abandonam suas ideias, perdem o entusiasmo e, por que não dizer, a fé de que são, sim, capazes de realizar algo. É o famoso fogo de palha, que começa com todo o vigor, mas em pouquíssimo tempo as chamas estão extintas.

Se todas as boas ideias concebidas fossem colocadas em prática, ouso dizer que estaríamos vivendo em um mundo muito melhor. Com o passar do tempo, as ideias vão sendo aprimoradas, aperfeiçoadas, então o que nós temos hoje de mais avançado nasceu de uma ideia nova ou de uma atualização, o famoso *upgrade*.

Porém o pior talvez nem seja não colocar sua ideia em prática, mas vê-la tornada realidade por outro que acreditou que ela seria viável, por alguém que se arriscou a fazê-la acontecer. Essa pessoa com certeza sentiu temores e também enfrentou contrariedades, mas o que prevaleceu em seu coração e em sua mente não foram as dificuldades, mas o desejo de realizar. Para ver sua ideia virar realidade, ela enxergou além, olhou para a frente, para o futuro, para onde queria chegar.

O que pode ser tão empolgante quanto o desejo de festejar uma vitória? Isso mesmo, vitórias são festejadas, ao contrário de derrotas, que são lamentadas e, não raro, frustrantes. Aquele que se propõe a conquistar sua vitória não pode admitir que sua disposição inicial torne-se mero entusiasmo ou fogo de palha. Ele precisa permanecer firme no desejo de chegar ao final do processo, e assim terá maiores chances de festejar seu triunfo.

Não devemos esquecer-nos de que o resultado do fogo de palha é, na verdade, apenas cinzas. Aquilo que começou com uma chama impetuosa e desafiadora, com um colorido intenso, esvai-se de forma rápida, transformando-se em uma substância sem cor, sem vida, que o vento leva. Que cenário infeliz é aquele das ideias e projetos que começam como fogo e rapidamente se transformam em pó, em cinzas. Tenho certeza de que não é esse o resultado que você quer para os seus projetos.

As ideias, quando nascem, precisam ser bem cuidadas, como se fossem bebês. Elas devem ser nutridas, protegidas e acompanhadas em cada etapa para que cumpram seu propósito. Por isso, é necessário haver um planejamento maduro, com estratégias e táticas adequadas, sem o qual corre-se o risco de que o projeto seja marcado pelo insucesso.

Identificando o sonho

Ter clareza sobre o que se deseja realizar é, com certeza, o primeiro e imprescindível passo a ser dado na estrada que o levará ao seu destino, que é a realização. Parafraseando um conhecido ditado, "quem não sabe para onde vai não chega a lugar nenhum", digo que quem não sabe o que quer não quer nada. Por isso, a primeira coisa a se fazer é identificar o sonho, para que ele possa se tornar um projeto realizável.

Na igreja, ter um sonho ou um projeto é algo comum. As pessoas que têm fé são mais estimuladas e dispostas a sonhar. Isso é interessante porque aqueles que sonham são mais felizes. E, além disso, se há coragem de sonhar há também a chance de transformar o sonho em realidade.

Existem dois tipos principais de sonhos: os possíveis e os impossíveis. O sonho impossível não é necessariamente impraticável, mas aquele que não é encarado como um desafio. Isso mesmo! Sonhar é uma ousadia, e realizar um sonho é um desafio que deve ser aceito. Enfrentar os desafios é um ato de coragem, pois exigirá investimento.

Os sonhos não são autorrealizáveis. Eles dependem de gente que acredite neles, que não apenas sonhe, mas que invista seu tempo, sua energia, suas orações e seu dinheiro para que, um dia, esses sonhos se tornem realidade.

E o sonho possível? O sonho possível é aquele que não morre! Passe o tempo que passar, aconteça o que acontecer, surjam as dificuldades que surgirem, ele se mantém firme e aguarda o dia em que deixará de ser sonho para ser um fato.

Mas todo sonho possível precisa de um ingrediente chamado persistência até que chegue a ser realidade. O polímata italiano Leonardo da Vinci (1452-1519) disse, certa vez, algo que pode nos fazer entender melhor essa relação entre sonho e realização: "Tudo o que está no plano da realidade já foi sonho um dia".

Partindo dessa ideia, entendo que é importante enxergar o seu projeto pronto. Vê-lo terminado, concluído, ou seja, enxergá-lo como mais que um sonho, é algo que pode estimular as pessoas a realizarem-no.

Podemos entender melhor imaginando um protótipo. Ele nada mais é que o primeiro (*proto*) modelo (*tipo*) de determinado produto, uma forma de ver a ideia realizada e, assim, detectar falhas e eventuais problemas. Claro que nem todas as ideias podem se transformar em protótipos, mas elas precisam se tornar "visíveis". Quando se enxerga a ideia, fica mais fácil chegar ao sucesso.

Então, esforce-se para enxergar seu sonho como algo pronto, nascido, real. Dê a ele todos os componentes necessários para que ele "exista" e mostre esse protótipo a você mesmo. Veja como ele é magnífico!

Real ou irreal

Realizar é tornar real. O que não for tornado real não passará de projeto, de sonho, de rascunho. E essa não é a opção que desejamos marcar quando concebemos um projeto, seja ele qual for. Nossa vontade é que ele aconteça, que dê certo, que seja realizado – e com sucesso!

No capítulo em que discutimos a disciplina, falamos que o cemitério é o lugar onde mais há sonhos e projetos. Em Eclesiastes 9:10 lemos: "O que as suas mãos tiverem que fazer, que o façam com toda a sua força, pois na sepultura, para onde você vai, não há atividade nem planejamento, não há conhecimento nem sabedoria". Ora, não é isso muito interessante e, ao mesmo tempo, cruel? Porém, não devemos ignorar essa verdade, que se tornou, a meu ver, um sábio ditado.

Pare por um momento e imagine um vasto local onde jaz toda sorte de indivíduos, de todas as classes sociais, idades, proveniências e tempos de vida. Em suas existências, quantos destes deixaram de realizar algo que um dia idealizaram? Quantos indivíduos experimentaram a irrealidade de seus sonhos? Quantos preferiram dar ouvidos ao medo a levar suas ideias, ainda que tão originais, à frente?

Imagino que grande parte das pessoas enterradas em qualquer cemitério o tenham feito, porque sonhar é algo natural para o homem. Quem não sonha não existe. Se existimos, se estamos vivos, sonhamos. E é muito bom sonhar. Porém, melhor que sonhar é viver o sonho, é torná-lo real.

Desde pequenos sonhamos. Quando crianças, sonhamos com nossos brinquedos, com o dia em que receberemos aquilo que tanto desejamos. Sonhamos em viajar. Sonhamos com datas especiais, como o Natal e o nosso aniversário. Sonhamos com a vida adulta. Sonhamos com o casamento, com os filhos, com os netos. Enfim, somos feitos para sonhar e realizar nossos sonhos. Porém, isso tem um preço e demanda muito trabalho e investimento.

Se não houver estes três ingredientes – preço, trabalho e investimento –, além de não valorizarmos nossos projetos, não os realizaremos. Seremos mais um em um cemitério cheio de ideias. Quantos indivíduos morreram sem tornar seus projetos reais? Quais foram os motivos que não lhes permitiram viver essas realidades? Podem até ter sido doenças ou mortes prematuras, mas imagino que não apenas isso. Para falar a verdade, creio até que em poucos casos esses foram os motivos. A não realização dos projetos passa muito mais pela falta de coragem, de motivação, de ajuda, de apoio, de persistência e de outros tantos fatores importantes.

É claro que não basta ter ideias maravilhosas e inéditas. É preciso colocá-las em prática. É preciso ter atitude. É preciso realizar. Mas como fazer isso? Com quem contar? Por onde começar? Quais os obstáculos a serem superados? São muitas as questões, mas a realização só acontece quando perdemos o medo de errar e adquirimos a coragem de ser desafiados, seja qual for o resultado. Um realizador é um conquistador, ainda que de si mesmo.

Vamos deixar uma coisa clara: não estou falando de fantasia, e sim de sonho. Fantasia é irreal, mas um sonho pode se tornar real se fizermos aquilo que é necessário. Não gaste sua energia com fantasias; isso é coisa para as crianças. Elas acreditam que podem voar ao colocar uma capa nas costas, que podem se transformar em super-heróis e dominar o planeta, mas nunca concretizarão esses planos, porque são fantasias. Mas os sonhos, aqueles com os quais convivemos e que nos fazem crescer e aprender, estes, sim, podem tornar-se reais.

Uma importante ajuda para realizar seu sonho é conectá-lo à sua realidade. Comece entendendo que sua realidade é formada pela sua rotina, ou seja, por aquilo que você faz habitualmente e que faz parte da sua vida. Sendo assim, você não pode dissociar seu projeto de sua realidade, daquilo que você faz e é. O seu projeto precisa fazer parte da sua existência, como nos ensina Aristóteles: "Somos o que fazemos repetidamente. Excelência, então, não é um ato, mas um hábito".

Em seu livro *Você pode realizar seu sonho*, o escritor cristão norte-americano John Maxwell também falou sobre esse assunto:

> Seus hábitos diários determinarão o resultado de sua vida. O segredo para o seu sucesso pode ser encontrado na sua rotina diária. Pessoas bem-sucedidas não são levadas à vitória. Indivíduos que alcançaram grandes sonhos não chegaram ali por acidente. Quanto mais você tiver bons hábitos de uma forma positiva, disciplinada e focada, maiores serão as chances de o seu futuro ser positivo. Quanto mais hábitos ruins você mantiver, maiores as chances de que esse futuro seja negativo.

Existem sonhos que foram abortados apesar de terem sido concebidos por pessoas corajosas e trabalhadoras, pois elas pararam de lutar por falta de condições, fossem elas financeiras, fossem materiais ou outras. É preciso ter a clareza de que a grande maioria dos projetos depende, sim, de dinheiro. Veja o que disse a ex-primeira-ministra britânica Margaret Thatcher (1925-2013) a respeito: "Ninguém se lembraria do Bom Samaritano se ele só tivesse boas intenções. Ele possuía também dinheiro". A parábola do Bom Samaritano é contada no Evangelho de Lucas 10:30-36. Vale a pena lê-la:

Em resposta, disse Jesus: "Um homem descia de Jerusalém para Jericó, quando caiu nas mãos de assaltantes. Estes lhe tiraram as roupas, espancaram-no e se foram, deixando-o quase morto.

"Aconteceu estar descendo pela mesma estrada um sacerdote. Quando viu o homem, passou pelo outro lado.

"E assim também um levita; quando chegou ao lugar e o viu, passou pelo outro lado.

"Mas um samaritano, estando de viagem, chegou onde se encontrava o homem e, quando o viu, teve piedade dele.

"Aproximou-se, enfaixou-lhe as feridas, derramando nelas vinho e óleo. Depois colocou-o sobre o seu próprio animal, levou-o para uma hospedaria e cuidou dele.

"No dia seguinte, deu dois denários ao hospedeiro e disse-lhe: 'Cuide dele. Quando voltar lhe pagarei todas as despesas que você tiver'.

"Qual destes três você acha que foi o próximo do homem que caiu nas mãos dos assaltantes?"

Interessante, não é? Agora voltemos às nossas argumentações.

Se faltar alguma coisa para que seu projeto se torne real, aconselho que siga em busca dos recursos necessários, compartilhe-os com aqueles que acreditam em você e que podem ajudá-lo. A maioria dos projetos não foi concretizada por pessoas sozinhas, mas por equipes, unidas para que o projeto se tornasse real. Jesus, o Filho de Deus que veio trazer o reino celestial a este mundo, contou com uma equipe e fez questão de agregar homens que acreditassem Nele e que pudessem realizar, juntos com Ele, tamanha obra, a qual alcançou nossos dias e se perpetuará, sempre agregando pessoas.

Chegar lá

Quando você pensa em realização, o que vem à sua mente? Você pensa em realizar o seu sonho? Você deseja tornar real a sua vontade? Você quer tornar real um projeto? Pense um pouco sobre essas questões, entendendo que existem diferenças, ainda que sutis, entre os três termos que utilizei: sonho, vontade e projeto.

Pensou? Ficou confuso? Bem, vamos tentar diferenciá-los.

Para começar, podemos nos perguntar o que é um sonho. Geralmente, é algo que está na nossa imaginação e que dificilmente compartilhamos. Talvez por essa razão o chamemos de sonho. O motivo de não o compartilharmos, quem sabe, é a sua grandiosidade ou até mesmo a ousadia que temos em acolhê-lo em nossa mente e em nosso coração. Talvez você pense: "Se eu falar sobre esse sonho, as pessoas rirão de mim" ou, ainda: "Se eu contar esse sonho para alguém, acharão que estou louco ou que sou muito atrevido, afinal, esse sonho é muito grande para mim". E talvez sigam por aí seus pensamentos sobre o seu precioso – isso mesmo, precioso – sonho.

Mas, por maior que seja seu sonho, ele é seu! Você tem direito a ele. E, mais que isso, você pode torná-lo realidade. Acredite! Isso é verdade!

Quero utilizar aqui mais um exemplo bíblico para falar sobre nossos sonhos. Trata-se do personagem José, filho de Jacó, conhecido como José do Egito, que sonhou muito alto e não teve medo de compartilhar seu sonho. Ao fazê-lo, porém, gerou muita inveja nas pessoas e foi até ridicularizado.

Veja este trecho da Bíblia em Gênesis 37:5-8:

> Certa vez, José teve um sonho e, quando o *contou* a seus irmãos, eles passaram a odiá-lo ainda mais.
> "Ouçam o sonho que tive", disse-lhes.
> "Estávamos amarrando os feixes de trigo no campo, quando o meu feixe se levantou e ficou em pé, e os seus feixes se ajuntaram ao redor do meu e se curvaram diante dele."
> Seus irmãos lhe disseram: "Então você vai reinar sobre nós?". E o odiaram ainda mais, por causa do *sonho* e do que *tinha dito*.[2]

Interessante a atitude – sim, atitude! – de José. Ele entendeu que precisava contar seu sonho aos irmãos porque esse sonho não

2. Grifos do autor. (N.E.)

era apenas seu, mas envolvia sua família. José era um membro diferente da família de Jacó e destacava-se por isso, o que fazia com que os demais irmãos o odiassem. Então, veja que coragem teve José ao compartilhar seu sonho com aqueles que, apesar de serem seus irmãos, o odiavam.

Repare na insistência de José em sonhar e em compartilhar seu sonho na continuação da primeira passagem bíblica:

> Depois teve outro sonho e o contou aos seus irmãos: "Tive outro sonho, e desta vez o sol, a lua e onze estrelas se curvavam diante de mim".
>
> Quando o contou ao pai e aos irmãos, o pai o repreendeu e lhe disse: "Que sonho foi esse que você teve? Será que eu, sua mãe, e seus irmãos viremos a nos curvar até o chão diante de você?".
>
> Assim seus irmãos tiveram *ciúmes* dele; o pai, no entanto, *refletia naquilo*.[3] (Gênesis 37:9-11)

Note que o sonho de José parecia impossível, considerando as circunstâncias que o cercavam, a condição social em que ele vivia, a família em que havia nascido e o povo a que pertencia. Por essas e outras razões, José precisou superar dificuldades, muitas delas, aliás, por conta de seu sonho, e não as transformar em simples desculpas para não avançar ou para não acreditar que seu sonho poderia, sim, ser realizado. Apesar dessas contrariedades, José viveu seu sonho, ou melhor, os seus dois sonhos narrados aqui. Tudo conspirou a favor dele, até mesmo as ações de seus irmãos, que o odiavam porque tinha uma grande qualidade: era fiel.

Aquele que sonha precisa ser fiel aos seus valores, à sua história, ao seu ideal, àqueles que o ajudam e a Deus. Essa qualidade fundamental do caráter de José o levou a viver seu sonho, transportando-o para uma realidade absolutamente distinta daquela em que vivia até então. Minha pergunta é: você é fiel? E, ainda: você superaria as dificuldades, como fez José, para realizar o seu sonho?

3. Grifos do autor. (N.E.)

Na narrativa sobre o sonho de José, grifei os termos que julgo mais importantes. No segundo trecho, destaquei a palavra "ciúme". Acredito que esse sentimento era motivado pela coragem que José tinha de sonhar. Apesar de muitos desprezarem os nossos sonhos, no fundo eles têm inveja porque não conseguem sonhar. Não têm a capacidade de sonhar. Por isso, desqualificam os sonhos alheios para demover os sonhadores.

Outro destaque está relacionado ao pai de José, Jacó. Apesar de ter repreendido o filho quando soube da ousadia de seu sonho, Jacó guardou aquilo para refletir. Sabe o que isso significa? Que Jacó acreditava que o sonho de seu filho não era simplesmente um sonho, mas um projeto que seria realizado.

Isso também serve para nós. Assim como existem aqueles que não acreditam em nossos sonhos, que os desqualificam e os ridicularizam, e ainda nos invejam, também existem aqueles que, mesmo que não entendam ou momentaneamente nos ignorem, sabem que um dia nosso sonho será realizado. Existem os que não querem que você tenha sucesso, mas também existem os que acreditam em você. Ainda que não se manifestem, eles torcem por você. Esse é seu pai. Talvez não um pai de sangue, como era Jacó em relação a José, mas um pai no sentido figurado, que ficará feliz quando seu sonho se tornar real.

Vamos falar agora sobre a vontade. Diferente dos sonhos, a vontade é circunstancial e volátil. Ela é episódica. Ela vem e vai. Mas, claro, por ser inerente ao ser humano, ela é fundamental para que muitas coisas aconteçam em nossas vidas.

Sem vontade não avançamos em algumas áreas, como os estudos, por exemplo. Ainda que sejam fundamentais em nossa existência e cruciais para nosso crescimento e progresso, as coisas não acontecerão suficientemente se não houver vontade, se as deixarmos correr sem controle. Por isso, muitas vezes é preciso apelar para a força de vontade, para algo a mais que impulsione a nossa decisão de realizar.

O contrário da força de vontade é a má vontade, que é a não vontade ou a indisposição. Ela é um dos fatores responsáveis pela não realização de nossos planos. Não ter vontade é significativo porque mantém a pessoa parada, porque se contrapõe à atitude. Nosso foco deve estar em não permitir que a má vontade nos domine.

É possível, sim, fazer algo com má vontade, mas será feito sem gosto e sem prazer, por obrigação ou cobrança. Quem faz sem vontade, sem apetite, acaba deixando para trás coisas essenciais. O dramaturgo e poeta romano Terêncio, que viveu no século II a.C., disse, em sua obra *O homem que puniu a si mesmo*, a seguinte frase sobre o tema: "Nada é tão fácil que, feito de má vontade, não se torne difícil".

Para finalizar, vamos falar sobre projetos. O que vem a ser um projeto? Se simplesmente consultarmos um dicionário encontraremos diversas definições, mas selecionei uma muito simples e creio que ela bastará: "projeto é o propósito de executar algo".

Se projeto é o propósito, ou seja, aquilo que se pretende alcançar, eu entendo que ele resulta da união de sonho e vontade.

Realizar um projeto é se aventurar por diferentes sentimentos, entre os quais a dúvida (será que vai dar certo?), o medo (estou me arriscando muito...), a convicção (o projeto é tão bom que vale a pena seguir em frente) e a coragem (haja o que houver, vou seguir adiante). Sentimentos, como você percebeu, que podem ser contraditórios. A pergunta é quais deles vencerão. A dúvida e o medo ou a convicção e a coragem? Pense a respeito.

Creio que você tenha respondido que a convicção e a coragem vencerão. Estes, sim, são sentimentos que devem sobrepujar os outros. Afinal, seu projeto é único e merece ser desenvolvido simplesmente porque é seu. Você é o seu dono. Ele pertence a você!

Agora que já entendeu cada parte – sonho, vontade e projeto –, responda às perguntas feitas no início: você pensa em realizar o seu sonho? Você deseja tornar real a sua vontade? Você quer tornar real um projeto? Esses três elementos, junto com a atitude, abrirão espaço para algo novo em sua vida: a realização!

Pagar o preço

Frequentemente, ouve-se que, para obter-se algo, é preciso "pagar o preço". De fato, nada vem de graça. É necessário que haja um investimento, seja de tempo, seja de recursos, para que nossos projetos se concretizem. Mas o que é "pagar o preço"?

Você já parou para pensar quanto custa levar seu projeto à frente? Vamos pensar juntos a respeito? Esse preço pode ser cobrado de muitas maneiras: em dinheiro, em tempo, em privação da vida social e em outras "moedas", a depender do tipo de projeto. O dinheiro, por exemplo, é necessário para viabilizar diversos empreendimentos; o tempo também é importante e uma moeda muito valiosa, seja qual for o projeto; as privações da vida social são determinantes em muitas situações, como, por exemplo, nos estudos de preparação para o vestibular. Seja em que "moeda" for, o certo é que haverá, sim, um preço a ser pago.

Raciocinando dessa forma, pagar o preço por um projeto até que não é ruim. Pode ser difícil, mas não ruim. Pelo contrário: quando pagamos o preço por aquilo que estamos construindo como projeto de vida, tanto nós mesmos como os outros reconhecemos o valor de tal empreitada. Torna-se patente que se trata de algo valioso e importante. Além do valor que é inerente ao projeto, haverá ainda o capital humano agregado, que pode tornar aquele projeto único!

Aquilo que é gratuito não é valorizado. As únicas exceções a essa regra são o perdão de Deus e a salvação em Jesus Cristo. Mas há um detalhe: essas coisas são gratuitas para aquele que as deseja e que nelas crê, porém um preço altíssimo foi pago para que pudessem ser desfrutadas pelos homens, e esse preço foi o sacrifício de Cristo na cruz do calvário.[4]

Pagar o preço é valorizar. Pagar o preço é amar. Pagar o preço é acreditar!

4. 1 Coríntios 6:20 e 1 Pedro 1:18-19.

É preciso trabalhar

Realização é resultado de trabalho, de um conjunto de esforços que empreendemos para produzir algo que queremos ou de que precisamos. Trabalhar é ter atitude para começar a fazer algo que um dia terá retorno, a depender de alguns fatores. O importante é que precisamos ter interesse pelo trabalho para experimentar a realização. Frank Lloyd Wright (1867-1959), um arquiteto norte-americano, disse, com muita propriedade: "Eu sei o preço do sucesso: dedicação, trabalho duro e uma incessante devoção às coisas que você quer ver acontecer".

Os nossos projetos podem se concretizar apenas porque trabalhamos por eles. Mas, com alguns ingredientes, como os descritos por Wright, podemos gerar algo bem-sucedido.

Um desses ingredientes é a dedicação. Vamos ver por quê. Quando nós nos aplicamos a algo, empenhamos, além da força de trabalho, a nossa própria energia e o nosso sentimento. Ou seja, não apenas estamos trabalhando para que algo aconteça, mas estamos nos esforçando e, assim, reforçando nosso projeto para que ele seja transformado em realidade.

Dedicação também é foco. Se não mantivermos nossos olhos voltados para nossos projetos, se não fizermos nossas tarefas com diligência e empenho, poderemos simplesmente pôr tudo a perder. E não é isso que queremos, e sim realizar!

Não podemos ficar só no projeto, é preciso trabalho. Aliás, um está atrelado ao outro. Sem trabalho, o projeto ficará parado; sem projeto, o trabalho será um desperdício de tempo e de outros recursos. Sobre isso, a vitoriosa ex-primeira-ministra britânica Margaret Thatcher, conhecida como Dama de Ferro, deu a seguinte receita: "Planeje seu trabalho para hoje e para todos os dias; em seguida, faça seu plano funcionar".

Conheço muitas pessoas. Algumas são sonhadoras e outras, temerosas. Há pessoas que sonharam e realizaram. E pessoas que não tiveram êxito em seus projetos. O que elas têm em comum é o fato de terem saído da inércia. De terem tentado. De terem tido coragem para ir ao encontro de seus sonhos. De terem acreditado em seus projetos e trabalhado por eles.

Mesmo as pessoas que sonharam, tentaram realizar seus sonhos e não tiveram êxito podem, sim, ser consideradas bem-sucedidas. Acredito firmemente que o verdadeiro fracasso é não tentar. Sobre isso, o filósofo grego Aristóteles deixou registrada a seguinte frase: "Tentar não significa conseguir, mas certamente quem conseguiu tentou".

Portanto, trabalhe pelos seus projetos com afinco, acreditando que eles podem ser o grande sucesso da sua vida, ainda que o levem a um final diferente daquele que você imaginou. Durante essa empreitada, você crescerá, ganhará experiência e verá sua vida receber novos significados.

Chegou a hora

Depois de todo o esforço empreendido, chegará o momento em que o projeto, enfim, nascerá. Vamos pensar juntos: qual é o sentimento e quais são as atitudes de quem está esperando um nascimento? Bem, no mínimo, grande alegria e expectativa. Não raro, excelentes expectativas. Afinal, foi um longo período de preparação até que, enfim, chegou a hora!

Com a realização do tão *sonhado* projeto, vemos que tudo valeu a pena, até mesmo os momentos de preocupação, necessidade, perda, sofrimento e abandono – e, em muitos casos, eles não são raros. No dia da realização, todas essas situações difíceis, que nos causaram tantas dores, são valorizadas, por mais incrível que isso possa parecer.

Afinal, quantos não foram os obstáculos e desafios diante dos quais a desistência parecia a decisão mais sensata a ser tomada? Se eu pedisse para você buscar em sua memória alguns dos momentos em que pensou em desistir por conta de tantos problemas, muitos iriam surgir em sua mente e o fariam relembrar o quanto foram cruéis.

Porém, apesar de toda a dificuldade, dos contratempos e dos pensamentos de desistência, você não desistiu, conforme parecia correto fazer naquelas circunstâncias. Você andou um pouco mais. Você se desafiou a superar e a ultrapassar esses verdadeiros bloqueios levantados em seu caminho até chegar a hora de comemorar, o dia da sua conquista. Chegou a sua hora!

Muitas vezes, os resultados podem, aparente ou momentaneamente, não ser exatamente aqueles que você esperava. Vou ilustrar esse pensamento com um exemplo tirado da vida de Albert Einstein (1879-1955), o pai da Teoria da Relatividade, um dos cientistas mais importantes do século xx. Em sua biografia, descobrimos que Einstein demorou dois anos para começar a falar, o que deixou seus pais bastante preocupados. Inclusive, alguns familiares o consideravam "quase retardado".

Penso que essa história ilustra bem nossa conversa. Afinal, uma criança considerada problemática seria, num futuro não distante, uma grande inteligência do século xx. Veja este trecho de sua biografia:

> Sempre que ia dizer algo, primeiro treinava consigo, murmurando a frase suavemente até que soasse boa o bastante para ser pronunciada em voz alta. "Cada frase emitida", lembrou sua irmã mais nova, que o idolatrava, "por mais rotineira que fosse, ele a repetia baixinho para si, movendo os lábios. Era muito irritante", disse. "Tinha muita dificuldade com a linguagem, a ponto de as pessoas que conviviam com ele recearem que nunca fosse aprender."

Durante sua infância, chegou-se a declarar que Einstein "não seria grande coisa na vida". Bem, creio que isso pode nos fazer refletir e nos inspirar a continuar. Assim como essa história real, existem milhares de outras que não são exatamente um sucesso em seu início, mas que alcançam os melhores resultados imagináveis.

Não existem fórmulas mágicas para o sucesso. Existem coragem, ousadia, vontade e atitude! Sucesso!

PARTE II

Atitudes negativas que levam ao fracasso

CAPÍTULO 8

Caráter explosivo

Suas emoções podem lhe fornecer informações valiosas: sobre você mesmo, sobre pessoas e sobre diversas situações.
Hendrie Weisinger

Nada torna tão evidente nossa imaturidade quanto o destempero emocional, ou seja, a disposição para fazer "tempestade em copo d'água". A falta de controle das emoções pavimenta a estrada que leva à vergonha, ao descrédito e, consequentemente, ao fracasso. Portanto, maturidade e autocontrole são imprescindíveis para se alcançar o sucesso. Esses dois elementos são como irmãos siameses inseparáveis, um não sobrevive sem o outro.

É fácil perceber que não há como liderar grandes equipes, seja em igrejas seja em empresas, quando se é incapaz de liderar as próprias emoções! O imaturo tem dificuldade em dominar seus sentimentos, e, por isso, irrita-se facilmente, até por motivos insignificantes.

O rei Salomão disse que "a sabedoria do homem lhe dá paciência; sua glória é ignorar as ofensas" (Provérbios 19:11). A perda do equilíbrio emocional é um caminho rápido para o fracasso e, inexoravelmente, tornará o sucesso uma impossibilidade.

Ao contrário do homem sábio, o imaturo é intolerante com pequenos problemas e exige atenção imediata para suas dificuldades, sem se importar com os problemas que pode causar aos demais. Ele dá rédeas soltas aos seus sentimentos, e isso acaba maculando sua própria reputação.

Algumas pessoas tentam negar que esses sentimentos existem ou reprimi-los, mas não os expressar de modo inteligente e responsável também é contraproducente. Pode ser que elas tornem-se incapazes de sentir emoções ou que suas emoções internalizadas assumam uma forma danosa. A solução é aprender a reconhecer as emoções e a expressá-las de maneira construtiva.

Para saber quanto estamos sendo negativamente afetados por nossas emoções, precisamos submeter-nos a um pequeno teste:

- Pequenas coisas o irritam?
- Você tem dificuldade para dormir?
- Sente-se cansado e indisposto ao acordar?
- Preocupa-se muito?
- Acha que está em uma situação sem saída?
- Lamenta-se com frequência?
- É ríspido com os que são mais ligados a você?
- Sofre de constante mal-estar?

Se você respondeu "sim" a pelo menos metade dessas perguntas, é bem provável que esteja sofrendo com um acúmulo de tensão, o que o torna um forte candidato para uma explosão emocional.

Esse é um mal a ser evitado, pois é capaz de deixar-nos completamente arruinados. Como as emoções exercem papel sumamente importante, influenciando nossas decisões e atitudes, o descontrole emocional pode arranhar sua reputação, diminuir sua credibilidade e destruir sua autoimagem. Na falta de rédeas curtas, pode desestabilizar relacionamentos pessoais, familiares e conjugais. Por esses fatores, devemos evitar toda forma de comportamento nocivo em relação às nossas emoções, pois elas podem vir a comprometer negativamente nosso futuro, tornando a vida uma desventura marcada por sofrimentos e angústias.

O destempero emocional também é incompatível com a verdadeira espiritualidade, daí a necessidade de refletirmos sobre os seus danos e encará-lo como um potencial inimigo. Para uma pessoa madura, acontecimentos que, em princípio, são fontes de aborrecimento tornam-se boas ocasiões para refletir e aprender lições, além de muitas vezes servirem de inspiração para uma produtiva mudança interior. Esse pode ser um dos maiores desafios que encaramos e, por vezes, pode requerer toda a nossa determinação, persistência e disciplina pessoal. Ser maduro implica assumir a responsabilidade por nossa própria felicidade e optar por nos concentrar naquilo que temos, em vez de naquilo que não temos.

Estamos no controle de nossa própria felicidade quando escolhemos quais atitudes teremos, quando nada nem ninguém é capaz de nos desestabilizar emocionalmente sem o nosso consentimento. Para sermos felizes, precisamos nos cingir de atitudes positivas. Infelizmente, é comum que façamos o oposto! Com muita frequência, nós esquecemo-nos rapidamente dos elogios que nos são feitos e lembramo-nos de insultos por semanas ou meses! Ao permitirmos que um acontecimento ruim envenene nossos sentimentos, estamos abrindo as portas para consequências danosas. O psiquiatra austríaco judeu Viktor Frankl (1905-1997) disse: "O que realmente importa é a atitude que o homem adota ante um destino irremissível". Qual tem sido sua atitude ante os agentes aborrecedores?

Há uma antiga fábula que ilustra bem a difícil relação que podemos ter com nossas emoções. Nela, um velho avô é procurado por seu neto, que está com raiva de um amigo que lhe fez uma injustiça. Então, o avô lhe diz:

— Deixe-me contar-lhe uma história. Eu mesmo, algumas vezes, senti um grande ódio daqueles que aprontaram sem qualquer arrependimento. Todavia, o ódio nos corrói, mas não fere nosso inimigo. Sentir ódio é o mesmo que tomar veneno esperando que seu adversário morra. Lutei muitas vezes contra esse sentimento.

Depois de uma pausa, o avô continua:

— É como se existissem dois lobos dentro de mim. Um deles é bom e não magoa. Ele vive em harmonia com todos ao redor e não se ofende quando não houve a intenção de ofendê-lo. Ele só lutará quando for certo lutar e o fará da maneira correta. Mas o outro lobo... Ah, este é cheio de raiva! Mesmo pequenas coisas o lançam num ataque de ira! Ele briga com todos, o tempo inteiro, sem qualquer motivo. Ele não consegue pensar porque sua raiva e seu ódio são muito grandes. É uma raiva inútil, pois não irá mudar coisa alguma! Algumas vezes, é difícil conviver com esses dois lobos dentro de mim, pois ambos tentam dominar meu espírito.

O garoto olha intensamente nos olhos do avô e pergunta:

— Qual deles vence, vovô?

O avô sorri e responde baixinho:

— Aquele que eu alimento.

Essa fábula nos mostra que más notícias podem se transformar em boas novas se mudarmos de atitude. É melhor mudar de opinião e ser bem-sucedido que seguir nosso próprio caminho e fracassar.

O lobo interior

Caim, personagem já citado neste livro, também alimentou o lobo que havia dentro dele. Na verdade, um lobo com vírus rábico. E ficou conhecido por seu caráter indomável e explosivo, por sua personalidade raivosa. Seu descomedimento tem destaque em Gênesis 4:5: "Por isso Caim se enfureceu e o seu rosto se transtornou". O trecho "e o seu rosto se transtornou" revela tanto revolta como pessimismo e egoísmo. O combustível que o queimava por dentro fez descair o seu semblante e produziu um comportamento temerário. Caim agia sob forte desprazer. Observe, com mais detalhes, a sua história em Gênesis 4:1-10:

> Adão teve relações com Eva, sua mulher, e ela engravidou e deu à luz Caim. Disse ela: "Com o auxílio do Senhor tive um filho homem". Voltou a dar à luz, desta vez a Abel, irmão dele. Abel tornou-se

pastor de ovelhas, e Caim, agricultor. Passado algum tempo, Caim trouxe do fruto da terra uma oferta ao Senhor. Abel, por sua vez, trouxe as partes gordas das primeiras crias do seu rebanho. O Senhor aceitou com agrado Abel e sua oferta, mas não aceitou Caim e sua oferta. Por isso Caim se enfureceu e o seu rosto se transtornou. O Senhor disse a Caim: "Por que você está furioso? Por que se transtornou o seu rosto? Se você fizer o bem, não será aceito? Mas se não o fizer, saiba que o pecado o ameaça à porta; ele deseja conquistá-lo, mas você deve dominá-lo". Disse, porém, Caim a seu irmão Abel: "Vamos para o campo". Quando estavam lá, Caim atacou seu irmão Abel e o matou. Então o Senhor perguntou a Caim: "Onde está seu irmão Abel?". Respondeu ele: "Não sei; sou eu o responsável por meu irmão?". Disse o Senhor: "O que foi que você fez? Escute! Da terra o sangue do seu irmão está clamando".

Em qualquer relacionamento, seja familiar, seja profissional, social ou, também, dentro da igreja, muitos estão "assassinando" emocionalmente outras pessoas, isto é, desestabilizando ambientes de trabalho, lares e comunidades inteiras com suas atitudes desrespeitosas e agressivas.

Quando Deus perguntou a Caim onde estava seu irmão Abel, ele respondeu: "Não sei; sou eu o responsável por meu irmão?" (v. 9). Em seu livro *Faça cada dia valer a pena: vencendo a tirania do mau humor,* o pastor e escritor Alex Cardoso mostra-nos que somos, sim, responsáveis por nossos irmãos quando diz:

> A natureza egoísta do seu lado homicida é contrária à lei do amor. Pois a lei do amor leva-nos a cuidar uns dos outros [...]. Caim mostra-nos como cuidamos de nós mesmos. Negar que eu sou guardador de meu irmão é negar a essência da lei do amor. Só pode chamar Deus de Pai quem aceita o outro como irmão. Aceitar a Jesus e rejeitar o próximo é rejeitar os dois.

Não alimente a ira

Daniel Goleman, notável psicólogo norte-americano, citou Aristóteles no início do seu livro *Inteligência emocional*: "Qualquer um pode zangar-se, isso é fácil. Mas zangar-se com a pessoa certa, no momento certo, pelo motivo certo e da maneira certa – isso não é fácil". Quão triste é saber que pessoas dotadas de grande habilidade intelectual muitas vezes veem-se derrotadas no aspecto emocional.

O mundo está repleto de gigantes no intelecto e pigmeus nas emoções. Há pessoas com um quociente intelectual (QI) brilhante, mas com um quociente emocional (QE) repugnante. Como disse o cineasta norte-americano Orson Welles (1915-1985): "Muitas pessoas são educadas o bastante para não falar com a boca cheia, porém não se preocupam em fazê-lo com a cabeça vazia". O mundo carece profundamente de líderes que saibam administrar bem a sua própria alma e até a dos outros. Para cuidar bem da alma de seus liderados é preciso que o líder seja, primeiramente, um bom administrador da sua própria alma.

Líderes destemperados paralisam a iniciativa dos liderados, atrofiando talentos e reduzindo a eficácia do grupo. Vivemos em uma época em que não há mais espaço para líderes estressores, com pavio curto ou sem nenhum pavio. O ambiente de trabalho, seja empresarial seja religioso, já não sobrevive com chefes à moda Seu Saraiva, antigo personagem do programa *Zorra Total*, interpretado pelo saudoso ator Francisco Ferreira Milani (1936-2005), cujo bordão era "tolerância zero!".

Muitas vezes, uma atitude de destempero revela um caráter explosivo associado ao esgotamento físico e emocional, talvez pelo excesso de trabalho, de preocupações desnecessárias ou de noites mal dormidas. Comumente, o excesso de trabalho tem raízes na ansiedade, na frustração ou no descontentamento, que levam a pessoa a atirar-se de cabeça, sem reservas, num mar profundo de atividades profissionais.

É saudável estar ocupado. Afinal, quem não se ocupa se preocupa! E o diabo se ocupa de quem não se ocupa. Mas estar sempre desocupado é tão ruim quanto ser escravo do trabalho. É preferível optar pelo equilíbrio, que é a escolha sensata. Tempo ocioso conduz à introspecção, à ampliação dos problemas, ao sono inquieto e à exaustão nervosa. Ocupação demais gera instabilidade emocional, conflitos familiares, propensão a doenças e, possivelmente, morte precoce.

O psicólogo norte-americano Hendrie Weisinger (1948), em seu livro *Inteligência emocional no trabalho*, diz que

> Utilizando as informações que suas emoções lhe fornecem você pode alterar seu comportamento e seu raciocínio de modo a reverter situações: no caso da explosão de raiva, por exemplo, você poderia procurar meios de reduzir sua carga de trabalho ou facilitar seu processo de trabalho.

Há uma necessidade urgente de ajustamento emocional entre as exigências dos diversos ambientes que frequentamos. Nossa estratégia deve ser usar as emoções de modo inteligente, fazendo com que elas trabalhem em nosso benefício e no das pessoas à nossa volta.

Aprenda a controlar-se

Felizmente, temos aprendido que um caráter explosivo pode ser subjugado pela prática da inteligência emocional, a qual é capaz de desenvolver e ampliar as potencialidades humanas – o autocontrole não é algo impossível de adquirirmos. Há uma forma segura de ampliar a inteligência emocional: primeiro, devemos assimilá-la bem (cosmovisão) e, depois, colocar em prática os procedimentos e as habilidades que a constituem. De todas as potencialidades, destacamos a autoconsciência, o domínio próprio e o impulso que faz com que as pessoas ajam para atingir seus objetivos, que chamamos de motivação.

Há quase quarenta anos, o potencial de uma pessoa era avaliado pela sua capacidade lógica de resolver problemas, de usar os números efetivamente e de raciocinar de forma adequada, levando em consideração noções espaciais, ou seja, a capacidade de gerar uma imagem mental, avaliar as transformações nela e armazenar as modificações produzidas.

Hoje, o QE é o principal ingrediente para alcançar o sucesso. Nas relações interpessoais, principalmente, o QE é envolvido no contato e na transformação entre as pessoas. Sendo assim, pessoas emocionalmente bem resolvidas, com capacidade de construir e de manter bons relacionamentos e com qualidades como amabilidade e gentileza, possuem enormes chances de vencer na vida.

As pessoas que estão sempre queimando fusíveis terminam no escuro. Por isso, não decole em um acesso de raiva se não estiver preparado para uma aterrissagem segura. Uma pessoa que vive sob pressão, ou em acelerada atividade profissional, e não age dentro dos padrões da inteligência emocional, cedo ou tarde será minada por vários agentes estressores, o que aumentará suas chances de, metaforicamente, transformar-se num homem-bomba e, consequentemente, causar grandes estragos.

Ser tomado por uma eventual raiva é até normal, mas um estado permanente de irritabilidade trará estragos à saúde – entre eles, o enfraquecimento da capacidade de defesa do organismo. Já está provado que a raiva contínua, a ira retroalimentada e o mau humor crônico contribuem para a formação de um caráter explosivo, num ciclo prejudicial ao indivíduo e ao ambiente onde ele vive, que pode levar ao isolamento. É fácil imaginar o estrago que isso pode causar não só na vida de uma empresa como também no dia a dia em uma igreja ou em um lar.

A grosseria dos patrões, por exemplo, desestabiliza a paz na equipe de trabalho, da mesma forma que a irritação dos pais gera filhos neuróticos, o estresse do pastor atinge negativamente os fiéis e assim por diante. No âmbito profissional, o resultado de um caráter explosivo é a queda na produtividade e na qualidade do serviço.

Atualmente, muitas empresas estão atentas a esses aspectos. Há uma tendência mundial a evitar funcionários com personalidade temerária e explosiva. "Nos Estados Unidos, é comum empresas excluírem os candidatos mal-humorados na fase de recrutamento", como explicou Ricardo De Marchi, presidente da Corporation and Personal Health, empresa especializada na criação de projetos de qualidade de vida no trabalho. Um ambiente saudável e amistoso gera maior produtividade e, naturalmente, maior lucro. "O bom humor deixa as pessoas mais criativas e flexíveis", disse De Marchi.

No Brasil, a tendência a cuidar também do lado emocional dos funcionários tem despontado nos últimos vinte anos. Em algumas empresas estão sendo implantadas ações nesse sentido, pois se sabe que indivíduos de personalidade temerária têm postura negativa e que ninguém quer trabalhar em um ambiente estressante.

Em *Inteligência emocional*, de Daniel Goleman, aprendemos que a psicologia leva a sério a alegria, o prazer e a felicidade e que a inteligência emocional está relacionada a habilidades como motivar a si mesmo, persistir diante de frustrações, controlar impulsos, canalizar emoções para situações apropriadas, praticar a gratificação prorrogada e motivar pessoas a usarem seus melhores talentos e engajarem-se em objetivos de interesses comuns. Tudo isso pode significar maior satisfação emocional, gerando uma felicidade autêntica no indivíduo.

Em seu livro, Goleman mapeia cinco habilidades:

- Autoconhecimento emocional (reconhecer um sentimento enquanto ele ocorre);
- Controle emocional (lidar com seus próprios sentimentos adequando-os à situação);
- Automotivação (dirigir emoções a um objetivo para manter-se caminhando em busca de novos ideais);
- Capacidade de reconhecer emoções em outras pessoas;
- Construção de relacionamentos interpessoais.

As três primeiras habilidades mapeadas se referem à inteligência intrapessoal. As duas últimas, à inteligência interpessoal, ou seja, à habilidade de entender outras pessoas, o que as motiva, como agem e como trabalhar cooperativamente com elas. A inteligência interpessoal pode manifestar-se das seguintes formas:

- Organização de grupos: exige a habilidade da liderança, que envolve iniciativa e coordenação de esforços de um grupo, e a capacidade de obter do grupo o reconhecimento dessa liderança e uma coóperação espontânea;

- Negociação de soluções: cabe fazer o papel do mediador, prevenindo e resolvendo conflitos;
- Empatia ou sintonia pessoal: deve-se saber identificar e entender os desejos e os sentimentos das pessoas, reagindo a eles de forma apropriada a canalizá-los ao interesse comum;
- Sensibilidade social: procurar detectar e identificar os sentimentos e as motivações das outras pessoas.

A inteligência intrapessoal é formada pelas mesmas habilidades, só que voltadas para si mesmo. Ela envolve a capacidade de formar um modelo verdadeiro e preciso de si mesmo e usá-lo de forma efetiva e construtiva.

Se unirmos o conceito de inteligência emocional de Daniel Goleman à teoria das inteligências múltiplas do psicólogo norte-americano Howard Gardner (1943), descobriremos que os seres humanos podem sobressair em nove diferentes áreas que se interpenetram, pois sempre utilizamos mais de uma aptidão na solução de problemas. Embora existam predominâncias, as inteligências se classificam em:

- Inteligência verbal ou linguística, que é a habilidade para lidar criativamente com as palavras;
- Inteligência lógico-matemática, que é a capacidade de solucionar problemas envolvendo números e demais elementos matemáticos, como o raciocínio dedutivo;
- Inteligência sinestésica corporal, que possibilita a comunicação através do próprio corpo de maneiras diferentes e hábeis;
- Inteligência espacial, que nos dá a noção de espaço e direção;
- Inteligência musical, que é a capacidade de organizar, entender e expressar-se por meio de sons e representações musicais de maneira criativa;
- Inteligência interpessoal, que é a habilidade de compreender, aceitar e conviver com os outros;

- Inteligência intrapessoal, que é a capacidade de alimentar um relacionamento consigo mesmo, administrando seus sentimentos e emoções a favor de seus projetos. É a inteligência que envolve a autoestima e o autoconhecimento;
- Inteligência pictográfica, que é a habilidade de transmitir uma mensagem através de desenhos ou imagens; e
- Inteligência naturalista, que é a capacidade de sentir-se um componente da natureza e entender e observar o mundo através de concepções naturalistas.

Renomados psicólogos, como Daniel Goleman, Howard Gardner e Hendrie Weisinger, confirmaram que todos nascemos com o potencial para essas várias inteligências. A partir das relações com o ambiente e de aspectos culturais, algumas são mais desenvolvidas. Através de seus conceitos sobre as várias inteligências, esses psicólogos nos oferecem meios que podem nos auxiliar a reagir corretamente diante das emoções, principalmente as negativas.

Todos nós temos necessidade de crescer, de amadurecer. Para saber se estamos crescendo emocionalmente, devemos conhecer as características de um caráter firme e maduro, que, segundo o jornalista e escritor norte-americano Paul Hoff, são seis:

- Autossuficiência;
- Bom relacionamento com os seus semelhantes;
- Autodomínio;
- Aceitação do sofrimento;
- Uma perspectiva de longo alcance;
- Interesse pelo bem-estar dos demais.

Ao mencionar a autossuficiência, refiro-me à suficiência da fé em Deus, sem esperar que as pessoas resolvam seus problemas nem que supram sozinhas suas necessidades.

Relacionar-se bem com os seus semelhantes é uma evidência de maturidade, já que a pessoa mentalmente saudável é flexível, cordata e aberta ao diálogo. Ela tem a capacidade de adaptar-se a diferentes contextos culturais sem perder nem comprometer sua essência moral e espiritual. Sabe extrair o melhor do pior, sem se tornar refém das circunstâncias adversas. Ela é capaz de restringir-se ao exercício dos seus próprios direitos para promover a harmonia em um grupo. No lar, ela pensará no bem-estar do cônjuge antes de pensar em sua própria comodidade. Sacrificará seus próprios direitos legítimos para que os filhos recebam algum benefício. Não há inflexibilidade ou egoísmo na vida de quem atingiu a maturidade emocional e espiritual.

Outra característica fundamental da pessoa madura é o autodomínio. Saber gerenciar as emoções negativas de modo positivo é, inegavelmente, uma clara demonstração de maturidade. O homem emocionalmente amadurecido mantém o equilíbrio perante o sucesso, o perigo ou o fracasso. Nunca dá rédeas soltas aos seus impulsos e sabe dominar a língua, outra importante evidência de maturidade.

A aceitação do sofrimento é, igualmente, um fator primordial. A vida pode trazer muitos sofrimentos, pelos quais a pessoa terá de passar. Algumas pessoas passam a impressão de que não sabem disso e parecem incapazes de resistir às dores físicas e morais, mas aquele que alcançou a maturidade emocional suporta o sofrimento com coragem, resignação e esperança.

Uma perspectiva de longo alcance é outro item a ser observado. O homem maduro é paciente, dado ao comedimento e à prudência. Sabe que tudo tem seu tempo e sua hora e que é melhor esperar o tempo de Deus do que tentar adiantar os ponteiros do relógio. Não se incomoda ao sofrer duros golpes, pois compreende que, por trás dos reveses, há a mão do Oleiro em ação.

Por último, há o interesse pelo bem-estar dos demais. A pessoa que alcançou a maturidade emocional alegra-se sinceramente com o sucesso dos outros. Em vez de monopolizar a conversa falando sobre si mesma, ela escuta com atenção o que acontece na vida das outras pessoas. Ela se interessa pelos demais com toda a sinceridade.

Há vários outros aspectos que apontam para a maturidade emocional. Antoine de Saint-Exupéry (1900-1944), escritor francês, afirmou que as pessoas podem ser classificadas em três grupos: as que fazem as coisas acontecerem, as que olham as coisas acontecendo e as que ficam se perguntando o que foi que aconteceu. Já David Hume (1711-1776), filósofo e economista escocês do período do Iluminismo, disse que "aquele cujas circunstâncias se adaptam ao seu temperamento é feliz, mas é mais feliz aquele que consegue adaptar seu temperamento a qualquer circunstância".

Seja adaptável

Pessoas adaptáveis aprendem a aceitar a incerteza do futuro, pois sabem que este não pode ser controlado. Admitem sua fragilidade diante do desconhecido, mas se mostram decididas a encará-lo com confiança. São menos ansiosas e depressivas e têm maior capacidade para lidar com sentimentos e mudanças inesperadas. Não desperdiçam uma enorme quantidade de energia tentando mudar os outros, pois sabem que não podem obrigá-los a mudar. Antes, acreditam que só podem mudar a si mesmas, o que já é bastante difícil.

Os norte-americanos são unânimes ao afirmar que um dos seus mais admirados presidentes, Franklin Delano Roosevelt (1882-1945), foi um homem com grande equilíbrio emocional. Ele era capaz de adaptar-se a circunstâncias difíceis e era flexível ao lidar com pessoas problemáticas. Hoje sabemos que as qualidades positivas de Roosevelt estão claramente relacionadas à inteligência emocional.

Há pessoas que perdem a capacidade de autocontrolar-se por conta de uma determinação radical de serem sérios demais. Para eles, a vida é um negócio maçante, e, por essa razão, não há tempo para brincadeiras nem para a alegria em meio às pressões e exigências da vida.

Outras se encontram tão determinadas a buscar a felicidade que acabam perdendo a alegria. A felicidade é inferior à alegria, pois depende das circunstâncias, das pessoas ou dos êxitos. A alegria é mais profunda. É um estado de alma totalmente invencível nos altos e baixos da existência.

Ainda há outras que se sentem indignas da alegria e perdem a compostura. Elas pensam na alegria como uma recompensa pela perfeição e pela realização. Se assim fosse, certamente ninguém a alcançaria. Essas pessoas pensam que não têm direito a desfrutar a alegria em um mundo que vai tão mal. Elas perderam de vista o fato de que a alegria é uma dádiva que Deus concede, mesmo quando as coisas acontecem da pior maneira possível.

Curados pela palavra

Devemos maximizar nossas potencialidades emocionais. É possível que tenhamos vivido tanto tempo como vítimas de nossas emoções que nossos pensamentos negativos já tenham se tornado um hábito, condicionando-nos a viver abaixo de nossa potencialidade emocional.

Só Jesus Cristo tem o poder de nos capacitar e nos ensinar a ir além das circunstâncias restritivas que encontramos em nosso caminho. Quando Cristo fica em primeiro lugar em nossas vidas, mudanças significativas acontecem. As circunstâncias à nossa volta provavelmente não mudarão, mas interiormente poderemos experimentar mudanças reais e duradouras. À medida que Cristo ocupa o primeiro lugar nos nossos pensamentos, revoluções acontecem em nossa mente (como lemos em Colossenses 3:1-2 e em Filipenses 4:8). Tais mudanças se tornam evidentes para os nossos cônjuges, filhos, vizinhos, amigos e para todos os outros.

Charles Spurgeon disse bem: "Tome para você a promessa de Deus, pois ela é suficiente, e mais do que suficiente, mesmo que todas as fontes da terra se sequem". Portanto, mesmo que todas as fontes estejam secando, precisamos confiar em que o Senhor cumprirá a Sua Palavra. Isso é parte de sua natureza imutável. Ele não nos enche de esperança com lindas palavras e depois recua naquilo que prometeu. Deus não é volúvel nem inconstante (Tiago 1:17). Se o que Ele prometeu para nós ainda não se cumpriu, não precisamos entrar em desespero. Quando chegar o *kairós*, o tempo de Deus, tudo se concretizará (Eclesiastes 3:1-8). Confiemos na autoridade das Escrituras e descansemos nas suas promessas (Salmos 37:5).

A confiança nas promessas de Deus devolve-nos a alegria. E pessoas alegres têm mais chances de manter suas emoções sob controle. A alegria sempre foi a melhor propaganda do Evangelho. Por isso, não podemos perder a capacidade de perceber, apreciar e expressar essa dádiva divina em nossas experiências diárias. Não existem razões para deixarmos de estar de bem com a vida.

Sei que existem pessoas que esboçam sorrisos para encobrir sua frustração, sem, contudo, sentir uma alegria legítima. Chamamos tal atitude de disfarce. É possível, porém, que pessoas verdadeiramente alegres percam, em tempos de crise, parte de sua capacidade de resignar-se. Mas quem subordina a vida a Cristo normalmente enfrenta os reveses do cotidiano com fé, determinação e otimismo, pois sabe que a alegria é uma confiança que se mantém independentemente das circunstâncias. A alegria é a certeza de que tudo está bem, não importam as emoções que sintamos.

CAPÍTULO 9

Autopiedade

O medo de sofrer atrai a dor.
A autopiedade multiplica-a. O choramingar prolonga-a.
Hermógenes

Autopiedade, ou autocomiseração, é um sentimento tão negativo que é capaz de fazer com que a pessoa se veja como alguém de má sorte, ou seja, como alguém que já nasceu destinado a ser um fracasso. Assim, a pessoa que sente autopiedade usa diversas justificativas para dar respaldo a esse sentimento nefasto, como falta de recursos, falta de oportunidades, falta de amigos, falta de apoio, falta de atributos os mais diversos.

Não raro, o autopiedoso articula frases condizentes com esse estado de espírito, como "nada do que faço vai para a frente", "comigo nada dá certo", "já tentei tantas vezes, mas as coisas só dão errado para mim", "vou desistir porque nada funciona comigo", "o problema sou eu" e outras tantas que, se prestarmos atenção, ouviremos ao nosso redor com muito mais frequência do que podemos pensar. Quem sabe nós mesmos as estejamos pronunciando em algumas situações.

Quando alguém decide (isso mesmo, a autopiedade é uma decisão que a pessoa toma com o objetivo de envolver terceiros em suas desgraças e, assim, talvez, conseguir deles alguma ajuda) sentir dó de si mesmo, sua criatividade entra logo em ação. Imediatamente, ela começa a buscar ideias que possam garantir que todos com quem se relaciona sintam dó dela, já que ela própria sente dó de si mesma. Essa pessoa elimina de si tudo aquilo que a pode colocar em uma situação de vantagem, de capacidade, de realização. Afinal, essas coisas só funcionam ou só servem para os outros!

O autopiedoso precisa se esforçar muito para fazer os outros acreditarem que ele é um fracassado, por isso dedica-se com toda a veemência a fazer propaganda de seus infortúnios. Muitos mudam o tom de voz e passam a se comunicar com uma voz baixa e insegura, outros até andam meio encurvados, com cara de sofredor. Cria-se um estereótipo em torno dessa falsa "identidade". São indivíduos que não podem ser saudados com a pergunta "tudo bem?" porque sua resposta invariavelmente será "nada está bem!". Depois, a pessoa iniciará um desfiar de fracassos que a acometeram desde que se entende por gente. Agindo assim, a única coisa que lhe sobra na vida são problemas, que a fazem infeliz, desgraçada, derrotada, triste, miserável, desfavorecida, deprimida, abandonada, fracassada... Sempre. Em qualquer circunstância.

A autopiedade é uma grande inimiga e precisa ser encarada como tal. Ela é aliada do fracasso. Quando se compreende isso, é possível travar uma guerra contra ela. Trata-se de algo que provavelmente trará dor e causará algumas baixas, mas que será fundamental para que haja vitórias no final.

Essa autocomiseração frequentemente visita o coração daqueles que, por algum motivo, não obtiveram êxito em uma empreitada. O objetivo desse sentimento é fazer com que a pessoa não se sinta merecedora de nada. A partir do momento que o coração é dominado pela autopiedade, a pessoa passa a trabalhar, de forma inconsciente muitas vezes, para atrair a atenção dos outros para as suas desgraças, mostrando seu "coitadismo". É alguém que, além de ter pena de si mesmo, sente-se bem quando consegue fazer com que os outros também tenham piedade dela.

Todo aquele que sente autopiedade se conformou com seus fracassos e nada fará para mudar esse estado de coisas. Afinal, não adianta agir porque ela própria é o problema! Por isso, a pessoa se conforma com seus infortúnios e acredita piamente que eles são merecidos.

Mas o autopiedoso não é digno de dó, e sim de repreensão, e de ajuda, claro. Para mim, a autopiedade é um pecado. Por quê? Bem, Deus nos fez à Sua imagem e semelhança, dotou-nos de inteligência, fez de nós as principais criaturas de Seu reino, para elencar apenas algumas qualidades. Como, então, podemos sentir dó de nós mesmos? Ao sentirmos pena de nós, estamos dizendo para Deus que Ele não fez bem o Seu trabalho como criador e que tudo o que Ele nos ofereceu não é tão bom quanto Ele julgou (Gênesis 1). Afinal, somos coitados!

Migalhas

Mas o que leva alguém a sentir dó de si mesmo? Provavelmente, seus erros. A autopiedade pode surgir quando a pessoa não consegue ir além dos passos iniciais de seus projetos porque as estratégias pensadas logo naufragam e o resultado, obviamente, não é alcançado. Ou ainda quando se chega a um resultado absolutamente pífio, distante daquilo que havia sido planejado e desejado. Esses fracassos passam a ser tidos como as únicas realizações e impedem que a pessoa avance.

Evidentemente, nem todas as pessoas que vivenciam essas situações caem no drama da autopiedade, mas existem aquelas que não resistem a esse recurso destrutivo, que as impede de experimentar outras possibilidades. Para o escritor norte-americano Denis Waitley (1933), uma das vozes mais ouvidas sobre sucesso pessoal e profissional, os erros são importantes na formação dos indivíduos e ajudam a escrever suas histórias. Para ele, "os erros são dolorosos quando acontecem, porém, após alguns anos, a coletânea de erros se torna o que chamamos de experiência".

É necessário entender que os erros, inevitavelmente, fazem parte da vida de todos. Como diz uma conhecida frase atribuída ao estadista e filósofo romano Marco Túlio Cícero (106-43 a.C.), "errar é humano". É claro que erros não são os resultados esperados, mas não se pode negar que eles são, sim, responsáveis por grande parte de nosso aprendizado. Os fracassos precisam ser contabilizados em nosso currículo, pois servirão de parâmetro para comparação e valorizarão ainda mais nosso sucesso. Para o ex-primeiro-ministro britânico Winston Churchill, "o sucesso é ir de fracasso em fracasso sem perder o entusiasmo".

Os erros acontecem por diversos fatores, muitos dos quais não podemos controlar. Mas, ainda que eles sejam consequências de nossas ações, é importante não deixarmos que signifiquem o fim de nossos projetos. Eles podem ser, na verdade, o início de coisas maiores e muito boas!

Temos como exemplos grandes e importantes descobertas que só aconteceram por causa de erros. O médico e bacteriologista escocês Alexander Fleming (1881-1955) descobriu, em 1928, a substância antibiótica mais importante do século XX, que viria a salvar milhares de vidas, inclusive de vítimas da Segunda Guerra Mundial. Enquanto pesquisava substâncias capazes de combater a multiplicação de bactérias em feridas, Fleming esqueceu um material de estudo sobre sua mesa ao sair de férias. Isso foi um grave erro do cientista, mas, quando voltou, ele percebeu que as culturas de *Staphylococcus aureus* estavam contaminadas por mofo e que existiam halos transparentes ao redor do fungo, o que indicava que poderia haver ali alguma substância bactericida. Essa contaminação levou Fleming a estudar as propriedades daquele fungo, descobrindo que possuía uma substância (*Penicillinum*) capaz de eliminar diversas bactérias. Graças ao seu erro, ao seu descuido ao esquecer um material importante sobre a mesa de trabalho, teve início a era dos antibióticos. Foi uma descoberta, nascida de um erro, que transformou o mundo!

Outra grande descoberta que resultou de um erro foi feita pelo médico e pensador religioso norte-americano John Harvey Kellogg (1852-1943) e por seu irmão William quando tentavam criar um alimento saudável para os pacientes de um sanatório. Primeiro, eles tentaram cozinhar trigo, mas fracassaram na tentativa, deixando o produto ferver por muito tempo. A massa ficou ressecada e desfez-se em flocos, e não em pão como era o desejo dos irmãos. Embora tenham tentado consertar o erro, não conseguiram bons resultados com o trigo. Porém, não desistiram e usaram a mesma técnica para cozinhar o milho, nascendo, assim, os flocos de milho tão apreciados até os dias de hoje.

Não é interessante saber que algo que poderia ter sido um fracasso transformou-se em uma descoberta maravilhosa? Mas isso só aconteceu porque essas pessoas não desistiram de seus projetos por causa dos erros que cometeram. Imagine se tivessem sentido pena de si mesmas pelo fracasso... Certamente não teríamos conhecido esses nem tantos outros produtos ou invenções que nasceram justamente de um erro de seus idealizadores.

Essas pessoas foram em frente e não transformaram suas derrotas momentâneas em problemas eternos. Não "venderam" aos outros a imagem de que não dão conta de realizar nada que seja de fato bom ou certo. Pelo contrário, sua persistência, a despeito de seus fracassos, garantiu que outras pessoas se beneficiassem de importantes descobertas.

Há muitas histórias de fracasso que se transformaram em grandes vitórias. O japonês Soichiro Honda (1906-1991) construiu uma bicicleta quando tinha apenas 8 anos. Aos 16, mudou-se para Tóquio, capital japonesa, para trabalhar como aprendiz de mecânico. Alguns anos depois, voltou para sua cidade natal e abriu sua própria oficina.

Ele trabalhava dia e noite e até dormia na oficina. Para dar continuidade aos negócios, investiu recursos obtidos com o empenho das joias de sua esposa. Tempos depois, apresentou um projeto de bicicleta a uma grande empresa, que o reprovou.

O sr. Honda não desistiu de sua bicicleta, e, após dois anos, a empresa finalmente aceitou o projeto. Durante a Segunda Guerra Mundial, a fábrica que Soichiro Honda construiu sofreu dois bombardeios, e grande parte dela foi destruída. Apesar desse grande revés, o empresário reconstruiu a fábrica. Com o fim da guerra, houve grande escassez de combustível no Japão, mas essa dificuldade, em vez de paralisá-lo, fez com que o pequeno empresário usasse sua criatividade e buscasse uma saída: adaptar um motor à sua bicicleta. O novo invento passou a ser desejado por todos que o viam. Com isso, nasceu a motocicleta e a marca Honda, que hoje é mundialmente conhecida.[5]

Passando por tantos fracassos e obstáculos, Soichiro Honda tinha tudo para sentir dó de si mesmo. Ele teria justificativas muito plausíveis para desistir, para abandonar suas ideias. Mas não foi o que ele fez. Ao contrário, continuou trabalhando duro por seu projeto. Por isso, Soichiro Honda afirmou que "o sucesso representa 1% do seu trabalho e resulta dos outros 99%, que chamamos de fracasso". Sua experiência mostrou que ele tinha razão.

Infelizmente, muitos não pensam assim e param tão logo o primeiro contratempo aparece. Eles querem que as pessoas tenham piedade de suas dificuldades, assim como eles têm de si mesmos. Porém, ao envolver outras pessoas em seu sentimento de autopiedade o que querem é receber um pouco das migalhas que essas pessoas têm a lhes oferecer. Na verdade, o autopiedoso quer ser tratado como aquele que precisa ser levado no colo e que precisa ouvir palavras e frases de incentivo como "você é capaz, vá em frente!", "não desista, por favor, você é inteligente" ou "não pare, porque você faz falta". São migalhas! E isso é tudo o que o autopiedoso quer receber dos outros. E o pior é que ele as recebe. Sempre haverá alguém para oferecer migalhas, mas elas não sustentam, só enganam.

Os autopiedosos não param para pensar que a vida não é fácil para ninguém. Inclusive para os grandes pesquisadores e cientistas que protagonizaram os exemplos dados aqui. Eles, apesar de serem extremamente inteligentes, também erraram ou foram vítimas de catástrofes. O autopiedoso pensa que a vida não é fácil apenas para ele. Sua mente o faz acreditar que o problema é ele. Por isso, ele se mantém na expectativa de receber as migalhas alheias, que, de alguma forma, espera serem capazes de suprir suas carências. Mas não são!

Mais do que o sucesso, o autopiedoso quer ter ao seu lado pessoas que o entendam. Ele abusa de seu "coitadismo" e transforma os

---

5. As informações sobre a biografia de Soichiro Honda foram retiradas do site <www.seuhistory.com>.

outros em suas vítimas. Querendo chamar a atenção, usa e abusa da sua condição de coitado para atrair os outros. É pior que uma criança birrenta que se atira no chão para conquistar algo. O autopiedoso se atira em sua desgraça para ganhar uma quirera de amor, de atenção ou de amizade.

O que ele talvez não saiba é que a grande maioria das pessoas não gosta de estar com perdedores que se entregam às suas derrotas. O problema não é perder nem errar, e sim não buscar a vitória, ainda que seja por meio da perda ou do erro, aproveitando-se desses algozes para dar a volta por cima, ou, como se diz por aí, "fazer do limão uma limonada".

O certo é que o autopiedoso precisa mudar sua postura, seu pensamento, sua forma de agir. Ele precisa abandonar esse sentimento que o escraviza e o torna infeliz. Um bom estímulo é entender que o sucesso é para os vencedores e que só chega lá quem aceita os desafios e encara seus próprios fracassos.

Pessimismo

É interessante notar que o autopiedoso carrega consigo uma forte carga de pessimismo. Por que isso acontece? Pelo simples fato de que tudo o que ele intenta realizar, segundo seu entendimento, já nasce fadado a não prosperar, a não dar certo só por estar sendo feito por ele. Esse pessimismo transforma o autopiedoso em um eterno perdedor.

Winston Churchill disse a seguinte frase: "O pessimista vê dificuldades em cada oportunidade; o otimista vê oportunidades em cada dificuldade". Essa é uma grande verdade. Infelizmente, os autopiedosos não são capazes de enxergar oportunidades nas adversidades. O que fazem é desqualificar qualquer chance que possam ter de realizar algo com pensamentos como "não tenho talento para nada", "não sei fazer nada" e "nunca fiz alguma coisa que tenha dado certo". Em seu vocabulário abundam expressões de puro derrotismo.

Podemos dizer que ser pessimista é o mesmo que ter pensamentos negativos – e um vocábulo condizente com tal postura. Mas não são aqueles pensamentos negativos que, vez ou outra, todo mundo tem, aqueles que trafegam em nossas mentes atraídos por alguma tristeza ou dor na alma. Nem aqueles de origem patológica, seara que não abordarei por ser leigo. Falo daqueles pensamentos que, de tão frequentes, acabam por formar o caráter e ditar o comportamento de uma pessoa.

Pensamentos brotam em nossas mentes, sejam eles bons sejam ruins. Isso é espontâneo, natural. Porém, é preciso ter discernimento para selecionar aqueles que deverão fazer parte do nosso mundo interior. Por que isso é importante? Porque aquilo que povoa nosso mundo interior se reflete no exterior. Como donos dos nossos pensamentos, podemos selecionar aqueles que habitarão nossa mente, que serão cultivados para gerar coisas boas.

O pessimismo é forte, talvez mais que o otimismo. Porém, quem se esforça para combatê-lo descobre outras forças antes desconhecidas. Uma delas certamente é o pensamento positivo. O poeta português Fernando Pessoa (1888-1935) considerou o pessimismo uma "fonte de energia". O ex-presidente norte-americano Dwight D. Eisenhower (1890-1969) disse que "o pessimismo nunca ganhou nenhuma batalha".

Se pararmos para *pensar*, todas as coisas têm um lado positivo e um lado negativo. Não se trata de um dualismo barato, mas de algo sobre o qual sempre devemos ponderar. É como uma vacina. O lado ruim é que não é nada agradável ser espetado por uma agulha, mas o lado bom é que se fica imunizado, ou seja, livre da doença contra a qual aquele medicamento foi feito. O pessimista vai pensar apenas na dor. O otimista vai pensar na defesa contra o agente patogênico. O homem sensato vai entender que vale a pena sentir a dor, pois é mais importante ter a saúde preservada. Tomando essa simples ilustração como exemplo, entendemos que é preciso desvencilhar-se do pessimismo e enfrentar as dores que se apresentam, sabendo que elas terão uma serventia, que será nos fortalecer e nos dar resistência para a vida.

Vítima do quê?

Vivemos na era da vitimização, um fenômeno que vem ao encontro da disposição de muitos, que, por não se sentirem capazes de realização, agem como vítimas de tudo e de todos. Há vítimas das grandes cidades, dos pequenos povoados, das elites, da pobreza, da falta de oportunidades, da família, da ausência dos pais, do excesso de proteção e por aí afora... Ocorre que, para cada uma dessas situações, existem aqueles que não levaram em conta os fatores desfavoráveis de suas vidas e, a despeito deles, conquistaram seu lugar ao sol.

Podemos encontrar um exemplo na vida do pianista norte-americano Ray Charles Robinson, que nasceu em 23 de setembro de 1930, em Albany, no estado da Geórgia. Seu pai, mecânico, e sua mãe, meeira, levaram a família para a Flórida quando ele ainda era criança. Um dos eventos mais traumáticos de sua infância foi presenciar o afogamento de seu irmão mais novo. Logo após essa fatalidade, Ray começou a perder a visão. Quando ele tinha 7 anos, já totalmente cego, sua mãe o mandou para uma escola pública para deficientes visuais e auditivos, a Florida School for the Deaf and the Blind. Lá, ele aprendeu a ler e a escrever música e a fazer arranjos em braile. Também aprendeu a tocar piano, órgão, saxofone, clarinete e trompete. Seus interesses musicais eram muito abrangentes, indo do gospel ao country e ao blues. A mãe de Ray morreu quando ele tinha 15 anos. Em vida, Ray Charles gravou mais de sessenta álbuns e realizou mais de 10 mil shows. Sua história foi recriada em um filme de grande sucesso, *Ray*.[6]

Esse resumo da vida do cantor, compositor e pianista Ray Charles mostra-nos, de forma inequívoca, a história de alguém que viveu grandes adversidades e que, por isso, teria motivos e justificativas suficientes para ser autopiedoso, pessimista e vítima da própria vida... Mas, não! Para Ray Charles, ser pobre, cego e negro – em uma época de fortíssima discriminação racial nos Estados Unidos – não significou ser um coitado, mesmo tendo perdido a mãe durante a adolescência e o irmão ainda na infância.

6. As informações sobre a biografia de Ray Charles foram retiradas do site <www.seuhistory.com>.

Se nos perguntarmos se Ray Charles tinha motivos suficientes para se tornar alguém fracassado, muitos responderão que sim, que ele tinha todos os motivos. Mas não foi isso o que aconteceu! Em vez de ficar paralisado em suas dores e desgraças, Ray Charles deu espaço para seu talento. Ele usou sua deficiência visual para aguçar outros sentidos e tornou-se um dos maiores artistas do mundo, a despeito de suas infelicidades e limitações. Limitações? Bem, ele não tomou conhecimento delas.

Também podemos encontrar tais exemplos na Bíblia Sagrada, na história de um personagem chamado Jabez. Ele poderia ter se deixado levar pelas circunstâncias negativas que o cercavam – e que, de certa forma, até definiriam seu futuro –, mas não foi isso que ele quis para si.

Jabez começou sua vida entre dores e dificuldades, que aparecem em seu próprio nome, No hebraico, *Ya'bets* procede de uma raiz que significa "afligir", "pesar" ou "aquele que causa dor". Esse foi o nome que recebeu de sua mãe, pelo fato de Jabez ter provocado nela imensa dor durante o parto.

Mesmo recebendo a sina de ser alguém que nada de bom teria para viver ou oferecer, Jabez não aceitou esse destino para si. Ele desejou ter uma história diferente daquela que o significado de seu nome lhe daria. E viveu essa história, conforme nos conta a narrativa bíblica em 1 Crônicas 4:9-10r:

> Jabez foi o homem *mais respeitado* de sua família. Sua mãe lhe deu o nome de Jabez, dizendo: "Com muitas dores o dei à luz". Jabez orou ao Deus de Israel: "Ah, abençoa-me e aumenta as minhas terras! Que a tua mão esteja comigo, guardando-me de males e livrando-me de dores". E Deus atendeu ao seu pedido.[7]

O que fez Jabez diante de sua condição inicial? Ele tomou uma atitude, a única que estava ao seu alcance, mas que se mostrou eficaz, pois o relato bíblico nos diz que, após fazer uma oração a Deus, Jabez se tornou "o homem mais respeitado de sua família". Ou seja, Jabez

7. Grifos do autor. (N.E).

sobressaiu apesar das duras circunstâncias que o cercavam porque não ficou parado, achando-se a pior pessoa, fazendo-se de vítima. Ao contrário, ele desejou ser melhor e superou sua própria expectativa.

Todo ser humano, sem exceção, é capaz de dar a volta por cima, de descobrir forças em suas fraquezas, de encontrar coragem, fé e ânimo, seja em que época for, nos dias passados ou atuais.

Transformar-se em vítima é focar-se na desesperança. Em seu livro *Às vezes você ganha, às vezes você aprende*, o pastor e escritor norte-americano John Maxwell escreve o seguinte sobre esse tema:

> A mentalidade de vítima nos Estados Unidos tem piorado. Em vez de assumir a responsabilidade por suas próprias vidas, muitas pessoas estão tentando o caminho mais fácil ao decidirem que são vítimas da sociedade, da economia, de conspiração ou outro tipo de discriminação. A mentalidade de vítima faz com que as pessoas se concentrem no que não podem, e não no que podem fazer. Essa é a receita para a derrota.

O autor nos diz que a mentalidade de vítima tem se tornado cada vez mais presente em seu país, um dos mais desenvolvidos do mundo. As pessoas têm buscado desculpas e subterfúgios para suas incapacidades de realizar, esquecendo-se de que existem pontos positivos em sua personalidade, desprezando-os. E, o que é mais estranho, elas se focam nos pontos negativos e, assim, deixam de experimentar enormes conquistas. Aquilo que enxergam como o principal em suas vidas é o que está fazendo delas pessoas derrotadas.

Complexo de vira-lata

Para o autopiedoso não basta ser um cão, é preciso que esse cão não tenha *pedigree*, que seja um vira-lata. O complexo de inferioridade, chamado pelo dramaturgo Nelson Rodrigues de "complexo de vira-lata", é uma das principais causas da autopiedade. É um sentimento ruim que leva a outros ainda piores.

Na ânsia de serem notadas e estimadas, muitas pessoas se colocam nas posições mais baixas quando precisam se avaliar. Para elas, ninguém se importará se estão bem ou mal, ninguém prestará atenção em suas vidas, então elas recorrem a artifícios que podem sensibilizar os outros e viram coitadas para si e para todos.

Achar-se menos (importante, feliz, capaz, amado, inteligente...) que os outros é um complexo que, na maioria das vezes, começa já na infância e avança até a vida adulta. Esse sentimento surge em decorrência de palavras ou frases ouvidas pelas crianças, como "tudo o que você faz é errado", "você fez besteira de novo!" ou "você nunca será nada de bom". Certamente, uma criança que é alvo desses comentários acumulará tanta carga negativa que a acabará incorporando à sua personalidade.

O complexo de inferioridade não é recente, mas permeia toda a existência humana. Caim provavelmente o sentia em relação ao seu irmão Abel, matando-o por inveja. Podemos notá-lo também na história de outro personagem bíblico, Gideão, um jovem que viveu em cerca de 1200 a.C. (mais de 3 mil anos antes de nós), cuja narrativa aparece em Juízes 6:11-17, no Antigo Testamento:

> Então o Anjo do Senhor veio e sentou-se sob a grande árvore de Ofra, que pertencia ao abiezrita Joás. Gideão, filho de Joás, estava malhando o trigo num tanque de prensar uvas, para escondê-lo dos midianitas. Então o Anjo do Senhor apareceu a Gideão e lhe disse: "O Senhor está com você, poderoso guerreiro". "Ah, Senhor", Gideão respondeu, "se o Senhor está conosco, por que aconteceu tudo isso? Onde estão todas as suas maravilhas que os nossos pais nos contam quando dizem: 'Não foi o Senhor que nos tirou do Egito? Mas agora o Senhor nos abandonou e nos entregou nas mãos de Midiã."
>
> O Senhor se voltou para ele e disse: "Com a força que você tem, vá libertar Israel das mãos de Midiã. Não sou eu quem o está enviando?". "Ah, Senhor", respondeu Gideão, "como posso libertar Israel? Meu clã é o menos importante de Manassés, e eu sou o menor da minha família." "Eu estarei com você", respondeu o

Senhor, "e você derrotará todos os midianitas como se fossem um só homem." E Gideão prosseguiu: "Se de fato posso contar com o teu favor, dá-me um sinal de que és tu que está falando comigo".

Gideão era um camponês e tinha medo de que sua colheita fosse levada pelos inimigos, que costumeiramente iam até suas terras e roubavam seus alimentos. Gideão não estava sozinho. Todos tinham medo de ser roubados! Em versículos anteriores, lemos que os demais tinham esse mesmo medo e que, por isso, criaram um sistema de proteção:

> Os midianitas dominaram Israel; por isso os israelitas fizeram para si *esconderijos* nas *montanhas*, nas cavernas e nas fortalezas. Sempre que os israelitas faziam as suas plantações, os midianitas, os amalequitas e outros povos da região a leste deles as invadiam. Acampavam na terra e destruíam as plantações ao longo de todo o caminho, até Gaza, e não deixavam nada vivo em Israel, nem ovelhas nem gado nem jumentos.[8]

Nessa narrativa fica claro que todos temiam que seus alimentos fossem roubados e, para ver seus produtos resguardados, faziam "esconderijos". Analogamente, é assim que se comportam aqueles que têm ou que adquirem um complexo de inferioridade. Veja que, apesar de os israelitas estarem em lugares altos (montanhas), eles faziam esconderijos para salvar suas colheitas.

Muitas vezes, é assim que o complexo de inferioridade se manifesta na vida das pessoas. Ainda que elas tenham boas profissões, famílias excelentes, empregos em empresas nas quais gostam de estar ou em negócios que lutaram para conquistar, ou seja, ainda que estejam em lugares altos, constroem esconderijos para guardar seus talentos, suas habilidades, suas capacidades. Elas têm medo dos "inimigos" que podem vir e levar aquilo que conquistaram com tanto esforço, aquilo em que investiram tanto, aquilo que buscaram com tanto afinco.

---

8. Grifos do autor. (N.E.)

Parece um contrassenso: elas são capazes de produzir, mas não mostram o que produzem, utilizando como esconderijos comportamentos que as colocam em posição de inferioridade. Todo o medo coletivo da época de Gideão ficou estampado nele e em seu complexo de inferioridade.

Gideão inferiorizava sua origem e a si mesmo, dizendo "meu clã é o menos importante de Manassés, e eu sou o menor da minha família" (Juízes 6:15). Mas, quando foi visitado pelo anjo de Deus, dentro do esconderijo, ou seja, na sua inferioridade, Gideão foi saudado com a seguinte frase: "O Senhor está com você, poderoso guerreiro" (Juízes 6:12). Deus tinha outro olhar a respeito de Gideão, que era absolutamente oposto ao que ele tinha de si mesmo. Logo no início, o anjo já tinha a intenção de desfazer o complexo de inferioridade de Gideão, por isso o adjetivo "poderoso" foi utilizado.

Mergulhado em seu complexo de inferioridade, Gideão também se sentia abandonado por todos, inclusive por Deus. Essa é uma característica comum a todos que partilham esse sentimento. Veja o que Gideão disse ao anjo: "Mas agora o Senhor nos abandonou" (Juízes 6:13). Gideão não estava entendendo que, não, Deus não o havia abandonado, tanto que estava ali, diante dele, uma visita enviada por Deus.

Por mais que o complexo de inferioridade queira jogar uma pessoa na solidão, a verdade é que ela está cercada de gente, de amigos que não a enxergam como ela se enxerga. Existem pessoas que a veem como "poderosa", uma qualidade diametralmente oposta à inferioridade, a achar-se sem valor nenhum! Gideão precisava ser resgatado daquele esconderijo, e palavras foram as ferramentas usadas para isso.

O jovem entendeu a proposta do anjo de Deus e aceitou o novo propósito que sua vida deveria ter. Gideão saiu da cova para "livrar" Israel de seus inimigos. Para isso, precisou lutar e lutou. Sua luta deu resultado, e Gideão tornou-se um juiz em Israel. Isso tudo aconteceu porque ele abandonou seu complexo de inferioridade para viver uma proposta nova de acordo com sua vocação.

É da ex-primeira-dama Eleanor Roosevelt (1884-1962) a célebre frase: "Ninguém pode fazê-lo inferior sem a sua permissão". Embora com poucas palavras, esse pensamento traz uma importante verdade: a inferioridade é consentida. Por isso, não deixe que você mesmo – nem ninguém – determine que você será sempre um coitado.

Miséria espiritual

Se o orgulho é o sentimento maligno que faz com que uma pessoa se sinta melhor que as demais, a autopiedade é o que a faz se sentir menor que qualquer um. Para si mesma, ela não é ninguém. Ela depende das migalhas alheias e acredita que não serve para nada, que nada de bom tem a oferecer ou a realizar. Ela tem uma visão deturpada de si mesma (inferior) e das outras pessoas (superior). Ela é conformista, o que a deixa sem atitude. Acredita que os outros têm sorte; ela, não! A palavra "sucesso" não faz parte do seu vocabulário, muito menos da sua vida.

Como podemos perceber, aquele que atribui a si próprio o título de coitado apresenta uma autoimagem distorcida. Ele não consegue identificar seus verdadeiros valores. Não é capaz de enxergar suas habilidades – nem quantas nem quais são – ainda que os outros as apontem. A única coisa que detecta é sua incapacidade de realização.

Essa pessoa não possui bens emocionais e espirituais capazes de a livrarem das imagens equivocadas que tem de si mesma. Vive uma desventura tão grande que a leva ao sofrimento por algo que ela, na verdade, não é: uma coitada.

Antes de pensar e de dizer que "nada dá certo", é importante refletir sobre a missão ou o propósito de vida que se tem. Ninguém veio a este mundo para ser simplesmente mais um. Não! Todos foram equipados com determinados talentos e dons, portanto não existe ninguém que seja, como se diz popularmente, um zero à esquerda.

O que podemos perceber claramente é que a autopiedade é, isso sim, ausência de atitude. Felizmente, esse mal tem cura, mas para isso é preciso mudar (essa é a palavra-chave) os padrões de pensamento e substituir o comportamento escravizante da autopiedade por outro muito diferente. A Bíblia diz: "Não se amoldem ao padrão deste mundo, mas transformem-se pela renovação da sua mente, para que sejam capazes de experimentar e comprovar a boa, agradável e perfeita vontade de Deus" (Romanos 12:2). O sentimento de conformismo, tal qual a autopiedade ou o "coitadismo", é paralisante e não permite que a pessoa viva e experimente coisas novas, coisas boas, coisas geradas por ela mesma a partir de seus talentos.

Pior que se entregar ou se dar por vencido em uma empreitada é nem ao menos tentar realizá-la. E é assim que o coitado age. Como ele irá tentar fazer algo que já se considera incapaz de fazer?

Assim como existe acúmulo de patrimônio, por meio do trabalho e da atitude, existe também o mergulho na miséria espiritual, dado por aqueles que nada fazem para que suas vidas sejam utilizadas de forma a gerar "riqueza espiritual". Jesus disse que "aquele que anda nas trevas não sabe para onde está indo" (João 12:35). A miséria espiritual é a treva que impede de caminhar em direção a um destino de realização e felicidade. As trevas também são o paradeiro daquele que não realiza, daquele que é inútil: "E lancem fora o servo inútil, nas trevas, onde haverá choro e ranger de dentes" (Mateus 25:30).

Como vimos anteriormente, essas condições não são nada boas e devem ser revertidas. Para viver coisas novas, a primeira atitude deve ser abandonar o "coitadismo". Primeiro, aja contra esse inimigo, tomando a atitude de abandoná-lo. Em seguida, comece a planejar sua vida sem ele. O que você pretende ser e fazer? Estabeleça metas para essas investidas. Olhe para dentro de si e reconheça os seus verdadeiros talentos, pois todos nós os temos. Peça ajuda àqueles com quem você convive, perguntando o que eles identificam em você como talentos e acreditando no que dizem.

Com essas informações, passe para a fase seguinte, de transformar seu planejamento em realidade. Nada terá resultado se não for executado. É preciso tirar as ideias do papel e da cabeça. Tenha em mente que sua vida precisa mudar urgentemente e que as atitudes para que isso aconteça dependem de você. Novos comportamentos precisam ser moldados com base nas informações que você recebeu. As habilidades descobertas ou redescobertas serão a força motriz para uma nova identidade, a de um vencedor.

CAPÍTULO 10

Prazer na desgraça alheia

> A raça humana, sem uma real necessidade, prejudica o próximo por pura maldade [...] Querem saber de verdade [...] acho que estão aplicando a vacina contra a raiva na raça errada!
>
> *Raquel Free*

Na Grécia clássica, Aristóteles usou em sua obra magistral *Ética a Nicômaco* o termo "*epikhairekakia*", que significa "alguém que sente prazer com o infortúnio de outro". Quando o conceito foi incorporado no linguajar europeu, apenas sua menção já causava horror. Mesmo o pessimista filósofo alemão do século XIX Arthur Schopenhauer (1788-1860) considerava esse prazer terrível demais para ser contemplado e, embora fosse ateu, dizia que tal atitude era obra do diabo. Posteriormente, teólogos protestantes e católicos também denunciaram a alegria pela desgraça alheia como um grave pecado, embora poucas pessoas estejam livres dele.

Miséria interior

"Não se alegre quando o seu inimigo cair, nem exulte o seu coração quando ele tropeçar, para que o Senhor não veja isso, e se desagrade, e desvie dele a sua ira" (Provérbios 24:17-18). Essas palavras de Salomão provam que o sábio rei compreendia que os sentimentos são tão importantes quanto as ações.

Esses versículos podem parecer repetir o que dizem os versículos 15 e 16 do mesmo capítulo ("Não fique de tocaia, como faz o ímpio, contra a casa do justo, e não destrua o seu local de repouso; pois ainda que o justo caia sete vezes, tornará a erguer-se, mas os ímpios são arrastados pela calamidade"), mas não é exatamente assim. É bem provável que aquele que fica "de tocaia" seja o mesmo que depois "se alegra" com a queda da sua vítima, mas é possível que alguém que não tenha participado da emboscada ao justo venha a se alegrar e exultar com sua queda. Nesse caso, o fato de não ter participado pessoalmente da maldade não o exime, pois ele se regozija com a desgraça alheia.

Edom foi confrontado pelo Senhor justamente por ter cometido esse pecado. No livro do profeta Obadias, Deus diz a ele:

> Você não devia ter olhado com satisfação o dia da desgraça de seu irmão; nem ter se alegrado com a destruição do povo de Judá; não devia ter falado com arrogância no dia da sua aflição. Não devia ter entrado pelas portas do meu povo no dia da sua calamidade; nem devia ter ficado alegre com o sofrimento dele no dia da sua ruína; nem ter roubado a riqueza dele no dia da sua desgraça. Não devia ter esperado nas encruzilhadas para matar os que conseguiram escapar; nem ter entregado os sobreviventes no dia da sua aflição. (Obadias 1:12-14)

As palavras de Deus contra Edom são ácidas e cortantes, demonstrando Seu desagrado e Sua ira. Se Deus resolve punir alguém por um mal e seus inimigos exultam com essa reprimenda, demonstrando maldade no coração em vez de justiça, é possível que Ele transfira sua ação disciplinar para esses inimigos, a fim de ensinar que Seu julgamento não é ocasião para que zombadores pulem de alegria, mas para que temam o braço poderoso do Senhor. Por isso, em outro lugar, somos alertados de que "quem se alegra com a desgraça não ficará sem castigo" (Provérbios 17:5). Assim, não seja uma pessoa maldosa nem celebre a queda de seus inimigos.

A Bíblia de Estudo de Genebra traz, em uma nota de rodapé, o comentário de que Edom é condenado por ter violado a lei da compaixão fraternal ao unir-se, em atitude maliciosa, aos inimigos de Deus quando estes destruíram Judá. A interação entre "seu irmão" (Obadias 1:10) e "estrangeiros" (Obadias 1:11) é poderosa, pois foi a exploração da adversidade de um irmão que demonstrou que o verdadeiro propósito de Edom era progredir neste mundo, sem levar em conta os absolutos morais e espirituais. As sementes morais do caráter de Edom foram semeadas pelo seu ancestral Esaú, que demonstrara se importar mais com os prazeres terrenos do que com o reino de Deus ao desprezar as bênçãos decorrentes de seu direito como primogênito e casar-se com mulheres hititas (Gênesis 25:29-34 e 26:34-35).

Novamente em Obadias (1:15), lemos "pois o dia do SENHOR está próximo para todas as nações. Como você fez, assim lhe será feito. A maldade que você praticou recairá sobre você", e, em Gálatas 6:7, o apóstolo faz coro com as palavras do referido profeta: "Não se deixem enganar: de Deus não se zomba. Pois o que o homem semear, isso também colherá".

Albert Einstein parecia concordar tanto com as palavras de Obadias como com a fala de Paulo, pois disse:

> A vida é como jogar uma bola na parede. Se for jogada uma bola azul, ela voltará azul. Se for jogada uma bola verde, ela voltará verde. Se a bola for jogada fraca, ela voltará fraca. Se a bola for jogada com força, ela voltará com força. Nunca jogue uma bola na vida, a não ser que você esteja pronto para recebê-la de volta. A vida não dá nem empresta; não se comove nem se apieda. Tudo quanto ela faz é retribuir e transferir aquilo que nós lhe oferecemos.

Obadias, assim como fez Paulo mais tarde, mostrou que a lei da semeadura e o princípio da retribuição são uma realidade da qual ninguém escapará. Segundo Charles L. Feinberg, a passagem compreendida em Obadias 1:10-14 pode ser chamada de um "boletim de ocorrência" dos crimes cometidos pelos edomitas contra os judeus. O acerto de contas aproxima-se, e Deus fará com os edomitas o mesmo que eles fizeram a Judá. Nessa profecia, Edom serve de exemplo para outras nações (e até para outras pessoas) que agem como ele.

Os edomitas beberam e alegraram-se com a desgraça de seus irmãos, mas chegará a hora em que eles receberão a sua paga na mesma moeda. Os descendentes de Esaú provarão do cálice da ira divina para sempre: "Assim como vocês beberam do meu castigo no meu santo monte, também todas as nações beberão sem parar. Beberão até o fim, e serão como se nunca tivessem existido" (Obadias 1:16). O mesmo alerta está em Juízes 1:6-7, em Hebreus 2:2 e no princípio da semeadura descrito em Oseias 8:7.

Tigre, javali e abutres

O mito do herói grego Hércules apresenta o javali como um monstro sem fronteiras, que não respeita limites, e alerta que cada um de nós tem essa fera dentro de si e que é preciso dominá-la, aprendendo a reconhecer nosso espaço e o espaço das outras pessoas. Esse é um teste para vencer o egoísmo e equilibrar os impulsos. O javali não marca territórios. Aonde chega, ali é seu habitat, seu campo de batalha.

Na Rússia, os caçadores mais experientes sabem que nem mesmo um urso de grande porte é páreo para um javali selvagem, cujas armas poderosas são suas garras e seus caninos. De todos os animais, o tigre é o único que divide a mesma fonte com um javali selvagem. Instintivamente, o tigre sabe que é melhor conviver com essa fera do que travar uma disputa que pode levá-lo à morte. Mesmo que vença o javali em uma luta, o poderoso tigre sabe que não vai escapar sem graves ferimentos. Por isso, ele "deduz" que a tolerância e o respeito são as melhores formas para manter uma boa convivência. Afinal, viver é conviver!

Esopo (?-564 a.C.), escritor da Grécia Antiga, conta-nos essa história na forma de uma fábula intitulada "O leão e o javali".

A narrativa se passa nas planícies africanas, onde, durante um forte verão, diversos animais andavam de um lado para o outro em busca de água para acalmar sua sede. Depois de várias horas de fastidiosa marcha, um tigre e um javali viram ao longe a mesma fonte de água.

O tigre, de imediato, disse:

— O que você está procurando, porco asqueroso?

— Eu lhe pergunto a mesma coisa, tigre fedorento.

— Vim beber na minha fonte — respondeu o tigre.

— Sua fonte? Para que seja sua fonte terá que chegar a ela primeiro — disse o javali, dando risadas.

O tigre rugiu e saiu em disparada.

Os dois animais correram velozes para a fonte, pois o que chegasse primeiro tomaria toda a água sem se importar com a sede do outro.

O porco selvagem, mais conhecido como javali, chegou antes, mas, quando abaixou a cabeça para beber, foi derrubado por um ataque do tigre.

Enfurecido, o javali enfrentou o tigre, e os dois travaram um feroz combate de arranhões, mordidas e feridas. As duas feras lutavam, e nenhuma tomava a água.

Enquanto isso, um grupo de abutres famintos observava a disputa.

— Ei, amigo, quem você acha que vai vencer o combate?

— Ainda está equilibrado, mas acho que hoje vamos comer javali... Ou um delicioso tigre...

Houve muitas risadas!

No meio da briga, as duas feras perceberam a aproximação dos abutres e notaram suas intenções. Então, sem vacilar, tomaram a melhor decisão.

Ofegante, o tigre disse ao javali:

— Escute, meu irmão...

Ainda buscando ar, o javali respondeu:

— Irmão? Como me chama de irmão?

— Sabe, parece-me que, mais que valentes, somos tolos... — disse o tigre.

O javali o questionou:

— Você diz isso por causa dos abutres?

— Afirmativo. Os abutres estão esperando para ver quem de nós cai primeiro.

— O que propõe, então, irmão tigre?

— Que você tome a água primeiro.

— Não, você tem mais sede que eu... Vai você primeiro... — disse o javali.

O tigre, então, propôs o seguinte:

— Você vai por um lado, eu, pelo outro... Afinal, há água para os dois.

E assim ambos saciaram a sede!

Com essa fábula, aprendemos que as brigas são para os tolos. É conversando que as pessoas se entendem, pois onde o respeito e a tolerância são cultivados há boas chances de uma convivência pacífica. Quando javali e tigre brigam, os abutres fazem a festa.

Os abutres são aquelas pessoas que gostam de "ver o circo pegar fogo" e tiram proveito da desgraça alheia. Essa expressão, "ver o circo pegar fogo", define com precisão aqueles que não pretendem resolver o problema nem apaziguar a situação, mas alimentar a discórdia. O mundo está cheio de gente assim. Não importa quão gente boa você seja ou quanto se esforce para agradar as pessoas, sempre haverá alguém com espírito de abutre parecendo disposto a fazer o impossível para prejudicá-lo. Quando encontramos essas pessoas temos que tomar cuidado e nos afastar o máximo possível.

Maldade latente

Não dê ao homem mau oportunidades para praticar o mal. Não patrocine festas para abutres. Pessoas bem-sucedidas são aquelas que torcem pelo sucesso, e não pelo fracasso dos outros. Aquelas que torcem pelo fracasso alheio sofrem de um "complexo de abutre", pois vivem desejando que os outros se deem mal – e, geralmente, são elas que se dão mal. Perder tempo invejando uma pessoa é uma péssima escolha e, definitivamente, um comportamento típico de pessoas que pensam de forma medíocre e, por conta disso, não têm nem terão sucesso. O tempo que se perde invejando o sucesso de outra pessoa poderia – e deveria – ser utilizado planejando o próprio sucesso.

Em *Ética a Nicômaco*, Aristóteles afirma que a felicidade é atingida quando o indivíduo se liberta dos males terrestres, isto é, das coisas más que o cercam. Dificilmente seremos felizes se estivermos cercados de coisas ou pessoas invejosas, que promovem ou causam o mal, por isso afastar-se dessas situações que nos cercam é o primeiro passo para atingir a felicidade.

Após essa primeira atitude para atingir a tão sonhada felicidade, ainda sugiro que você evite partilhar sua conquista com qualquer um, pois muitos não se regozijarão com você, mas desejarão destruí-lo. Quanto menos falar sobre seus projetos, mais chances você terá de realizá-los. Não divulgue seu relacionamento nem seus planos, a não ser que queira ver ambos arruinados.

Muito embora eu nunca tenha sido picado por cobra ou escorpião, senti diversas vezes na corrente sanguínea o veneno da maldade humana, fortalecida, na maioria das vezes, pelo terrível pecado da inveja.

Existem três tipos de inveja: depressiva, hostil e emulativa. A inveja depressiva centra-se no sofrimento causado pelo sucesso dos outros e produz desejos e ações malevolentes. Ela recebeu o nome alemão "*Schadenfreude*", pois *schaden* significa "dano, prejuízo" e *freude*, "alegria, prazer".

A inveja hostil se manifesta no ódio por alguém que ultrapassa a pessoa em suas realizações em determinada área, seja acadêmica, seja profissional, pessoal, financeira ou familiar. A tentação, nesse caso, é "puxar o tapete" do invejado.

Por fim, a inveja emulativa é aquela que provoca o desejo de alcançar o mesmo nível de excelência da pessoa invejada. Isso pode, em si, parecer uma atitude sã, mas a inveja é sempre uma derrota perante os outros. Bastará alguém se destacar em uma área, e lá estará a inveja, pronta para minimizar o feito. O invejoso não suporta o êxito do outro, e, por isso, apela para o boicote, minando-o com fofocas e pequenas atitudes estrategicamente montadas a fim de destruir o invejado.

É bastante comum verificarmos que o sucesso de uns atrai a hostilidade de outros. Nenhuma organização, empresa ou igreja está imune a funcionários ou colaboradores invejosos interessados em "apunhalar" um colega pelas costas para se dar bem. Essa expressão, aliás, é bastante usada em ambientes de trabalho, em que um funcionário "apunhala" o outro para levar alguma vantagem – muitas vezes, para tomar o seu lugar.

Em seu livro *Desvendando os segredos da convivência*, Darcisio Bosak conta-nos uma parábola interessante sobre vivermos nossa própria vida, em vez de estarmos preocupados com a vida dos outros. Nessa parábola, Bosak fala sobre um mestre idoso e coberto de honrarias que estava à beira da morte. Preocupados, seus discípulos perguntaram:

— Mestre, você está com medo de morrer?

— Estou — respondeu ele. — Estou com medo de encontrar o Criador.

— Mas, como?! — questionou um discípulo. — Você teve uma vida exemplar. Assim como Moisés, tirou-nos das trevas da ignorância!

— Você fez julgamentos justos como os de Salomão — disse outro discípulo.

Então, o mestre respondeu:

— Quando eu me encontrar com Deus, Ele não vai me perguntar se eu fui como Moisés ou se fui como Salomão. Ele vai me perguntar apenas se eu fui eu mesmo.

E você, está feliz com sua vida? Sente-se bem com aquilo que é ou acha-se tentando conformar-se a um padrão que não é para você? Estude sua própria personalidade e desenvolva sua individualidade. Todos nós temos talentos e dons que nos tornam únicos, mas precisamos desenvolvê-los. Ninguém pode fazer isso por você. Em geral, o maior erro que as pessoas cometem quando se candidatam a um emprego é não serem elas mesmas. Em um mundo com mais de 7 bilhões de seres humanos, não há ninguém que seja exatamente como VOCÊ, por isso seja você mesmo!

Vileza interna

Inveja, que vem da palavra latina "*invidere*", quer dizer "não ver", talvez por conta da sensação de cegueira que esse sentimento causa. Trata-se, porém, de uma cegueira voluntária, resultado da incapacidade do invejoso de alegrar-se com as vitórias dos outros. Com dois olhos saudáveis no rosto, não há razão para não enxergar as benesses na vida alheia, mas os olhos dos invejosos acostumaram-se tanto com a escuridão que na claridade enxergam mal.

A inveja dá movimentos exagerados aos olhos, pois alimenta um olhar maldoso. A baixa autoestima gera, no invejoso, o sentimento de insuficiência. A partir daí, o sujeito vai tentar destruir o objeto invejado pela desvalorização ou por outros meios danosos. Ele insistirá em desbotar a alegria do seu semelhante, muitas vezes movido pela inveja.

Dominado por tal inveja, o rei Saul irou-se visceralmente após ouvir a multidão aclamar que "Saul matou milhares, e Davi, dezenas de milhares" (1 Samuel 18:7). Seu descontentamento com o sucesso alheio foi tão grande que ele passou a desejar a morte do jovem rival, Davi: "Saul ficou muito irritado com esse refrão e, aborrecido, disse: 'Atribuíram a Davi dezenas de milhares, mas a mim apenas milhares. O que mais lhe falta senão o reino?'" (1 Samuel 18:8). A resposta de Deus foi permitir que um demônio atormentasse o rei, evidentemente com o propósito de levá-lo ao arrependimento.

Saul, porém, em vez de se arrepender, suicidou-se. Antes disso, quando se comparou a Davi, sujeitou-se a espíritos malignos e tentou assassinar o jovem. Satanás se comparou com Deus, mas não chegou nem perto, por isso exaltou-se e transformou-se na personificação do mal, atacando implacavelmente a humanidade.

Antes de tudo, precisamos entender que a inveja é uma rebelião contra a direção providencial de Deus. Uma pessoa invejosa está dizendo que Deus não tem o direito de abençoar ninguém mais do que ela. Tudo o que temos, seja pouco, seja muito, é dom de Deus, e cabe ao Senhor distribuir seus dons como bem lhe aprouver. A inveja ignora isso porque se baseia na suposição de que nossas habilidades e nossos dons são algo que fizemos por merecer.

O sucesso do outro não pode ser uma ameaça para nós. Para vencermos as comparações irracionais que produzem a inveja, devemos chamá-las pelo seu verdadeiro nome: *pecado*. Embora não fiquemos totalmente livres da inveja, podemos evitar o tipo doentio de comparação que nos deixa deprimidos. Um fato preocupante é que a inveja dá legalidade para as ações de Satanás. Uma vez que tal sentimento malévolo se aloja no coração humano, resiste a toda tentativa de desapropriação.

Coração perverso

Os seres humanos são capazes de se destacar no campo das artes, da ciência e da solidariedade compassiva, mas também possuem no coração as sementes da ganância, do ódio, da egolatria e da destruição. Um dos objetivos da salvação é reverter esse quadro em que nos encontramos, recuperar a beleza original e voltar a Deus. Blaise Pascal (1623-1662), filósofo e físico francês, apontou esse conflito humano em seus escritos quando disse que "a religião verdadeira deveria mostrar ao homem que, além de possuir os princípios fundamentais de sua dignidade, também possui, profundamente entranhado em seu coração, aquilo que pode causar sua desgraça".

Que tipo de SENTIMENTO que pode causar a nossa desgraça temos abrigado em nossos corações?

O mundo que nos cerca é um reflexo daquilo que nós somos, é como um espelho que reflete nossa imagem. Existe gente que tenta polir o espelho para tentar melhorar essa imagem, mas isso não resolve. Somos o que temos dentro de nós.

Para o historiador francês Georges Duby (1919-1996), isso que temos dentro de nós pouco mudou desde a Idade Média. Quando perguntado sobre a evolução do ser humano desde então, esse especialista em história medieval respondeu: "Houve modificações materiais, mas as condições morais não mudaram. Os indivíduos continuam selvagens e cruéis".

Ao dar liberdade aos seus próprios desejos selvagens e cruéis, o ser humano se perverte e, ao mesmo tempo, perverte a sociedade na qual vive. A sociedade por ele pervertida contribui, por sua vez, para aumentar ainda mais a perversão do homem e do seu ambiente, formando um círculo vicioso de proporções assustadoras. É desse mal que estamos sofrendo. E é contra ele que precisamos fazer uma revolução, pois ainda fazemos a vontade da carne e não dominamos a nós mesmos.

O teólogo suíço Karl Barth (1886-1968) estava certo ao observar que somos todos mentirosos incorrigíveis. Vivendo sob o domínio do pecado, mentimos tanto a Deus como a nós mesmos. Lutamos contra qualquer foco de luz que revele os cantinhos secretos da alma. Se fôssemos feitos de vidro, de modo que tudo o que tivéssemos por dentro ficasse à vista, todos nós desejaríamos viver sozinhos em ilhas desertas. Viciados de todos os tipos são mestres da negação, e não há como ajudá-los a menos que a bolha ilusória em que vivem estoure. Paulo também concordava com nossa capacidade de autoengano. Ele disse: "Se alguém se considera alguma coisa, não sendo nada, engana-se a si mesmo" (Gálatas 6:3).

Indistintamente, todos os seres humanos experimentam, em maior ou menor escala, o prazer com o infortúnio de outros e a inveja. Esse é um fato que não podemos negar nem esconder de nós mesmos.

Os psicólogos falam em dois tipos de negação, a consciente e a inconsciente. No primeiro tipo, o indivíduo sabe que está sendo falso. A maioria dos criminosos, por exemplo, tem plena consciência de que são impostores e, por isso, encobre minuciosamente seu comportamento. Apesar disso, esses criminosos não conseguem admitir que o que fazem é errado. Para eles, o verdadeiro problema é que ninguém os compreende. A negação consciente existe quando sabemos muito bem que há uma diferença entre nossa imagem pública e nosso estilo de vida privado. O homem que esconde meticulosamente sua pornografia está bastante consciente da discrepância entre quem ele é de fato e quem ele quer parecer ser.

No segundo tipo, a negação inconsciente, somos de fato enganados por nós mesmos, passando a acreditar em nossas próprias mentiras, pois a verdade foi "empurrada" para o nosso subconsciente. Uma pessoa pode já ter mentido tantas vezes para esconder seus crimes e pecados que passa a acreditar que não os cometeu. É óbvio, no entanto, que a negação não atinge apenas criminosos. Ela está no coração de todos os seres humanos!

Assumindo, então, que todos nós experimentamos alegria com o sofrimento alheio e inveja e evitando buscar abrigo na negação desse fato, podemos perceber que a honestidade e a humildade são indispensáveis para uma transformação pessoal. Ninguém pode fechar a porta da própria interioridade sem olhar para ela e "fazer as pazes" com tudo o que está lá dentro. Encarar aquilo que realmente somos por dentro não é fácil. Algumas pessoas parecem incapazes de assumir suas motivações e seus anseios verdadeiros. Há indivíduos que fogem da realidade, temendo que sua verdadeira imagem seja exposta. Entretanto, só poderemos receber o auxílio de que necessitamos se estivermos dispostos a encarar a verdade a nosso respeito, pois a honestidade é o caminho que nos leva ao perdão, à segurança pessoal e ao senso de valor.

A humildade é outro importante instrumento nesse processo de transformação pessoal, colocando-nos à disposição para fazer o que Deus quiser que façamos – até compartilhar, se for possível, o passado com alguns de nossos (verdadeiros) amigos, que poderão orar por nós em nossa necessidade. Há ocasiões em que, sozinhos, não conseguimos deixar nosso pecado; por vezes, precisamos do auxílio dos outros. Todos nós precisamos de, pelo menos, um amigo que nos ame mesmo que confessemos a ele algo realmente animalesco. Com Deus, podemos andar pelos porões secretos de nossa vida, abrindo-os um por um. Até aqueles que temos medo de abrir, aqueles cubículos que fechamos cuidadosamente com tábuas, não são demais para nós nem para Deus. Temos medo de abrir essas portas sozinhos, mas, com a graciosa ajuda de Deus, sairemos vencedores.

A honestidade e a humildade são caminhos que, se percorridos todos os dias, evitarão que nos tornemos novos fariseus, ou seja, *santos* para o público e *pecadores* na intimidade.

O poder da cruz

A graça de Deus faz com que nos sintamos à vontade para ser francos e nos dá liberdade para olharmos nosso interior e reconhecer nossa feiura espiritual. Desse modo, quando erramos, tanto em situações corriqueiras quanto no cometimento de grandes delitos, podemos receber os recursos que Cristo nos oferece por meio da sua graça salvadora e transformadora (2 Coríntios 3:18 e 5:17).

Dietrich Bonhoeffer (1906-1945), teólogo polonês e pastor luterano, ressaltou que a razão de podermos ser verdadeiramente sinceros é seguirmos a Jesus Cristo. Isso porque, na cruz, ele nos revelou nosso próprio pecado. Segundo Bonhoeffer, "a cruz é a verdade de Deus que nos desnuda e, portanto, só ela tem o poder de nos levar a sermos sinceros. Quando entendemos a cruz, deixamos de ter medo da verdade".

Frederico Guilherme IV (1795-1861), rei da Prússia, visitou certa vez uma escola e fez algumas perguntas às crianças. Apontando para a pedra em seu anel, para uma flor que estava em sua lapela e para um pássaro que voara próximo à janela, perguntou a que reino da natureza cada um desses elementos pertencia. Os alunos responderam corretamente: mineral, vegetal e animal. Depois, então, ele perguntou: "E a que reino eu pertenço?".

Essa é uma indagação suprema, que cada homem tem diante de si. Para alguns, a resposta é o reino animal, pois vivem como animais, no nível da carne, e são governados pela inveja. Outras pessoas, porém, elevam-se a um plano superior, revelando-se à imagem e semelhança do Criador. Elas têm certo senso de certo e errado, conhecem o sentimento do dever e da decência e possuem alguns ideais e bons propósitos. Contudo, existem outros que se colocam num reino ainda mais elevado, não conseguindo pensar em Cristo como sendo apenas humano. Embora Ele tenha tomado a forma de homem, a palavra "humano" é pobre para descrevê-lo. Cristo era divino. Pertencia a um reino superior aos reinos deste mundo. E a Bíblia nos diz que nós podemos entrar, juntamente com Ele, em sua glória. Podemos pertencer ao Reino de Deus. Essa verdade nos arrebata e confere à nossa vida um sentido indescritível.

Quem examinar a si mesmo com sinceridade, sem ludíbrio nem racionalizações, descobrirá a que reino pertence. Em Cristo, somos convidados a participar do Reino de Deus. No momento em que nos agarramos a Jesus Cristo, pela fé, podemos modificar nossos neuróticos padrões de vida, alcançando mudanças profundas e significativas. Surpreendentemente, milhões de pessoas nascem, crescem, vivem e morrem sem jamais saber a que reino pertencem.

CAPÍTULO 11

Medo do desconhecido

Nossas dúvidas são traidoras e nos fazem perder o que, com frequência, poderíamos ganhar, por simples medo de arriscar.

William Shakespeare

O medo do desconhecido, assim como da decepção e do recomeçar, impede-nos de dar passos maiores, comprometendo nosso futuro, nosso sucesso e nossa felicidade. O medo é impiedoso. É um sentimento aterrador, responsável, em grande parte, pela ausência de realização e de êxito na vida das pessoas, simplesmente porque lhes faltaram coragem e determinação para enfrentar os riscos, que sempre existirão, assim como a possibilidade de sucesso.

Frequentemente ouvimos uma frase que já se tornou até máxima popular: "O que o impede de pedir o que você quer? O 'não' você já tem". Quando alguém diz isso o faz por um ponto de vista matemático e coerente. Existe 50% de chance de algo dar certo ou errado, mas o que sempre nos vem à mente é o medo: o medo do não, o medo da resposta negativa (quando queremos ou precisamos de uma resposta positiva, o medo de não obtermos aquilo que pretendemos. Tudo isso, na verdade, é o medo do desconhecido.

Poderíamos questionar *o que* é esse desconhecido, mas prefiro perguntar *quem* é esse desconhecido. Pode ser você mesmo. O medo pode fazê-lo temer suas próprias reações diante de situações para as quais você não se preparou ou que não deseja viver ou mesmo enfrentar. O autoconhecimento é o que precisamos buscar para que tenhamos mais segurança com relação à vida, pois não podemos ser desconhecidos para nós mesmos.

Quando falo em autoconhecimento não me refiro a nada místico, como muitos o entendem, nem filosófico, mas sobre o conhecimento de si mesmo na mais pura acepção da palavra: conhecer suas crenças, seus medos, suas reações, seus valores, seus anseios. Esse é um exercício que pode – e deve – ser feito diariamente. O autoconhecimento gera autoconfiança, o que ajuda a dirimir os medos que são gerados na nossa mente insegura e no nosso coração duvidoso.

Cometemos muitos equívocos sobre nós mesmos. O apóstolo Paulo se autodenominava (e de fato ele o era) "hebreu de hebreus" (Filipenses 3:5), "zeloso" quanto às suas convicções religiosas e até mesmo irrepreensível (Filipenses 3:6), além de cidadão especial por ser também romano (Atos 22:25). Porém, nada disso o transformara numa pessoa melhor. Ele precisou da intervenção divina para que sua verdadeira identidade se manifestasse (Atos 9). O conhecimento que Paulo tinha de si mesmo foi transformado para que ele tivesse uma vida dentro dos padrões de Deus e sob Seus propósitos.

A história de Paulo nos revela que o autoconhecimento ideal só é alcançado quando se adquire o conhecimento de Cristo, quando Nele se espelha e a Ele imita. Paulo nos conta isso na sua Epístola aos Filipenses: "Mais do que isso, considero tudo como perda, comparado com a suprema grandeza do conhecimento de Cristo Jesus, meu Senhor, por cuja causa perdi todas as coisas. Eu as considero como esterco para poder ganhar a Cristo e ser encontrado Nele, não tendo a minha própria justiça que procede da lei, mas a que vem mediante a fé em Cristo, a justiça que procede de Deus e se baseia na fé" (Filipenses 3:8-9).[9]

9. Sugiro a leitura de todo o capítulo 3, que não foi reproduzido aqui por sua extensão.

Quais medos precisamos vencer?

Seria impossível vencermos todos os tipos de medo, até porque alguns são essenciais à nossa sobrevivência. Certos temores nos impedem de atentar contra a nossa própria vida, como, por exemplo, o medo de altura. Imagine subir em um lugar muito alto de forma destemida, sem nenhuma proteção. Qualquer pessoa poderia despencar lá de cima e morrer. Então, é preciso, sim, que haja o medo que promove precauções e proteções. Mas existem alguns medos dos quais muitas vezes nem temos consciência, que nos atrapalham. Eles estão dentro de nós e nos impedem de avançar e de ter uma vida bem-sucedida. Vamos falar de alguns desses medos aqui.

O primeiro é o medo de ser feliz. Talvez esse seja o número um entre os temores inconscientes, afinal, todos querem ser felizes! Mas o medo de ser feliz costuma fazer parte da nossa vida, principalmente quando passamos por muitos traumas e malogros. A felicidade é boa e é algo que podemos experimentar todos os dias, ou melhor, em inúmeros momentos de cada dia, mas, para isso, precisamos redefinir o que é felicidade e o que é ser feliz.

Para muitos, felicidade é ter dinheiro, mas, se isso fosse verdade, não haveria ricos infelizes. Para outros, a felicidade é ter um bom emprego, mas, se essa fosse a resposta correta, não haveria executivos de empresas multinacionais vivendo à base de remédios. Outros ainda acreditam que fama é sinônimo de felicidade, mas o que dizer de tantos famosos (que também são ricos e têm um bom emprego) que, não raro, tiram a própria vida? Não! Felicidade não são essas coisas, embora elas sejam meios importantes para a nossa satisfação. Por elas, trabalhamos, estudamos e nos empenhamos, mas, por si sós, elas não representam a felicidade. Nem devem!

Mas, então, o que é a felicidade? Encontramos essa resposta nas palavras de Jesus Cristo para a multidão no célebre Sermão do Monte ou da Montanha:

> Vendo as multidões, Jesus subiu ao monte e se assentou. Seus discípulos aproximaram-se dele, e ele começou a ensiná-los, dizendo:

> "Bem-aventurados os pobres em espírito, pois deles é o Reino dos Céus. Bem-aventurados os que choram, pois serão consolados. Bem-aventurados os humildes, pois eles receberão a terra por herança. Bem-aventurados os que têm fome e sede de justiça, pois serão satisfeitos. Bem-aventurados os misericordiosos, pois obterão misericórdia. Bem-aventurados os puros de coração, pois verão a Deus. Bem-aventurados os pacificadores, pois serão chamados filhos de Deus. Bem-aventurados os perseguidos por causa da justiça, pois deles é o Reino dos Céus. Bem-aventurados serão vocês quando por minha causa os insultarem, perseguirem e levantarem todo tipo de calúnia contra vocês. Alegrem-se e regozijem-se, porque grande é a recompensa de vocês nos céus, pois da mesma forma perseguiram os profetas que viveram antes de vocês". (Mateus 5:1-12)

Jesus elencou nove tipos de felicidade (bem-aventuranças), que provavelmente não consideraríamos assim, dadas suas qualidades pouco atraentes, especialmente no mundo em que vivemos. Ela fala, nesse texto, de uma felicidade que muitos de nós não conhecemos porque estamos presos a valores materiais e imediatistas, talvez caros e inatingíveis. Mas, segundo Jesus, ser bem-aventurado, isto é, ser feliz, não requer aquisições de bens, não está diretamente ligado a ser reconhecido, famoso ou célebre e não significa ter.

Aliás, Jesus afirma que aqueles que passam por privações e sofrem angústias *são* (no presente, ou seja, enquanto as experimentam) felizes porque receberão algo em virtude desse sofrimento ou ausência. Aqueles que choram (ausência de sorrisos ou de alegria), por exemplo, serão recompensados pelo consolo. Um consolo só pode vir de alguém, então, mesmo chorando, a pessoa não está sozinha. Existe uma companhia com a qual ela pode contar para atravessar seu tempo de tristeza. Isso é motivo de felicidade, pois significa que existe um amigo pronto para estender a mão, para emprestar o ombro, para enxugar as lágrimas, e isso é motivo de bem-aventurança. Sobre o tema, o rei Salomão também refletiu, valorizando a presença dessa companhia: "O amigo ama em todos os momentos; é um irmão na adversidade" (Provérbios 17:17).

Jesus fala de valores que nós, muitas vezes, não consideramos importantes ou que, nos dias atuais, infelizmente, estão fora de moda, como a misericórdia, a mansidão e o pacifismo. Todos eles estão atrelados à felicidade. Então, deveríamos cultivá-los mais, reconhecê-los e desejá-los em nossa vida. Um dos salmos mais conhecidos diz: "Sei que a bondade e a fidelidade me acompanharão todos os dias da minha vida, e voltarei à casa do Senhor enquanto eu viver" (Salmos 23:6). Isso significa que a bondade e a misericórdia podem nos acompanhar todos os dias, em tempos de alegria ou em tempos de tristeza.

A felicidade não é complexa como muitos imaginam e até aprendem. Para ser felizes não precisamos de muitas coisas como somos levados a crer pelo sistema capitalista em que vivemos. A felicidade está nas coisas simples e pode existir mesmo nas horas mais difíceis!

Podemos fazer alguns exercícios para despertar a nossa atenção sobre o que é ser feliz. Você vai ver que está cercado de motivos para ser feliz. Felicidade é poder abrir os olhos a cada amanhecer, respirar o ar da manhã, encher bem os pulmões e levantar-se para um novo dia, no qual existirão vários outros momentos felizes. Simples? Sim! Mas esse é um grande privilégio e um motivo de felicidade. Quer ver outros motivos? Conversar com um idoso e aprender lições de vida que demoraríamos a descobrir (ou talvez nem conseguíssemos fazê-lo), mas que temos tão perto, acessíveis por uma simples conversa. Contemplar o olhar de uma criança e perceber seu crescimento e desenvolvimento. Chegar à nossa casa. Andar descalço na terra. Contemplar a natureza. Apertar a mão de um amigo. Beijar os filhos, os pais, os irmãos. Ah, há tantos momentos de felicidade que não caberão aqui.

Comece a pensar na felicidade como algo que está ao seu alcance, que pode ser experimentado por você todos os dias. Livre-se de todo o temor e tenha uma vida repleta de alegria.

O medo de assumir riscos é outro temor bastante comum, que mantém as pessoas em suas zonas de conforto ou na mediocridade. A zona de conforto é aquele espaço em que a pessoa se sente em segurança. É onde ela permanece porque as coisas estão bem, estão dando certo, ou porque não tem coragem de sair e viver algo diferente, mesmo quando as coisas estão dando errado. Embora a pessoa não perceba, a zona de conforto é perigosa e a deixa estagnada, apática, medrosa. A máxima "em time que está ganhando não se mexe" pode ser considerada uma boa ideia até que o outro time, inconformado de estar perdendo, decida correr riscos para mudar o placar. Dependendo de sua vontade e preparação, ele pode, sim, mudar o jogo e deixar o adversário, que até então estava ganhando, no prejuízo. É assim que acontecem as vitórias de virada! E estas, dizem, são sempre melhores, mais valorizadas.

A zona de conforto é atraente e, como o nome já diz, confortável. Ela se apresenta como quem diz "olha, você já alcançou tudo, agora é melhor parar" ou "está bom do jeito que está". Não estou defendendo a insatisfação, aquele sentimento que obriga as pessoas a quererem mais e faz com que nada seja capaz de deixá-las felizes. Não é isso. Porém, todos sempre podem crescer e têm muito a contribuir com sua família, igreja, empresa etc. Todos podem ter sucesso em suas vidas, mas muitos decidem parar em uma época altamente produtiva, atraídos pela zona de conforto. Isso é muito ruim.

Não é fácil abandonar esse lugar. Quanto mais tempo passa, mais confortável ele se torna. Em seu livro *Você pode realizar seu sonho*, John Maxwell escreveu:

> A maioria de nós não gosta de sair da zona de conforto. Resistimos. Gostamos de nos sentir seguros. Não queremos parecer tontos ou fracassar. E, com o tempo, tendemos naturalmente a ficar cada vez mais complacentes. Isso é um problema porque a complacência mata a paixão. Ela nos reduz a ficarmos na média; corta nossas asas e nos impede de planar, não importa quanto o desejemos. Torna nossos sonhos inalcançáveis.

"Ficar na média", como mencionado na citação, é o mesmo que viver na mediocridade. Esse é um terrível inimigo, que mantém entrincheirados todos aqueles que avançaram um pouco, mas que temem seguir adiante no crescimento e no progresso de suas vidas. Não é à toa que a palavra "medíocre" tornou-se um xingamento. Podemos identificar pessoas medíocres quando dizem que há gente muito pior que elas. De fato, sempre haverá gente pior que nós, mas também melhor. A comparação não deve ser com os outros, mas com nós mesmos, com o que somos capazes de realizar e não estamos realizando a contento. É comum atingirmos determinado nível e aceitarmos permanecer nele, de forma medíocre, comum, plácida, porque ele nos basta.

Mas a mediocridade nos impede de avançarmos em direção ao sucesso. Não estou falando de ser uma celebridade (o que pode até acontecer, mas não é nosso foco aqui), mas de obter sucesso nas atividades que fazem parte da sua vida, sejam elas quais forem, das mais comuns às mais complexas.

O medíocre não é bem-sucedido. Não tem como ser. Ter sucesso significa se destacar em sua área de atuação, seja ela qual for. Em um time de futebol, por exemplo, há diversos profissionais, mas a maioria do elenco faz o que é comum à grande parte dos atletas, mesmo usando seus talentos, esforços e muito treino. Porém, em todos os times existe aquele que se destaca, que brilha. É o craque, aquele que rompeu o limite da mediocridade para se tornar o melhor!

Pare e pense em sua trajetória. Será que você não está sendo prejudicado pela mediocridade? Será que seu potencial não está represado por uma circunstância cujo principal objetivo é impedi-lo de ser feliz, de avançar, de ter sucesso? Nós sempre podemos realizar mais e melhor. Isso se chama excelência, tema que exploramos no primeiro capítulo deste livro. Não aceite menos quando você pode realizar mais, muito mais! Deixe a mediocridade no fim da fila.

O medo é um ladrão

O medo rouba sonhos e realizações. Apresenta-se, na maior parte das vezes, de forma silenciosa e imperceptível, mas em pouco tempo está gritando: "Cheguei para fazer você parar com essa história de acreditar em sonhos, de querer conquistar coisas novas, de querer realizar!". O medo manipula e assume a dianteira na vida de muita gente que não tem forças para expulsá-lo de seu caminho.

Mas o que fazer para superar esse temor? A principal atitude é ter atitude! Parece estranho, mas, como o medo paralisa, o antídoto para ele é agir! Encare os temores e mostre a eles, por meio de atitudes, que você não vai parar por nada. Mostre, por meio de ações, que você vai trilhar o caminho que levará ao sucesso, ainda que apareçam – e, certamente, aparecerão – obstáculos.

Algumas pessoas têm o desejo de pular de paraquedas. Elas não têm medo de altura, não têm medo de que alguma parte do equipamento não funcione, não têm medo de morrer. Mas muitas delas não realizam esse sonho, que poucas têm coragem de viver, simplesmente porque têm medo de serem criticadas, medo do que os outros vão pensar ou medo de ter de riscar de sua lista de sonhos um item que conseguiram, enfim, realizar. A pessoa está sendo roubada de viver seu sonho, pelas outras pessoas e por ela mesma, que não toma as atitudes necessárias para concretizá-lo. Ela está mentalmente presa e, por isso, não consegue viver seu sonho de liberdade, de voar, de, literalmente, sentir-se acima de todos. Porém, se ela tomar uma atitude condizente com seu sonho e partir para a ação, encontrará forças e motivação para suas realizações.

Quando começar a agir assim, você verá que se tornará mais forte e corajoso e que cada obstáculo superado será motivo de maior valorização de suas conquistas, de suas satisfações. Tenha certeza disso! Charles H. Spurgeon disse que "muitos homens devem a grandeza da sua vida aos obstáculos que tiveram de vencer". Então, só não chega ao destino planejado quem decide não seguir em frente. Essa é, aliás, uma péssima decisão. Isso mesmo: não querer continuar – ou desistir, para usar um termo mais apropriado – é uma decisão influenciada pelo medo. Por isso, tire-o quanto antes de sua vida.

Aos poucos, o medo se transforma em um ladrão, e não se pode confiar em um ladrão. Quem confiará naquele que está perto o suficiente para levar tudo o que temos de importante e valioso? O medo tem objetivos bem delineados, que são, com a sua ajuda, transformar seus potenciais e suas habilidades em coisa nenhuma! Quantas pessoas têm talento, fazem coisas únicas, são habilidosas em alguma atividade, mas não saem do lugar? Seus talentos, na verdade, estão enterrados pelo medo.

Veja esta parábola ensinada por Jesus em Mateus 25:15-29:

> A um deu cinco talentos, a outro dois, e a outro um; a cada um de acordo com a sua capacidade. Em seguida partiu de viagem. O que havia recebido cinco talentos saiu imediatamente, aplicou-os, e ganhou mais cinco. Também o que tinha dois talentos ganhou mais dois. Mas o que tinha recebido um talento saiu, cavou um buraco no chão e escondeu o dinheiro do seu senhor.
>
> Depois de muito tempo o senhor daqueles servos voltou e acertou contas com eles. O que tinha recebido cinco talentos trouxe os outros cinco e disse: "O senhor me confiou cinco talentos; veja, eu ganhei mais cinco". O senhor respondeu: "Muito bem, servo bom e fiel! Você foi fiel no pouco; eu o porei sobre o muito. Venha e participe da alegria do seu senhor!".
>
> Veio também o que tinha recebido dois talentos e disse: "O senhor me confiou dois talentos; veja, eu ganhei mais dois". O senhor respondeu: "Muito bem, servo bom e fiel! Você foi fiel no pouco; eu o porei sobre o muito. Venha e participe da alegria do seu senhor!".
>
> Por fim veio o que tinha recebido um talento e disse: "Eu sabia que o senhor é um homem severo, que colhe onde não plantou e junta onde não semeou. Por isso, tive medo, saí e escondi o seu talento no chão. Veja, aqui está o que lhe pertence".
>
> O senhor respondeu: "Servo mau e negligente! Você sabia que eu colho onde não plantei e junto onde não semeei? Então você devia ter confiado o meu dinheiro aos banqueiros, para que, quando eu voltasse, o recebesse de volta com juros. Tirem o talento dele e entreguem-no ao que tem dez. Pois a quem tem mais será dado, e terá em grande quantidade. Mas a quem não tem até o que tem lhe será tirado."

Essa passagem deixa claro que nem mesmo Deus se agrada com atitudes equivocadas – ou covardes – daqueles a quem Ele deu talentos. É Deus quem dá talentos ao ser humano, que pode usá-los da forma como quiser, inclusive deixar de usá-los. Porém, um dia, esses talentos certamente serão requisitados por Deus. Não importa quantos talentos você recebeu. O que importa é o que fará com eles. Trabalhará para que sejam multiplicados ou os enterrará com medo de perdê-los? Não se esqueça de que o medo é um ladrão!

Inimigo íntimo

Em seu livro *Treinando a emoção para ser feliz*, o psiquiatra Augusto Cury escreve:

> Um dos grandes inimigos produzidos no âmago da alma humana e que causa uma tormenta nas águas da emoção é o medo. Há medo de todos os tipos: medo do amanhã, medo de perder o emprego, medo de falar em público, medo de pessoas, medo do que os outros pensam e falam de si, medo de doenças, medo do fracasso, medo de expressar os pensamentos, medo de ficar sozinho, medo de estar em público, medo do futuro dos filhos, medo do medo, medo da morte.

O que está por trás do medo? Com certeza, uma incapacidade, não de vencê-lo, mas de detectá-lo pelo que realmente é: um inimigo íntimo que vive no seu interior. Pior que um inimigo que alardeia suas ações é aquele que se mantém quieto e próximo sem ser descoberto. Esse inimigo é sutil, sorrateiro, manipulador e traiçoeiro.

O dr. Augusto Cury disse também que "seus maiores inimigos estão dentro de você. Não se deixe derrotar ou se perturbar por pensamentos que lhe roubam a tranquilidade e o prazer de viver". É exatamente assim. Esses inimigos estão prontos para roubar o que nos é mais precioso: o prazer de viver. E esse prazer pode estar nas pequenas coisas, nas pequenas realizações, nas pequenas conquistas. Há pessoas que querem ir à Lua; outras querem conhecer o mar. Não importa. Importante mesmo é não deixar esses sonhos sucumbirem nas mãos de um inimigo que nem tem tanto poder assim como se imagina.

Mas qual atitude tomar? Uma boa ideia é começar a buscar dentro de si estes dois personagens: o medo e o prazer de viver. Você irá encontrá-los. Quem será mais forte? A quem você entregará seu destino e sua vida? Nesse momento, lembre-se deste provérbio africano: "Quando não há inimigos interiores, os inimigos exteriores nada podem contra você".

Chaves contra o medo

De onde pode vir a força que nos fará deixar de temer? A oração pode ser uma fonte. O filósofo e teólogo dinamarquês Søren Kierkegaard declarou que "a função da oração não é influenciar Deus, mas especialmente mudar a natureza daquele que ora", ou seja, a oração age em quem ora. Ela age em você! Como uma espécie de remédio, ela fornece a cura ao tratar as doenças da alma, os males do nosso interior. A oração é um santo remédio! Boas doses dela revigoram o suplicante. Ela nos faz pessoas melhores e mais fortes.

O medo precisa ser enfrentado. Caso contrário, será um algoz para o resto da vida. Em seu livro *100 maneiras de motivar a si mesmo*, o consultor em liderança Steve Chandler (1944) escreve o seguinte:

> O segredo mais bem-guardado do mundo é que, do outro lado do medo, há algo seguro e benéfico à sua espera. Se você atravessar nem que seja uma fina cortina de temores, vai confiar mais na sua habilidade de transformar a própria vida. [...] E se continuarmos tentando evitar o que nos assusta, ele vai nos perseguir como um cão que não desiste nunca. O pior que podemos fazer é fechar os olhos e fingir que não existe.

Quando o medo está presente em nossa vida, perdemos oportunidades, a cada dia que passa, de nos tornarmos bem-sucedidos. As horas passam, os dias correm e logo mais um ciclo se encerra. E o que nos restará? Olhar para trás e constatar que não conseguimos. Que o medo de arriscar nos impediu mais uma vez. Não temos como reviver as cenas da nossa vida nem as ensaiar. Por isso, devemos preferir o risco da decepção a ficar pensando se dará certo ou não. Quem não arrisca nada arrisca tudo!

Arriscar é um desafio, é uma virtude, é abrir mão da segurança da zona de conforto pela busca de algo desconhecido e incerto, é "deixar o certo pelo duvidoso". Ninguém quer fazer isso. Mas isso é arriscar-se! É uma prova de fé. Abrão foi desafiado por Deus a arriscar-se: "Então o Senhor disse a Abrão: 'Saia da sua terra, do meio dos seus parentes e da casa de seu pai, e vá para a terra que eu lhe mostrarei'" (Gênesis 12:1). Será que ele sentiu medo de sair do seu lugar seguro, do seio da sua família, do conforto que tinha, e ir em direção ao absolutamente desconhecido? Certamente que sim. Contudo, a fé e a confiança que tinha em Deus o fizeram seguir seu caminho pelo deserto para tornar-se um homem bem-sucedido, pai de nações. O medo do desconhecido impede muita gente de tornar-se pessoas bem-sucedidas, diferenciadas, e lança-as na vala comum da mediocridade.

Somos seres constituídos pela mudança e precisamos aceitar a correnteza da vida e nadar a seu favor, pois é o desconhecido que nos faz seguir adiante. Precisamos libertar-nos das amarras da falsa proteção do passado, pois não há segurança em não seguir o caminho natural da vida. É preciso entregar-se ao presente, sem medo e sem necessidade de pleno controle. Embora pareça contraditório, só assim podemos tomar, de fato, a vida nas mãos.

Outra fonte que pode ser utilizada contra o medo é a fé, capaz de mover montanhas. Talvez o medo seja uma grande montanha em sua vida.

Quando temos muita fé, o medo praticamente não encontra lugar para ficar, mas, quando temos medo, a fé se torna débil e não consegue sobrepujar esse inimigo. O escritor norte-americano Max Lucado (1955) ilustrou muito bem essa oposição entre fé e medo ao dizer: "Alimente seus medos e sua fé morrerá de fome; alimente sua fé e seus medos morrerão de fome". A quem você dará ouvidos? À fé ou ao medo? Ambos são invisíveis, porém, reais e poderosos.

O autor do livro de Hebreus disse que "fé é certeza" (Hebreus 11:1), assim como Davi disse: "Mesmo quando eu andar por um vale de trevas e morte, não temerei perigo algum pois tu estás comigo" (Salmos 23:4). Como é possível que Davi não tenha temido o lugar mais sombrio de sua vida? Somente pela fé.

Agora, precisamos entender algo muito importante, que é o fato de que nosso coração se engana com facilidade. Podemos atestar cada vez mais essa verdade dita pelo profeta Jeremias – "O coração é mais enganoso que qualquer outra coisa e sua doença é incurável. Quem é capaz de compreendê-lo?" (Jeremias 17:9) –, especialmente em uma época em que as informações vêm e vão com espantosa velocidade e em que as crenças em qualquer coisa crescem e trazem confusão às mentes e aos corações crédulos, a fim de enganá-los e fazê-los perder a fé, que é o que de mais precioso existe. Se não houver proteção, o engano entrará e destruirá o coração, trazendo corrupção e desviando-o do bem.

Outra atenção que precisamos ter é com relação à religiosidade. Nem todos que praticam alguma religião têm fé, ao passo que existem aqueles que não estão envolvidos em atividades religiosas e a têm. É claro que pessoas que praticam alguma religião acabam tendo mais facilidade em desenvolver a fé, como lemos em Romanos 10:17: "Consequentemente, a fé vem por ouvir a mensagem, e a mensagem é ouvida mediante a palavra de Cristo". Nessa defesa da fé, enalteço o cristianismo, por ser a crença que conheço e defendo. Sobre o desenvolvimento dessa fé, veja o que disse um dos apóstolos de Jesus: "Aumente a nossa fé!". Ao que Jesus respondeu: "Se vocês tiverem fé do tamanho de uma semente de mostarda, poderão dizer a esta amoreira: 'Arranque-se e plante-se no mar', e ela lhes obedecerá" (Lucas 17:5-6).

A verdade é que a fé é um estilo de vida. Fé não é um sentimento, não é um estado, não é uma característica, não é uma religião. Ter fé é acreditar que existe ou saída ou propósito para as piores situações. É viver convicto de que, ainda que as circunstâncias sejam contrárias, a situação pode ser mudada.

Mas como é esse estilo de vida de quem tem fé? Ele é descrito no Pai-Nosso, a oração mais conhecida e repetida, porém pouco observada: "Pai nosso, que estás nos céus! Santificado seja o teu nome. Venha o teu Reino; seja feita a tua vontade, assim na terra como no céu. Dá-nos hoje o nosso pão de cada dia. Perdoa as nossas dívidas, assim como perdoamos aos nossos devedores. E não nos deixes cair em tentação, mas livra-nos do mal, porque teu é o Reino, o poder e a glória para sempre. Amém" (Mateus 6:9-13).

Nesse estilo de vida, quem nos comanda é o céu, que o faz por meio da fé. Não preciso pedir a Deus pão suficiente para toda a minha vida, mas apenas uma porção diária, porque certamente a terei todos os dias enquanto a pedir. Também não preciso viver segundo a minha vontade carnal e limitada pelo tempo-espaço; posso e devo estar sujeito à vontade de Deus aqui na minha terra, como Ele a exerce nos céus Dele. A fé extingue o medo do desconhecido porque o que existe é a certeza de que haverá provisão, livramentos e toda sorte de cuidados de que precisarei em cada dia da minha vida.

Vencendo o medo

O que pode ser mais forte que o medo? Talvez alguém responda que a coragem é mais forte que o medo. Eu digo que não. Mais forte que o medo é o amor! Veja o que está escrito na Bíblia Sagrada e que me deu convicção sobre essa resposta: "No amor não há medo; pelo contrário o perfeito amor expulsa o medo, porque o medo supõe castigo. Aquele que tem medo não está aperfeiçoado no amor" (1 João 4:18).

Não é difícil entender essa resposta dada pelo apóstolo João. O amor, de fato, é um sentimento que se antagoniza ao medo. O amor é atrevido, ousado, intrépido, audacioso. O amor verdadeiro não teme. Ele confia e arrisca. Então, se somos oprimidos pelo medo, precisamos começar a dar lugar ao amor, para que este, do seu jeito forte e ousado, expulse o temor do nosso coração.

Em seu livro *6 atitudes para um vencedor*, o pastor norte-americano Norman Vincent Peale (1898-1993) escreveu:

> Uma das primeiras providências para vencer qualquer medo é compreender que ele é de fato removível. Nunca pense que você precisa viver com medo a vida inteira. Não precisa. Não imagine que em vista de sua mãe, seu pai, ou seu avô ter tido apreensões e temores,

você também deve tê-los. Se quiser ser perseguido pelo medo a vida toda, pode sê-lo com facilidade. Mas isso não é necessário.

Remover o medo significa tirá-lo de sua vida. E essa atitude não pode ser tomada por mais ninguém, a não ser por você. Isso depende de você. Mas, para isso, é preciso identificar e questionar seu medo. De onde ele vem? Por que está em sua vida? Em que sentimentos ele se desdobra? Essas respostas são particulares, mas podemos analisá-las de maneira geral.

A origem do medo, por exemplo, pode estar na infância. Aquilo que o amedrontava quando criança pode ser totalmente inofensivo hoje, mas, se você não buscar a origem do seu medo, continuará mantendo-o vivo e ameaçador! Vale a pena analisar esses medos e tentar contrapô-los às consequências que você imagina advirem dele. Você se surpreenderá com o que descobrirá.

Desvendar o motivo da existência do medo também é fundamental. Muitos trazem consigo a imagem de seus pais saindo para o trabalho e deixando-os sozinhos, o que pode ter sido transformado, por exemplo, em um medo de ser abandonado. Essa perspectiva fantasiosa os mantém presos no passado, cheios de medo, e impede que conquistem coisas novas por se sentirem fragilizados, sozinhos e incapacitados. Olhe para seu passado e tente ver pelo retrovisor o que motivou seu medo. Você descobrirá que ele não é real.

O medo ainda pode se desdobrar em outros sentimentos tão perniciosos quanto ele. Você precisa analisar sua vida e descobrir se sua insegurança é resultado do medo, se a raiva que sente vem do medo, se o desânimo e a preguiça que tomam conta da sua vida são frutos do medo. Lembre-se: o medo que não serve para nos proteger exercerá a função de nos paralisar, criando sentimentos que nos impedirão de conquistar nosso espaço.

Se você fizer análises racionais e inteligentes sobre seus medos, descobrirá o quanto é forte e capaz de vencê-los. O resultado é que você estará pronto para viver o sucesso de seus projetos, primeiro porque irá realizá-los, já que nada mais poderá impedi-lo de tal façanha, e, segundo, porque haverá espaço em sua mente e em seu coração para novas atitudes.

O medo pode ser vencido por atitudes espirituais. Uma delas é buscar ajuda em Deus. Nos Salmos, lemos: "Busquei o Senhor, e ele me respondeu; livrou-me de todos os meus temores" (Salmos 34:4). Essa atitude só pode ser tomada por aqueles que têm fé, o antídoto contra o medo. Quem decide que sua fé pode lhe trazer a solução para seus temores já deu início a esse processo de remoção do medo, ainda que de forma inconsciente.

A leitura da Bíblia pode ser um começo extraordinário, uma vez que encontramos palavras e relatos de pessoas que superaram suas adversidades, inclusive o medo, para ter uma vida de realizações e de sucesso. Um exemplo é a história de Elias. Depois de sentir medo de ser perseguido e morto por uma mulher, chamada Jezabel, o profeta fugiu para o deserto e desejou a morte para si. Mas esse não era o plano de Deus, que agiu para tirar o profeta daquele estado de pânico e depressão:

> Depois se deitou debaixo da árvore e dormiu. De repente um anjo tocou nele e disse: "Levante-se e coma". [...] O anjo do Senhor voltou, tocou nele e disse: "Levante-se e coma, pois a sua viagem será muito longa". Então ele se levantou, comeu e bebeu. Fortalecido com aquela comida, viajou quarenta dias e quarenta noites, até que chegou a Horebe, o monte de Deus. Ali entrou numa caverna e passou a noite. E a palavra do Senhor veio a ele: "O que você está fazendo aqui, Elias?" [...]. O Senhor lhe disse: "Volte pelo caminho por onde veio, e vá para o deserto de Damasco. Chegando lá, unja Hazael como rei da Síria. Unja também Jeú, filho de Ninsi, como rei de Israel, e unja Eliseu, filho de Safate, de Abel-Meolá, para suceder a você como profeta. (1 Reis 19:5-16)

Elias pensava que sua vida tinha chegado ao fim. Não conseguia enxergar nada de bom e positivo que pudesse realizar. O medo o fez pensar assim. Mas Deus tinha outros planos para Elias, que tinham como principal objetivo dar continuidade à caminhada do profeta dentro do propósito para o qual ele havia nascido, que era ungir outros profetas e reis. O próprio Elias não conseguira enxergar isso, diante do pavor que o acometeu. Ele precisou de uma ação sobrenatural não só para voltar às suas atividades como também para superar suas próprias expectativas negativas.

Você quer vencer o medo? Use todas as armas que estão à sua disposição, tanto as naturais como as espirituais. Você verá que sua vida terá outros rumos: o crescimento pessoal e o sucesso.

CAPÍTULO 12

Orgulho

> Se o homem orgulhoso soubesse como é ridícula a imagem que projeta, até por orgulho aprenderia a ser humilde.
>
> *Mariano Aguilo*

Lagartixa vaidosa no espelho vê jacaré. O problema básico do orgulho é distorcer a realidade e formar uma imagem arrogante de si mesmo. O orgulho é uma presunção irracional de superioridade de alguém que quer ser constantemente afagado em suas ilusões egocêntricas. O orgulho acha-se a última bolacha do pacote, mas esquece-se de que a última bolacha sempre vem quebrada. Ele prefere ouvir bajulações à verdade. Acostumou-se com esse verniz social e, quando alguém o repreende, sente-se ofendido. Nesses casos, é claro, quem usou de sinceridade é tido como tosco ou inconveniente.

O orgulhoso é incapaz de enfrentar sua realidade interior. Não aceita conselhos nem repreensão, e quase sempre se posiciona como dono da verdade. Usa uma atitude defensiva para justificar e racionalizar suas fraquezas e falhas e, além de tudo, é ingrato: não porque não goste de receber, mas porque não gosta de reconhecer o que deve a outrem.

Dificilmente a vítima do orgulho está consciente de seu pecado. O orgulho faz com que olhemos o mundo de cima, logo não olhamos para cima, para Aquele que é o Autor da vida. Nas escrituras, o orgulho nunca é considerado positivo. Ele é sempre pecado, independentemente da forma como se emprega o termo. Temos de compreender o sentido que Deus dá ao orgulho para entender a linguagem dos escritos sagrados e tirar proveito deles.

Sabemos que a palavra predileta de todo orgulhoso é "eu". Você já parou, porém, para pensar que o "eu" é o principal motivo de conflitos e desentendimentos?

Destronando o ego

Senaqueribe, rei da Assíria, comprometeu seu sucesso por conta de seu orgulho. Ele deu a si mesmo crédito por suas vitórias, dizendo no seu coração:

> Com a força da minha mão eu o fiz, e com a minha sabedoria, porque tenho entendimento. Removi as fronteiras das nações, saqueei os seus tesouros; como um poderoso eu subjuguei seus habitantes. Como se estica o braço para alcançar um ninho, assim estiquei o braço para apanhar a riqueza das nações; como os que ajuntam ovos abandonados, assim ajuntei toda a terra; não houve ninguém que batesse as asas ou que desse um pio. (Isaías 10:13-14)

Entretanto, Deus foi quem deu a Senaqueribe o seu sucesso, por ter escolhido usá-lo para demonstrar sua indignação em relação a alguns países ímpios. Senaqueribe não deu a Deus a glória e os louvores devidos, e, em vez disso, voltou-se contra Ele e O insultou. Essa atitude desdenhosa custou-lhe a própria vida. O Senhor declarou:

> Ai dos assírios, a vara do meu furor, em cujas mãos está o bastão da minha ira! Eu os envio contra uma nação ímpia, contra um povo que me enfurece, para saqueá-lo e arrancar-lhe os bens, e para pisoteá-lo como a lama das ruas. Mas não é o que eles pretendem, não é o que têm planejado; antes, o seu propósito é destruir e dar fim

> a muitas nações [...] Castigarei o rei da Assíria pelo orgulho obstinado de seu coração e pelo seu olhar arrogante. (Isaías 10:5-12)

Deus mostrou o seu incrível poder ao destruir 185 mil soldados assírios em uma noite. Com medo, Senaqueribe fugiu para a sua capital, Nínive, onde foi morto no templo do seu deus falso, Nisroque.

Salomão também nos chama a atenção para o orgulho, apresentando-o como um inimigo em potencial: "Quando vem o orgulho, chega a desgraça, mas a sabedoria está com os humildes" (Provérbios 11:2). No hebraico, a palavra "desonra" ("*qalown*") tem a ver com desgraça, afronta e vergonha. E a pior desgraça é merecê-la! O orgulho é intolerável para o Senhor. Deus e o orgulho humano não coexistem. O Talmude ressalta essa natureza de Deus: "Deus diz: 'Ele e Eu não podemos viver juntos'". O orgulho promove a competição, pois pessoas que se autopromovem quase sempre o fazem à custa dos outros.

O orgulho também traz destruição e queda, como lemos nos Provérbios: "O orgulho vem antes da destruição; o espírito altivo, antes da queda" (Provérbios 16:18). Noutra passagem, o sábio rei de Israel reitera: "Antes da sua queda o coração do homem se envaidece, mas a humildade antecede a honra" (Provérbios 18:12). Nessas duas afirmações, Salomão usa três vezes o termo "antes". Isso mostra claramente o quanto o caráter do indivíduo influencia o que acontece na sua vida. O que o homem é controla aquilo que ele faz.

John Oswald Sanders (1902-1992), profícuo escritor e orador neozelandês, alerta que

> Nada desagrada mais a Deus do que o orgulho próprio. Esse pecado básico e fundamental, em sua essência, objetiva entronizar o ego e anular a Deus [...]. O orgulho é o pecado do qual sua vítima está menos consciente [...]. Se formos sinceros com nós mesmos, quando fizermos a avaliação de nossa vida, comparando-a com a do Senhor, que a si mesmo se humilhou a ponto de morrer na cruz, não poderemos deixar de nos sentir abismados com a vaidade, a pobreza e até com a baixeza de nosso coração.

Entorpecimento mental

O pastor Gérson Elias Torrezan diz que

> O maior problema do líder não está no poder, mas sim na sua insanidade diante do poder. O poder é uma arma; a insanidade aperta o gatilho e mata. Sem humildade, a soberba torna-se inevitável e o poder transforma-se numa força monstruosa e destruidora.

Ele ainda destaca que há apenas dois momentos em que o homem não se rende à fascinação do poder: quando ele mantém-se crucificado com Cristo, morrendo para si mesmo a cada dia, e quando se encontra no caixão.

O sofrimento, ou seja, manter-se crucificado com Cristo, é, muitas vezes, capaz de curar a arrogância. Leonard Ravenhill (1907-1994), escritor e evangelista cristão britânico, contou a história do psicólogo William James (1842-1910), professor da Faculdade de Medicina de Harvard, que foi acometido por uma misteriosa enfermidade quando se encontrava no auge de sua carreira. Seus nervos estavam abalados. Ele sofria de insônia e passava por uma profunda depressão, mas não sabia o que fazer para se curar. Viajou a Berlim em busca da cura, mas não encontrou nenhuma esperança. E em Viena? A mesma coisa. Será que em Paris ele não acharia a solução de seu mal? Mas ali também não se encontrava o remédio para ele.

Seu desespero crescia. Foi a Londres, e depois à Escócia, mas em nenhum lugar encontrava a cura. Voltou para os Estados Unidos, com a ideia de suicídio a passar-lhe pela mente. Afinal, alguém lhe recomendou um homem que orava por enfermos. A cura divina era um absurdo para William James. Sua mente privilegiada e seu orgulho de todo o seu conhecimento intelectual protestaram contra tal recurso, mas não havia outra saída. Cedeu. Então, o crente simples e iletrado que rezava pelos doentes pôs as mãos sobre a cabeça do filósofo e orou. Mais tarde, James relatou o seguinte: "Senti um poder misterioso perpassar meu corpo, e logo depois me sobreveio uma enorme sensação de paz. Compreendi que fora curado".

Inflação do ego

A arrogância de William James foi curada pelo sofrimento, mas a arrogância do rei Senaqueribe tornou-se a prova mais concreta de que o orgulho emburrece até as mentes mais brilhantes. Na sua arrogância, Senaqueribe não levou Deus em consideração. Esqueceu-se de que o poder é uma arma e, em sua insanidade, apertou o gatilho, tornando sua morte inevitável. É preciso prevenir-se do orgulho, especialmente quando se obtém sucesso num empreendimento ou se recebe um cargo de maior *status* ou responsabilidade.

Carl Jung (1875-1961), o psiquiatra suíço que fundou a psicologia analítica, mostrou claramente o perigo da inflação do ego ao cumprimentar um aluno por um sucesso que tivera: "Parabéns", disse ele, "você sofreu um sucesso." O sucesso, com frequência, é acompanhado pelo orgulho, quer seja nos negócios, quer seja nos esportes, no campo acadêmico ou no ministério cristão. Poucos homens reconhecem o orgulho por si mesmos. É um pecado cometido mesmo quando se está de joelhos, enquanto se busca Deus.

Se alimentado pela vaidade, o sucesso pode revelar-se entorpecedor. Corrompida pelos falsos elogios, a pessoa orgulhosa não percebe que está agindo como um tolo. Isso pode acontecer com qualquer um de nós, já que o orgulho é o pecado universal, o grande vício. O antídoto para ele é a humildade. Esta, porém, como disse Ken O'Donnell (1952), consultor internacional:

> [...] Não está no topo da lista do que é recomendado em cursos de administração e liderança. Neste mundo *high-tech*, caótico e limitado por prazos as pessoas esperam que seus líderes sejam dinâmicos, autoritários, competentes e determinados. Inspirar os outros a dar o melhor de si com humildade é, muitas vezes, uma preocupação secundária. Fazer as coisas o mais rápido possível para cumprir prazos e produzir resultados é mais importante. As pessoas, em virtude da posição que ocupam na sociedade, em organizações ou no governo, são frequentemente chamadas de "líderes", quando nada poderia estar mais distante da verdade. Se, por alguma razão,

elas perdem essa posição, são rapidamente esquecidas. Verdadeiros líderes vivem nos corações das pessoas por muito tempo após terem partido, e uma das principais razões para isso reside em sua constante humildade na forma de servir e de tratá-las.

Tamanha era a preocupação de Agostinho (354-430), pai da Igreja antiga, com o orgulho e com a importância da humildade que ele escreveu: "Se me perguntásseis qual é a primeira coisa na religião, responderia: a primeira, a segunda e a terceira coisa – sim, tudo – é humildade". Como poderia ser diferente a atitude da criatura diante do Criador, do ser finito diante do infinito, do homem mortal diante do eterno, do pecador diante de um Deus santo? O humilde não se deixa lisonjear pelos elogios nem pela situação de destaque em que se encontra. Todo sábio é humilde porque sabe que só compreende um pouco do muito que deveria saber.

O austríaco Franz Joseph Haydn (1732-1809), um dos mais importantes compositores do período clássico, era conhecido por ser um homem muito humilde. Certa vez, a um fã extremamente ardoroso que o bajulava incessantemente respondeu: "Não fale desse modo comigo. Você vê apenas um homem a quem Deus deu talento e um bom coração". Com efeito, o único motivo legítimo para a honra de ter chegado ao sucesso, a um alto cargo, é a graça de Deus por trás das realizações do ministério. Não é o cargo que honra o homem, mas o homem que honra o cargo.

Nascidos para adorar

Ninguém deve julgar-se imprescindível por ser capaz ou talentoso! O ser humano precisa, reiteradamente, repetir o *Magnificat* de Maria: "Minha alma engrandece ao Senhor" (Lucas 1:46). O britânico John Owen (1616-1683), um dos mais conceituados teólogos puritanos, afirmou no século XVII: "Não teremos nenhum poder de Deus se não estivermos convencidos de que não temos nenhum poder em nós mesmos". Aquele que é totalmente fraco tem a chance de depender da onipotência divina. Aquele que é perfeitamente deficiente traz a garantia de que será suprido pela suficiência de Cristo.

Certa vez, um seminarista, muito convencido e cheio de si, disse a um pastor idoso: "Deus precisa de mim. Quero servi-lo". E o servo de Deus respondeu-lhe: "Caro jovem, lamento informar-lhe que apenas uma única vez Jesus precisou de alguém, e esse alguém era filho de uma jumenta".

O trecho da narrativa bíblica a que o pastor idoso se refere está em Marcos 11:2-4:

> Vão ao povoado que está adiante de vocês; logo que entrarem, encontrarão um jumentinho amarrado, no qual ninguém jamais montou. Desamarrem-no e tragam-no aqui. Se alguém lhes perguntar: "Por que vocês estão fazendo isso?", digam-lhe: "*O Senhor precisa dele* e logo o devolverá". Eles foram e encontraram um jumentinho, na rua, amarrado a um portão.[10]

É lamentável que o jovem seminarista não tenha atentado para os riscos de achar-se demais ou de considerar-se a última bolacha do pacote. Nunca devemos nos achar demais, porque tudo o que é demais sobra, e tudo o que sobra vira resto, e tudo o que é resto vai para o lixo. Você também se acha demais?

O pastor Elben Lenz César (1930-2016) lembrou que nem mesmo Jesus achou-se demais quando entrou em Jerusalém. Veja o que ele diz:

> Jesus não entrou em Jerusalém naquele carro no qual o ministro da Fazenda da Etiópia veio à cidade santa para adorar o Senhor (Atos 8:26-29), tampouco num daqueles cavalos que Salomão importava do Egito e da Turquia (1 Reis 10:28), mas "montado num jumentinho, cria de animal de carga". (Mateus 21:5)

---

10. Grifos do autor. (N.E.)

Jesus encontrou muito mais oposição do que aplausos, apesar de todos os milagres que operava em benefício dos enfermos, dos enlutados, dos famintos, dos endemoninhados e dos publicanos de seu tempo. Ele parecia avesso a palmas. Não criava ambiente para aplausos. É interessante notar também que Jesus, depois de ter feito tudo o que foi ordenado, ensinou-nos a dizer: "Somos servos inúteis; apenas cumprimos o nosso dever" (Lucas 17:10). Uma nota de rodapé, na Bíblia de Jerusalém, afirma que, "embora o termo inúteis pareça inadequado, por enfatizar a situação de servo, no entanto, é a tradução literal".

Em vez de correr para os holofotes, precisamos aceitar nosso papel atrás das cortinas. O brilhante escritor norte-americano Charles Swindoll (1934) destaca:

> Se você for grande, pode ter certeza, todos vão ficar sabendo. Você será descoberto [...] no tempo de Deus. Se você for necessário para o plano de Deus, Deus o colocará no lugar certo e na hora certa. O trabalho de Deus não é da nossa conta, a produção é Dele, do começo ao fim. Recue então. Deixe que Ele abra as cortinas e acenda as luzes do palco. Ele vai tomar [alguém], que virá ao seu encontro, em seu ponto mais vulnerável, e o levantará para que passe por cima do muro [...]. A sua parte é pura e simplesmente humilhar-se. Você e eu não somos indispensáveis. Você e eu não somos insubstituíveis. Deus é ambas as coisas. A Igreja é Dele. O Senhor está procurando instrumentos quebrantados, corações feridos e servos humildes, mesmo aqueles com folhas de serviço negativas e algumas cicatrizes, que aprenderam a não ocultá-las nem negá-las – indivíduos que compreendem e que apreciam o valor de outros.

Somos a menor parte do nada

Tomás de Kêmpis (1380-1471), monge e escritor místico alemão, ressaltou que "o verdadeiro humilde é aquele que reconhece o seu nada e se alegra nas humilhações. Aqueles que se irritam quando são desprezados ainda não são completos na humildade". Tudo o que nos leva a reconhecer o nosso nada deve alegrar-nos; por isso, os santos se alegravam ao ser desprezados na terra: "Os apóstolos saíram do Sinédrio, alegres por terem sido considerados dignos de serem humilhados por causa do Nome. Todos os dias, no templo e de casa em casa, não deixavam de ensinar e proclamar que Jesus é o Cristo" (Atos 5:40-41).

Depois de repreender Tiago, João e a mãe deles por buscarem lugares de honra para esses dois homens no Reino de Deus, o Senhor disse:

> Jesus os chamou e disse: "Vocês sabem que os governantes das nações as dominam, e as pessoas importantes exercem poder sobre elas. Não será assim entre vocês. Pelo contrário, quem quiser tornar-se importante entre vocês deverá ser servo, e quem quiser ser o primeiro deverá ser escravo; como o Filho do Homem, que não veio para ser servido, mas para servir e dar a sua vida em resgate por muitos." (Mateus 20:25-28)

Um crente que busca aplausos está em desarmonia com o coração de Deus. Quando buscamos louvores, desviamo-nos de Jesus.

Agostinho, já citado anteriormente, declarou que "a humildade é a ausência de qualquer desejo de visibilidade". Essa frase sintetiza a vida despretensiosa de João Batista, que jamais aceitou o *status* de celebridade. Na Bíblia, poucos nomes se destacam mais do que o dele. O próprio Senhor Jesus Cristo declarou que: "Entre os nascidos de mulher não surgiu ninguém maior do que João Batista" (Mateus 11:11).

Apesar das honras recebidas, ele permaneceu humilde, sempre reconhecendo sua pequenez diante de Deus. João Batista fala de si mesmo como "a voz que clama do deserto" e aquele que "batiza com água". Em alta voz, proclamava que entre os judeus não havia alguém maior que Jesus, cujas correias das sandálias ele não se via digno de desatar. Reconhecia seu papel secundário em relação ao Salvador e, de bom grado, aceitou ficar atrás das cortinas.

João Batista sabia que Deus não o havia chamado para ser um sucesso, mas sim um servo fiel. Nunca sentiremos tanta necessidade de humildade quanto no dia em que estivermos no leito de morte. Como João Batista, também precisamos anular nosso ego e, sinceramente, dizer: "É necessário que Ele cresça e que eu diminua" (João 3:30).

O orgulho é único pecado intolerável para Deus. Todos os pecados se curvam diante Dele, e só o orgulho se opõe a Ele. No Salmo 138:6, Davi diz que Deus se distancia do soberbo. O Senhor não somente se opõe ao orgulhoso, mas fica longe, bem longe dele. Por isso, devemos abandonar qualquer pensamento de estrelismo que nos faça pensar que somos especiais.

Em seu artigo "O orgulho é uma praga disfarçada", o escritor Cesar Romão diz:

> Este é o pecado que mais cega. A pessoa se fecha em sua verdade, se tranca em sua visão de mundo e vai a todo vapor, não há quem a esclareça, não há quem tire dela a ideia de agir de maneira diferente. O orgulho é uma praga disfarçada que navega pela terra. A pessoa erra, mas de maneira nenhuma dá o braço a torcer. Tenho visto muita gente orgulhosa que não dava o braço a torcer ficar sem braço. A sensação de superioridade que o orgulho causa é embriagante; faz a pessoa pensar que o mundo gira em torno dela e todos são seus súditos. A única cura para o orgulho são as lições da vida que fazem pessoas orgulhosas sangrarem através de acontecimentos adversos, mas mesmo em meio ao sofrimento este modelo de pessoa não muda, fica firme no seu posto admirando sua própria dor e culpando alguém; toda pessoa orgulhosa quando sofre, a culpa é sempre de alguém.

O orgulho é sutil, por isso o orgulhoso dificilmente reconhece o seu pecado; aliás, ele até pensa que é humilde! A descrição de Cesar Romão é uma carapuça que cabe perfeitamente na cabeça de alguns pastores e obreiros, que só olham para o próprio umbigo e jamais reconhecem o valor do outro.

Elbert Hubbard (1856-1915), filósofo e escritor norte-americano, lembrou-nos de que "existe algo muito mais escasso, fino e raro que o talento. É o talento para reconhecer os talentosos". Porém, mais importante que reconhecer o talento dos talentosos é prestar as devidas honras a Deus, que a todos deu dons e talentos. Allan Percy (1959), escritor motivacional norte-americano, acrescenta:

> Um dos maiores sinais de maturidade espiritual é saber reconhecer o mérito dos outros, esquecendo-nos por um momento de nossos dons e de nossa própria necessidade de atenção. Os grandes líderes – seja de um time seja de uma empresa – são aqueles que sabem fazer com que as outras pessoas se sintam importantes. Isso acontece porque pessoas assim não sentem sua posição ameaçada pelo fato de as pessoas a sua volta também fazerem um bom trabalho. Sabem identificar o talento alheio e elogiar publicamente seu valor. Não veem a organização como uma competição de egos, mas como uma soma de capacidades para chegar a um objetivo comum. Provocam e instigam seus colaboradores para que as ideias fluam livremente. Esse conjunto de atitudes também é muito útil para uma boa relação com os pais, os filhos, o companheiro ou os amigos. Reconhecer o que os outros têm de positivo, em vez de enfatizar seus defeitos, é o segredo dos bons relacionamentos.

Blaise Pascal, já citado neste livro, não estava errado ao criticar a soberba dos filósofos que levaram a sério a sua "divindade", sobre a qual os humildes não se iludem. A humildade é a virtude do homem que sabe que não é Deus, que sabe que é barro! Os gregos não conheceram essa virtude, talvez por não se terem dado um Deus suficientemente grande para que a pequenez do homem aparecesse como deveria.

O filósofo e o canoeiro

Uma história conta que era fim de tarde quando um ilustre filósofo chegou à beira de um rio para pegar uma canoa até o outro lado, onde morava. Era uma travessia longa, que demorava uns trinta minutos. Logo, o filósofo e o canoeiro partiram, cada um de um lado da canoa.

Todos os dias, o filósofo fazia aquela travessia, mas só agora percebia que nunca tinha conversado com o canoeiro. Nesse dia, então, resolveu puxar conversa:

— Ô meu filho... Como estão as coisas com você?

— Tudo bom, doutô... Com a graça de Deus e nosso Senhor Jesus Cristo.

O silêncio novamente se estabeleceu. Um minuto, dois minutos, cinco minutos se passaram, e nada. Apenas o barulho do remo tocando a água enquanto o canoeiro remava.

Mais adiante, o filósofo resolveu perguntar ao rapaz:

— Meu filho, me diga uma coisa... Você já estudou filosofia?

O canoeiro fez uma careta.

— Ôxente... Sei nem o que é isso.

O filósofo balançou a cabeça em sinal negativo e disse:

— Ô rapaz... Que tristeza... É uma pena você nunca ter tido a chance de pensar nas coisas mais profundas da existência humana, não ter tido a chance de conhecer o que os grandes homens pensaram: Platão, Aristóteles, Kant, Hegel... Que pena... Para mim, não ter a oportunidade de estudar filosofia é como perder um terço desta vida.

O canoeiro nada respondeu e continuou remando, cumprindo seu ofício com obstinação, mas o filósofo voltou a questionar:

— Meu jovem, me diga... Você sabe alemão?

O canoeiro fez outra careta.

— É o quê, moço? Se eu sei o limão?

— Não, homem... Se você sabe ALEMÃO, se sabe falar ALEMÃO!

— Sei não, moço. Sei nem falar português direito.

E o ilustre pensador, com o olhar triste, lamentou:

— Ô rapaz... Que tristeza... Há tantas coisas profundas que só o alemão pode expressar! É uma pena... Para mim, não ter a oportunidade de estudar alemão é como perder um terço desta vida.

O canoeiro nada respondeu.

Mais adiante, pouco depois do meio da travessia, o canoeiro percebeu que uma rachadura antiga se rompera e começava a entrar água no barco. O filósofo estremeceu. A água foi entrando, entrando. O canoeiro tentava jogar a água para fora da canoa, mas não estava adiantando. A canoa estava afundando e não havia nada a ser feito. Então, o canoeiro virou para o filósofo e perguntou:

— Doutô, o sinhô sabe nadar?

— Não, não sei! — disse o filósofo, apavorado.

— Então, moço, o sinhô perdeu foi sua vida toda.

O canoeiro pulou no rio e nadou até a margem. O filósofo, coitado, morreu afogado.

É triste saber que a nossa sociedade celebra o filósofo e despreza o canoeiro. O mundo respeita os poderosos, mas não os servos humildes. A sociedade trata-nos pelo que temos, e não pelo que somos. Ela respeitará mais nossos diplomas universitários, os símbolos de cultura que exibimos, do que nossas atitudes e atos de amor genuíno. Todas as pessoas têm dignidade como seres humanos, e todas elas devem ser consideradas importantes, independentemente da cor de pele, do nível de escolaridade ou da posição econômica.

Para Cristo, a diferença entre empresário e servidor público, entre magnata e operário, está na vocação, não no *status* social. Entre os gentios, as pessoas mais importantes eram as que exerciam autoridade sobre o povo, todavia Jesus ensinou que entre seus discípulos seria bem diferente: o maior dentre eles seria servo do povo! Todo o serviço de Cristo era dedicado às pessoas. No entanto, já naquela época seu caráter humilde e gentil estava fora de moda.

Eu quero o último lugar

Infelizmente, somos tão dominados pelo ego que estamos constantemente procurando o primeiro lugar. Santa Teresinha do Menino Jesus (1873-1897), religiosa francesa muito sábia, disse: “Eu quero o último lugar [...] Sei que ninguém vai brigar comigo por causa dele”. Como é difícil aceitar o último lugar! Como é difícil aceitar ser rejeitado, ser preterido, ser esquecido, ser caluniado, ser ridicularizado, escarnecido ou injuriado. Só mesmo com o auxílio da graça de Deus é possível agir assim. Ser humilde é aceitar morrer para si mesmo. É ser como aquele grão de trigo que se não cair na terra e não morrer permanecerá só e não dará fruto: "Digo-lhes verdadeiramente que, se o grão de trigo não cair na terra e não morrer, continuará ele só. Mas se morrer dará muito fruto" (João 12:24).

Ser humilde é não viver para si, mas para Deus e para os outros. Todas as rixas e rivalidades entre nossas igrejas cairão por terra quando cada um de nós for verdadeiramente humilde, pois onde está presente a verdadeira humildade não há lugar para a competição, muito menos para disputas predatórias. Por isso, precisamos vestir o manto da humildade. Por causa de uma disputa acerca de quem seria o maior dentre eles, o Senhor repreendeu seus discípulos:

> Surgiu também uma discussão entre eles, acerca de qual deles era considerado o maior. Jesus lhes disse: "Os reis das nações dominam sobre elas; e os que exercem autoridade sobre elas são chamados benfeitores. Mas vocês não serão assim. Pelo contrário, o maior entre vocês deverá ser como o mais jovem, e aquele que governa como o que serve. Pois quem é maior: o que está à mesa, ou o que serve? Não é o que está à mesa? Mas eu estou entre vocês como quem serve. Vocês são os que têm permanecido ao meu lado durante as minhas provações. E eu lhes designo um Reino, assim como meu Pai o designou a mim, para que vocês possam comer e beber à minha mesa no meu Reino e sentar-se em tronos, julgando as doze tribos de Israel". (Lucas 22:24-30)

Deveríamos prestar muita atenção no orgulho, pois ele transformou anjos em demônios. Esse foi o primeiro pecado entre os anjos e entre os homens. Trata-se de achar-se melhor e maior do que os outros. O orgulho rouba a honra e a glória devidas a Deus. Mesmo depois de aceitar a Cristo, o ser humano terá que continuar lutando contra sua natureza orgulhosa. O objetivo do orgulho é a autoglorificação. Não é de admirar, portanto, que Deus se oponha aos soberbos.

Bendita enfermidade

No livro *O pavão de hoje é o espanador de amanhã*, meu amigo Alex Cardoso conta uma interessante história que desejo partilhar aqui:

> Certo ateu por nome Montrezor morava próximo de uma igreja evangélica. Sentado na varanda alta da sua casa, ele ouvia contra a sua vontade, e com ar de deboche, o sermão dominical do pastor através do alto-falante. Era irreligioso ferrenho, ateu na teoria e indiferente nas ações. Numa tarde com ar abafadiço e sufocante, o pastor encontrou-se com Montrezor numa contramão da calçada. Logo após a saudação de boa-tarde sem introdução coloquial, disse o ateu:
>
> — Tenho ouvido seus sermões; muitos deles, eu não os aceito, antes os critico; outros, no entanto, me fazem pensar.
>
> E se foi embora, imediatamente. Cinco anos mais tarde, o pastor recebeu um chamado do ateu, que estava na sala de visita de sua residência, na tradicional cadeira de balanço.
>
> — Pastor — disse o ateu —, parece que uma doença maligna devora-me por dentro, como um leão faminto. Eu quero reencontrar Deus, que eu perdi quando criança.
>
> Montrezor era um intelectual ateu que se desencontrara de Deus quando ainda menino. Agora, o sofrimento atroz o reaproximava do Senhor, o Médico do corpo e da alma.
>
> De início, ele pediu ao pastor alguma literatura, além da Bíblia, para entregar-se à reflexão. O pastor lhe trouxe o livro de Leonel França, intitulado *Psicologia da fé*. O enfermo, entretanto, humildemente, declarou:
>
> — Pastor, eu perdi Deus como criança; quero reencontrá-lo como criança; arranje-me um livro elementar de instrução religiosa por perguntas e respostas de fácil compreensão.
>
> Lá estava o orgulhoso ateu transformado, pela doença, naquela criança de que falou Jesus: "Se não vos tornardes como crianças, não entrareis no reino dos céus" (Mateus 18:3).

O ministro do Evangelho comprou-lhe um livro religioso de ensino primário, que foi estudado com muita fome espiritual. Logo depois, solicitou uma explicação do que havia lido, e o pastor, prontamente, lhe atendeu. Ao tempo em que se ia esvaindo pelo câncer, Deus ia nele trabalhando com a graça da conversão. Batizou-se nas águas, já aos quase setenta anos de idade, e dizia para todos ouvir: "Ó bendita enfermidade, que me trouxe o reencontro com Deus!".

Antes, porém, de partir para estar com o Senhor, com a voz entrecortada, declarou ao pastor:

— Feliz o homem que pode reencontrar seu Deus, mesmo que seja nos últimos dias de sua existência terrena.

Obviamente, o sofrimento também pode levar o homem a um encontro ou reencontro com Deus, que é o Pai da misericórdia. O caso de Montrezor revela que o sofrimento pode abrir um diálogo com Deus, uma oração em busca da conversão. Se a doença traz um sinal evidente do término biológico da existência no tempo, comporta também um chamado à reconciliação com Deus através de Jesus Cristo, um apelo a um nível superior de vida que facilite uma feliz aproximação de Deus, nossa origem e nosso fim. Nessa perspectiva, a doença se torna um convite pessoal ao enfermo para um encontro com o Transcendente.

A experiência de Montrezor leva-nos ao tema da pedagogia da dor, que estuda o processo de ensino e aprendizado proveniente da perda, do sofrimento e da decepção. Lamentavelmente, essa matéria ainda não é ensinada nas escolas convencionais. A vida, entretanto, tem a árdua missão de ensiná-la a todos nós. Aristóteles disse que "as raízes da educação são amargas, mas seus frutos são doces". Por intermédio da dor, descobrimos a sutileza dos caminhos divinos. Nas experiências dolorosas, aprendemos coisas acerca de Deus que não aprenderíamos de nenhuma outra maneira.

O plano de Deus para nós engloba tudo o que nos acontece: erros, pecados, sofrimentos e mágoas. O plano divino inclui doenças, dívidas, acontecimentos infelizes, divórcio e a morte de pessoas queridas. Deus pode fazer o bem aflorar da pior perversidade. Ele fez isso no calvário, quando a morte de Jesus trouxe vida aos que Nele creem. Sua graça trouxe salvação, Seu perdão trouxe paz, e Sua companhia, consolação.

Friedrich Nietzsche (1844-1900) foi um filósofo alemão que, embora tenha sido ateu, articulou uma verdade importante ao dizer: "É preciso ter um caos dentro de si para dar à luz uma estrela cintilante". O caos nos força a olhar para Deus e a depender dele em vez de confiarmos em nós mesmos. Nunca saberemos que Deus é tudo de que precisamos até que Ele seja tudo o que tivermos. Somos como joias moldadas com o martelo e o cinzel da adversidade. Se o martelete do joalheiro (Deus) não for forte o suficiente para aparar nossas arestas, Ele usará uma marreta. Se formos realmente obstinados, Ele utilizará uma britadeira. Ele usará o que for necessário. Cada problema é uma oportunidade para a edificação do caráter, e, quanto mais complicado for, maior será o potencial para o desenvolvimento dos músculos espirituais e da fibra moral.

Preserve sua paz

Não devemos permitir que o diabo roube-nos a paz quando estivermos enfrentando períodos de dor e sofrimento. Francisco de Assis (1182-1226), frade católico italiano, alertou que "o diabo nunca se alegra mais do que quando rouba a paz do coração de um servo de Deus". Se o nosso interior estiver em paz, não importa como está o exterior. Paz não significa ausência de aflição, e sim a presença de Deus no coração. No caos existencial, somos tentados a perguntar: "Por que isso está acontecendo comigo, Senhor?". No leito de morte, em nosso travesseiro molhado de lágrimas, somos elevados para o céu com uma divina certeza e preciosa promessa: "Nunca o deixarei, nunca o abandonarei" (Hebreus 13:5).

Charles H. Spurgeon lembrou-nos de que "a bigorna, o fogo e o martelo servem para dar-nos forma". Ele ainda acrescentou que "ao nos esquivarmos de uma provação, estamos procurando evitar uma bênção". E concluiu:

> Arrisco-me a dizer que a maior bênção terrena que Deus pode dar a cada um de nós é a saúde, com exceção da enfermidade. Esta, muitas vezes, tem sido mais útil aos santos do que a saúde. Há algumas virtudes que jamais seriam descobertas se não fossem as provações pelas quais passamos.

Quando o homem sente-se debilitado, enfraquecido, finito, em decorrência de uma doença que o queimará até o reduzir a cinzas, ocorre um fenômeno chamado de teotropismo, que é a volta urgente do "homem-nada" para o "Deus-tudo", que tudo pode. O homem, finito, vê apenas uma tábua de salvação: agarrar-se à onipotência do Ser Infinito, que é Cristo.

Pela morte, a vida não é destruída, mas transformada, e, desfeita a morada terrestre, já está preparada a eterna mansão. Nas palavras do apóstolo Paulo: "Sabemos que, se for destruída a temporária habitação terrena em que vivemos, temos da parte de Deus um edifício, uma casa eterna no céu, não construída por mãos humanas" (2 Coríntios 5:1).

No Salmo 23:4, Davi ressalta: "Mesmo quando eu andar por um vale de trevas e morte, não temerei perigo algum, pois Tu estás comigo; a Tua vara e o Teu cajado me protegem". Geograficamente, o vale das trevas e da morte fica localizado na Palestina, de Jerusalém ao mar Morto. É uma trilha estreita e perigosa, que corta as montanhas. Sendo um caminho árduo, é muito fácil uma ovelha precipitar-se ribanceira abaixo e morrer.

Ao longo deste capítulo, vimos que a essência do orgulho é a autonomia do homem ou a independência em relação a Deus. É o afastar-se de Deus, especialmente para buscar a satisfação no eu. Pessoas que sofrem da síndrome de Senaqueribe não creem na soberania de Deus sobre as coisas ordinárias da vida. O orgulhoso é autossuficiente, disse Tiago:

> Ouçam agora, vocês que dizem: "Hoje ou amanhã iremos para esta ou aquela cidade, passaremos um ano ali, faremos negócios e ganharemos dinheiro". Vocês nem sabem o que lhes acontecerá amanhã! Que é a sua vida? Vocês são como a neblina que aparece

> por um pouco de tempo e depois se dissipa. Ao invés disso, deveriam dizer: "Se o Senhor quiser, viveremos e faremos isto ou aquilo". Agora, porém, vocês se vangloriam das suas pretensões. Toda vanglória como essa é maligna. (Tiago 4:13-16)

O orgulho leva-nos a acreditar que não precisamos de ninguém, que nossa inteligência, nossa experiência ou mesmo nossos recursos financeiros podem resolver tudo.

John Piper (1946), pastor batista e escritor norte-americano, escreveu que não é difícil encontrar a razão básica para tanto orgulho. Segundo ele, "a humildade só pode sobreviver na presença de Deus. Quando Deus desaparece, a humildade desaparece". Aliás, podemos dizer que a humildade segue Deus como uma sombra. Quando nós nos tornamos sofisticados demais para Deus, a humildade desaparece e o orgulho impera.

CAPÍTULO 13

Vingança

Com a vingança, o homem iguala-se ao inimigo.
Sem ela, supera-o.
Francis Bacon

Algumas pessoas afirmam ter só amigos e nenhum inimigo enquanto outras garantem que não têm amigos, só inimigos. A maioria de nós, porém, encontra-se numa situação intermediária, com amigos e alguns inimigos, ocultos ou declarados. Como cristãos, podemos fazer alguns inimigos em meio a pessoas que simplesmente se ressentem do nosso cristianismo. Paulo advertiu que todos os que vivem piedosamente em Cristo Jesus padecerão perseguições (2 Timóteo 3:12). Provavelmente, ao menos em parte, somos responsáveis por nossas inimizades.

Uma frase atribuída ao escritor C. S. Lewis diz que "o orgulho é essencialmente competitivo por natureza". Nessa competição, o eu e a vontade egoísta podem gerar desentendimentos e conflitos. É muito cômodo ver o que as outras pessoas estão fazendo de errado e atribuir as nossas relações conturbadas a perseguições por parte delas, mas Cristo nos adverte a olhar através do nosso próprio orgulho e egoísmo e ver que somos nós – pelo menos esporadicamente – o problema.

O que é mais interessante é que os nossos inimigos podem ser os mesmos que nos ajudarão, o que é um motivo para amar os inimigos. Em um relacionamento desgastado e conflituoso, quem é responsável por tomar a iniciativa a fim de resolver o impasse? Enquanto são necessárias duas pessoas para uma briga, somente uma é suficiente para dar início à pacificação. Mas como ela acontece? Jesus dá-nos respostas para duas situações diferentes. Na primeira, somos a pessoa que causou a ofensa; na segunda, somos a pessoa ofendida.

Como você reage ao perceber que alguém tem algo contra você? Quando percebemos que outro cristão tem mágoa em relação a nós, temos de obedecer à ordem de Jesus dada em Mateus 5:23-24 para resolver a inimizade:

> Portanto, se você estiver apresentando sua oferta diante do altar e ali se lembrar de que seu irmão tem algo contra você, deixe sua oferta ali, diante do altar, e vá primeiro reconciliar-se com seu irmão; depois volte e apresente sua oferta.

O amor reconciliador impede que uma pessoa alimente o ódio contra seu irmão, mantém marido e mulher unidos, desafia o cristão a ser sempre honesto em suas relações com os outros e com Deus, permite que a pessoa reaja com bondade quando prejudicada e capacita o indivíduo a tratar o inimigo como ele gostaria de ser tratado. Algumas vezes, só descobrimos o responsável pelos desgastes nos nossos relacionamentos quando paramos em frente ao espelho.

Certa vez, o revolucionário indiano Mahatma Gandhi (1869-1948) disse: "É muito fácil ser amigável com os amigos. Mas tornar-se amigo da pessoa que se considera seu inimigo é a essência da verdadeira religião". Para a maioria das pessoas que já sofreu injustiças, abrir mão da vingança é um grande desafio.

Algumas vezes, uma rejeição e uma traição ferem tão fundo que nos parece que a única forma de aliviar a dor é destruir a pessoa que nos machucou e aniquilar sua reputação, sobretudo se o motivo da inimizade for recente. Mas o ciclo da vingança é maligno: depois que se prova seu sabor pode ser difícil parar, saber onde estão os limites. É tolice reagir ao ódio com mais ódio, transformando esse sentimento em moeda de troca.

O escocês Robert Louis Stevenson escreveu que, "no final, todos nós nos sentaremos para um banquete de consequências". E nenhum de nós quer um banquete de consequências amargas! No que diz respeito à vingança, não ceda a essa tentação. Aja racionalmente e abdique dela. A vingança, assim como a ira, irracionaliza. A guerra "emburrece" o vencedor e torna o vencido rancoroso. Quem briga por qualquer motivo está espiritualmente enfermo. Aqueles que são emocionalmente exercitados na fé dão um boi para não entrar em uma briga e, se necessário, uma boiada para sair dela.

Em um episódio do antigo programa de TV *Amos 'n' Andy*, exibido nos Estados Unidos, Andy decidiu vingar-se de um homem alto que lhe dava um tabefe no peito sempre que o encontrava. "Agora estou preparado", disse ele a Amos. "Coloquei uma carga de dinamite no bolso interno do paletó, e, quando ele me der um tabefe, a mão dele vai explodir." Andy se esquecera de que o seu coração também explodiria. A dinamite da vingança pode realmente prejudicar a outrem, mas também destruirá nosso coração.[11]

Quando surge o desejo de vingança, somos tomados por emoções tóxicas capazes de nos fazer perder a coerência e o bom senso. Podemos, nesses momentos, ser levados a cometer erros dos quais nos arrependeremos posteriormente, pois, quando escapa ao nosso controle, o sentimento de vingança se transforma numa disposição selvagem, capaz de destruir a própria pessoa e causar danos a outrem.

Devemos entender que o desejo de vingança é semelhante a um iceberg – a maior parte dele acha-se sob a superfície, em nosso subconsciente – ou a uma árvore, cujas raízes são subterrâneas. Para alguns, reconhecer esse sentimento implica expor um aspecto da vida que esperavam nunca ter de encarar. Somente Deus, com seu telescópio, é capaz de mostrar-nos o que vai dentro do nosso coração. Possivelmente, não conseguiríamos suportar, de uma só vez, todo o impacto dessa visão. No entanto, se esperarmos calmamente

---

11. Esse exemplo foi extraído do livro *A psiquiatria de Deus*, de Charles L. Allen.

na presença do Senhor, Ele nos revelará aquilo que precisamos saber e de que precisamos nos livrar.

Quando optamos pelo perdão genuíno, em vez de nutrir sentimentos de vingança, nosso espírito, nossa mente e nosso corpo passam por uma espécie de catarse. Esse termo provém do grego "*kátharsis*" e é utilizado para designar o estado de libertação psíquica que o ser humano vivencia quando consegue superar algum trauma como uma opressão ou outra perturbação emocional. Na medicina, o termo "catarse" é usado para designar o esvaziamento do intestino, limpeza ou higienização. De toda forma, ela representa a cura de um paciente.

Os pesquisadores científicos têm estudado a existência de uma ligação entre boa saúde e capacidade de perdoar. E a Bíblia destaca-se, como veremos adiante, como o maior manual de catarse proveniente do perdão.

Em seu livro *Saúde na terceira idade*, José Hermógenes (1921-2015), precursor da ioga no Brasil, alertou que ressentimentos, ódios, mágoas, malquerenças e planos de vingança têm a malignidade de poluentes mentais, vírus e radicais livres, porque desencadeiam doenças mil no corpo. Presa dessa violenta toxemia psíquica, o corpo envelhece rápido e cedo se acaba.

Quando decidimos abrir mão das mágoas e dos rancores, dores, disfunções, debilidades, mal-estares, fadigas e irritação simplesmente somem. Até infecções chegam a ceder. E não se trata de um simples retrocesso dos sintomas. A cura acontece mesmo quando decidimos perdoar.

Confúcio (551-479 a.C.), pensador e filósofo chinês, também tratou dos riscos da vingança, deixando uma preocupante advertência: "Se você planeja vingar-se, primeiro cave duas sepulturas". Assim como esse mestre chinês e professor de ética, a escritora Janise Beaumont, que escreveu *O poder do perdão*, sabia que "traidor e vingador só têm a perder". Na obra citada, ela ressalta que

> A punição é sem dúvida uma forma de reação ao erro cometido. Mas será a melhor forma? Bem no fundo sabemos que não porque

o ato de punir é apenas rápido impulso vingativo, inevitavelmente seguido de um dano posterior e maior – não para outro, e sim para nós mesmos.

Janise também cita Rabindranath Tagore (1861-1941), célebre poeta e escritor indiano nascido em Calcutá, dizendo que "algumas pessoas passam a vida colocando e retirando as cordas de seu instrumento, enquanto a canção que elas vieram cantar permanece em silêncio". E ela conclui:

Se ficarmos oscilando entre o perdão e a vingança, presos à dúvida e à amargura, a canção da felicidade a qual viemos cantar provavelmente jamais será ouvida, e isso é lastimável. É um dos mais tristes desperdícios!

Quando somos insultados ou traídos, corremos o risco de alimentar o sentimento de vingança, que é capaz de perturbar nossa alma durante meses ou anos. Às vezes, esse desejo de retaliação rouba-nos preciosas noites de sono, por isso, antes de dormir, devemos refletir sobre os seus malefícios e livrar-nos dele. Em vez de procurar oportunidades para a vingança, nós, cristãos, devemos proceder com bondade, algo que só podemos fazer mediante a graça de Deus que age em nós.

Se cultivamos o ressentimento, perdemos o controle sobre nós mesmos e tornamo-nos escravos da ira. Parafraseando o terceiro presidente norte-americano, Thomas Jefferson (1743-1826), o escritor Paul E. Holdcraft (1891-1971) disse: "Quando estiver irado, conte até dez antes de falar. Quando estiver muito irado, conte até cem, e em seguida não fale". A ira é tão tirânica que é capaz de dominar a mente do cristão em sua oração, reproduzindo nela a imagem do rosto de quem o feriu.

É impossível ter ressentimento, ódio, desejo de vingança e má vontade e ser feliz. São nossas atitudes que determinam se somos ou não felizes. O que importa não é o que nos acontece, mas como reagimos ao que nos acontece. Por exemplo, se o meu coração estiver dominado pelo sentimento de vingança, devo pedir imediatamente a Deus que me liberte desse mal que me corrói e destrói. Devo substituir esse sentimento negativo por atitudes de perdão e amor, pois, além de causarem doenças psicossomáticas, as emoções negativas têm o poder de reduzir a capacidade intelectual e bloquear a inteligência emocional. E, o que é pior, podem bloquear o fluir de Deus em nossa vida. Existe algo mais danoso que isso?

Em *Atitudes para ser feliz*, o pastor e escritor norte-americano Robert Schüller (1926-2015) conta uma história interessante sobre alguns meninos que visitaram o famoso Leonardo da Vinci. Um deles tropeçou numa pilha de telas, o que aborreceu o artista, que trabalhava tranquilo. Ele se zangou, jogou longe o pincel e dirigiu algumas palavras ásperas ao infeliz garoto, que fugiu, chorando, do estúdio.

O pintor ficou novamente sozinho e tentou continuar o trabalho. Pretendia pintar o rosto de Jesus, mas não conseguia. Sua criatividade havia sumido.

Leonardo da Vinci largou o pincel e saiu andando pelas ruas e vielas até encontrar o menino. Ao encontrá-lo, disse: "Desculpe-me, filho. Eu não devia ter falado com tanta grosseria. Perdoe-me, assim como Cristo nos tem perdoado. Eu fiz algo pior do que você. Você apenas tropeçou acidentalmente nas telas, mas eu, com a minha ira e revolta, bloqueei o fluir de Deus na minha vida. Quer voltar comigo?".

O menino voltou ao estúdio com ele. Ambos sorriam enquanto o semblante de Jesus surgia naturalmente do pincel do mestre. Desde então, essa pintura tem servido de inspiração para milhões de pessoas.

Os cristãos devem sempre trabalhar pela reconciliação. Jesus se contrapõe àqueles que partem para a vingança pessoal e chama-nos à graça benevolente.

Em seu interessante livro *Perfil de três reis*, o escritor norte-americano Gene Edwards (1932) explica a razão pela qual Deus, às vezes, concede poder a indivíduos perversos:

> A resposta a esta pergunta é ao mesmo tempo simples e chocante. Às vezes ele concede a vasos indignos quantidade maior de poder

de maneira que se torne claramente visível a todos o verdadeiro estado da nudez interior dessas pessoas.

Aprouve a Deus expor a raça humana como ela é, com toda a sua maldade e todo o seu narcisismo. Ainda hoje, Deus continua provando que, sem a intervenção da Sua graça salvadora, a humanidade seria simplesmente irrecuperável.

Ao falar sobre Saul, o primeiro rei de Israel, Edwards escreve:

> Saul está no sangue que corre nas suas veias, e na medula dos seus ossos. Constitui a própria carne e músculo do seu coração. Ele está na sua alma. Ele habita o núcleo dos seus átomos. O rei Saul e você são um só.

Assim, quando examinamos a vida de Saul estamos, na verdade, olhando para nós mesmos. Essa é uma dura verdade, não é mesmo?

Todos nascemos com a tendência para o pecado e, à medida que envelhecemos, externamos essa "natureza má" nos mais variados graus e intensidades. No início, o reinado de Saul era humanitário e digno. Ele tinha grandes chances de tornar-se um modelo de governante. Seu porte físico era impressionante. Ele era alto e esteticamente perfeito, sobressaindo dentre o povo (1 Samuel 9:2). Usava com domínio uma espada tão pesada que poucos guerreiros conseguiam levantá-la. Sua indumentária militar era tão cheia de detalhes que era impossível penetrá-la.

Saul era admirado pela multidão e reconhecido como grande estrategista militar, tendo milhares de soldados à sua disposição. Seu carisma tornava-o ainda mais atraente, e as mulheres compuseram canções a seu respeito e cantavam seus feitos heroicos. Era um homem valente e corajoso, que, mais tarde, infelizmente, seria dominado pelos sentimentos mais sórdidos, tornando-se obcecado e oprimido por maus espíritos.

Após várias atitudes temerárias, o profeta Samuel repreendeu o rei Saul, dizendo que Deus o havia rejeitado. Então, o jovem Davi emerge do anonimato para se tornar o mais conhecido de todos os reis de Israel. Enquanto isso, Saul abrigava na alma sentimentos de ódio, insegurança, orgulho e vingança. Ele odiava a Davi por ser tão popular e desviar parte da atenção que deveria ser destinada a ele. Tal sentimento permaneceu com Saul até o final da vida. Sua morte revelou que, cedo ou tarde, nossos inimigos se verão diante da lei da semeadura, conforme discorre o profeta Obadias: "Como você fez, assim lhe será feito. A maldade que você praticou recairá sobre você" (Obadias 1:15).

Saul abandonou o temor de Deus, tornando-se contumaz e insensível. Lutou contra Davi, buscando covardemente tirar-lhe a vida. Traiu a confiança do profeta Samuel, opondo-se a ele de modo desrespeitoso e calculista. Entretanto, Saul não morreu pelas espadas de Davi e Samuel. Ele caiu sobre a própria espada. Aquilo que a espada de nenhum outro homem conseguira fazer, Saul fez com a dele! (1 Samuel 31:1-7).

A espada do seu ódio tornou-se autodestrutiva. Isso acontece também com aqueles que alimentam seu ódio e seu desejo de vingança. Não somos destruídos pelas circunstâncias externas ou pelas outras pessoas. Inevitavelmente, somos mortos pelas nossas próprias espadas. Samuel e Davi sobreviveram ao ódio de Saul, mas ele próprio não conseguiu sobreviver a seus sentimentos. Em Mateus 26:52, Jesus ensina quanto isso é verdadeiro: "Guarde a espada! Pois todos os que empunham a espada pela espada morrerão".

A vingança pertence a Deus, pois "nossa luta não é contra pessoas, mas contra os poderes e autoridades, contra os dominadores deste mundo de trevas, contra as forças espirituais do mal nas regiões celestiais" (Efésios 6:12). Davi teve oportunidades para vingar-se de Saul, até mesmo para matá-lo, caso quisesse. Preferiu, porém, que Deus agisse, usando sua inteligência emocional:

> Hoje o rei pode ver com os próprios olhos como o Senhor o entregou em minhas mãos na caverna. Alguns insistiram que eu o matasse, mas eu o poupei, pois disse: "Não erguerei a mão contra meu senhor, pois ele é o ungido do Senhor" (1 Samuel 24:10).

Ele sabia que a vingança é a arma mais inútil do mundo.

A vingança é uma espécie de justiça selvagem que animaliza o ser humano, tornando-o cada vez menos parecido com o Criador. O Senhor ensinou Davi a ser tolerante e gracioso, a ser mais parecido com Ele, e não com Saul.

Aprendemos, com a história de Saul, que Deus usa pessoas difíceis e tóxicas para alcançar um propósito: agir na vida daqueles que têm de conviver com essas pessoas! O hábil escritor Erwin W. Lutzer (1941), pastor da Igreja Moody, em Chicago, nos Estados Unidos, diz que "o Senhor usou a vida do rei Saul para tirar do coração de Davi o Saul que havia dentro dele". E o escritor Gene Edwards, que já citamos neste capítulo, crê que, se Davi não tivesse tido alguém como Saul para persegui-lo, muito provavelmente teria se transformado em um "segundo Saul".

Todos nós temos a escolha de perdoar ou não. Voltemos, por alguns instantes, ao Novo Testamento, especialmente às palavras de Jesus, o maior símbolo universal do perdão. Em Lucas 23:34, Ele disse: "Pai, perdoa-lhes, pois não sabem o que estão fazendo".

Na noite de 5 de outubro de 1890, o pregador batista Charles Spurgeon falou sobre esse texto aos fiéis que se encontravam no Tabernáculo Metropolitano, em Newington, uma antiga cidade no condado de Surrey, na Inglaterra. Reproduzo aqui uma parte de sua pregação:

> Na cruz, Jesus não disse uma única palavra em Sua defesa. Quando Ele orou ao Seu Pai, Ele poderia ter simplesmente dito: "Pai, veja o que eles fazem ao Seu filho amado. Julgue-os pelo mal que fazem para quem os ama e que faz tudo que pode por eles". Mas não há nenhuma oração contra eles nas palavras que Jesus profere. Foi escrito no passado, pelo profeta Isaías, que "pelos transgressores intercedeu" e aqui isso é cumprido! Ele implora por Seus assassinos, "Pai, perdoa-lhes". Jesus não pronuncia nenhuma palavra de repreensão. Ele não diz: "Por que vocês fazem isso? Por que perfuram as mãos que o alimentaram? Por que pregaram os pés que foram até vocês em misericórdia? Por que zombam do homem que os amou e abençoou-os?". Não, nenhuma palavra, nem

mesmo de repreensão suave, muito menos qualquer coisa como uma maldição. "Pai, perdoa-lhes." Você percebe que Jesus não diz: "Eu os perdoo"... Mas Ele colocou de lado Sua majestade e está pregado na cruz e, portanto, Ele assume a posição de um humilde suplicante, ao invés do lugar mais elevado de quem teve o poder de perdoar. Quantas vezes, quando os homens dizem "eu te perdoo", há uma espécie de egoísmo nisso? Seja mais seja menos, o ego é sempre afirmado no próprio ato de perdoar. Jesus toma o lugar de um defensor, um defensor para aqueles que estavam matando a Ele mesmo. Bendito seja o Seu nome!

Diante desse ensinamento de Jesus, não seja um aprendiz retardatário. Procure aprofundar-se nas lições que Ele nos dá sobre o amor e o perdão. Liberte-se, de uma vez por todas, do sentimento de vingança.

Há um vasto estudo sobre os temas que abordamos aqui, com adaptações feitas pelo pastor Antônio Francisco da Silva. Li e gostei. Fiz também algumas adaptações e o publico aqui:

Lembre-se de que Jesus nunca pecou, mas foi chamado de comilão, beberrão, louco, enganador, analfabeto, endemoninhado, suicida, filho ilegítimo, relapso, blasfemo... Tentaram jogá-lo de um abismo, por mais de uma vez quiseram apedrejá-lo, o odiaram e, por fim, o mataram por inveja. É admirável como Ele não revidava os insultos, não ameaçava no sofrimento, mas entregava-se a Deus Pai, que julga retamente. É muito difícil ser caluniado e infamado quando você tem consciência de que o que falam contra você não é verdade. O texto bíblico diz que Jesus é nosso exemplo. Portanto, devemos fazer como Ele e depender da graça e do poder de Deus. A primeira reação é revidar e pagar com a mesma moeda, mas não é isso que se deve fazer. A Bíblia manda amar os inimigos e deixar toda vingança a cargo de Deus. Ele é justo, por isso devo Nele confiar:

> Vocês ouviram o que foi dito: "Olho por olho e dente por dente". Mas eu lhes digo: Não resistam ao perverso. Se alguém o ferir na face direita, ofereça-lhe também a outra. E se alguém quiser

> processá-lo e tirar-lhe a túnica, deixe que leve também a capa. Se alguém o forçar a caminhar com ele uma milha, vá com ele duas. Dê a quem lhe pede, e não volte as costas àquele que deseja pedir-lhe algo emprestado. Vocês ouviram o que foi dito: "Ame o seu próximo e odeie o seu inimigo". Mas eu lhes digo: amem os seus inimigos e orem por aqueles que os perseguem, para que vocês venham a ser filhos de seu Pai que está nos céus. Porque Ele faz raiar o seu sol sobre maus e bons e derrama chuva sobre justos e injustos. Se vocês amarem aqueles que os amam, que recompensa receberão? Até os publicanos fazem isso! E, se vocês saudarem apenas os seus irmãos, o que estarão fazendo de mais? Até os pagãos fazem isso! Portanto, sejam perfeitos como perfeito é o Pai celestial de vocês. (Mateus 5:38-48)

A atitude de amar os inimigos parece ilógica quando analisada dentro dos padrões do mundo material, mas, pelo ponto de vista dos ensinamentos de Jesus Cristo, é uma elevada honra agir à altura dos Seus mandamentos. O mundo inteiro pode caçoar da Igreja por amar os seus inimigos, mas, afinal, o que o mundo pode nos ensinar sobre o amor?

Devemos mostrar que somos filhos de Deus amando os nossos inimigos (Mateus 5:44-45), amando como Deus ama, e não como os homens amam (Mateus 5:46; Lucas 6:32). Isso não quer dizer que as pessoas que não são cristãs não amem. Elas amam seus parentes e amigos, mas o que Jesus ensina aqui é que devemos amar nossos inimigos desinteressadamente. A pergunta é: o que estamos fazendo mais do que os outros (Mateus 5:47)? Nossa justiça deve exceder a dos fariseus e mestres da lei (Mateus 5:20), e o nosso amor deve ser maior do que o daqueles que não confessam a Cristo como Salvador (Mateus 5:47).

Em geral, as pessoas dão algo porque esperam receber o reconhecimento pelos seus feitos, mas a Igreja sabe que, muitas vezes, o amor que ela dá não será recompensado. Nem por isso ela deixa de praticar o amor. Uma das formas de evidenciá-lo é não desejarmos o mal que as pessoas nos desejam. Muitas pessoas vão nos desejar milhares de coisas ruins, mas não sejamos iguais a elas.

Quando a Bíblia diz "se alguém ferir seu próximo, deixando-o defeituoso, assim como fez lhe será feito: fratura por fratura, olho por olho, dente por dente. Assim como feriu o outro, deixando-o defeituoso, assim também será ferido" (Levítico 24:19-20),[12] ela não está recomendando que essa punição seja executada pela vítima, mas pelos juízes, pelas autoridades constituídas. O equívoco das classes religiosas do tempo de Jesus (às quais os escribas e fariseus pertenciam) foi estender esse princípio da justa retribuição ao campo dos relacionamentos pessoais.

Conforme Levítico 19:18, a lei não permitia vinganças pessoais. Jesus reconhecia a punição por parte dos tribunais legais, mas ensinou que nossa atitude com aqueles que nos prejudicam deve ser aceitar a injustiça: "Mas eu lhes digo: não resistam ao perverso. Se alguém o ferir na face direita, ofereça-lhe também a outra" (Mateus 5:39). Jesus jamais incentivou a vingança; pelo contrário, Ele se opôs veementemente a todo tipo de atitude vingativa ou belicosa.

Nessa passagem bíblica de Mateus, porém, a não resistência recomendada por Jesus não se refere ao diabo ou aos demônios, mas sim às pessoas que nos infligem o mal. Mesmo que essas pessoas sejam más, não nos é permitido devolver a elas o mal praticado contra nós. Com isso, Jesus não está nos estimulando a sermos como capachos ou subservientes que não oferecem resistência a nada. O que Ele nos instrui é que devemos ter a capacidade de suportar afrontas e possuir pelo próximo um amor que o mundo é incapaz de praticar.

Há uma frase conhecida que diz que "parecemos homens quando julgamos, parecemos animais quando brigamos e parecemos Deus quando amamos e perdoamos". Jesus espera que façamos o que o

---

12. Esse ensinamento também aparece em Deuteronômio 19:15-19: "Uma só testemunha não é suficiente para condenar alguém de algum crime ou delito. Qualquer acusação precisa ser confirmada pelo depoimento de duas ou três testemunhas. Se uma testemunha falsa quiser acusar um homem de algum crime, os dois envolvidos na questão deverão apresentar-se ao Senhor, diante dos sacerdotes e juízes que estiverem exercendo o cargo naquela ocasião. Os juízes investigarão o caso e, se ficar provado que a testemunha mentiu e deu falso testemunho contra o seu próximo, deem-lhe a punição que ela planejava para o seu irmão. Eliminem o mal do meio de vocês".

mundo é incapaz de fazer porque nossa inspiração não é o mundo, mas o Pai que está nos céus.

Assim como Jesus, Paulo fez muito mais do que oferecer comida e bebida, levando também a palavra da salvação às pessoas que o odiavam. E o que ele recebeu em troca nem sempre foi amor. Muitas vezes, por amar os seus inimigos, o apóstolo recebeu ódio, traduzido em pedradas, em perseguições, em prisões e em tantos outros sofrimentos.

Qualquer ser humano poderia dizer que Paulo era insensato ou capacho, em razão de suas atitudes tão amáveis e resignadas, mas o próprio Paulo reconhecia que sua benevolência tinha como fundamento a graça de Deus. Era a graça de Cristo, operando na sua vida, que o fazia amar seus inimigos e falar da salvação, em vez da vingança.

A vida é a aventura de perdoar. Todas as pessoas devem ter um cemitério especial no qual possam enterrar os erros de amigos e inimigos. Perdoar é libertar um prisioneiro e descobrir que esse prisioneiro era você mesmo. O perdão evita o preço da ira, o alto custo do ódio e um grande desperdício de energia. Se você quer ser infeliz, odeie alguém. Negar o perdão causa prejuízo bem maior àquele que se recusa a perdoar do que a quem não recebeu o perdão.

CAPÍTULO 14

Autossabotagem

A diferença entre o bicho-da-seda e a aranha é
que o primeiro tece sua teia para ficar preso,
a segunda tece sua teia para ficar livre.
Li Yutang

A autossabotagem é tão ampla que reúne praticamente todos os temas abordados nos capítulos anteriores, e por isso será explorada aqui, no último capítulo, com um resumo do que foi tratado anteriormente.

Todos nós fazemos planos, sonhamos com conquistas e deixamos as ideias fluírem com liberdade para, enfim, darmos início a novas jornadas ou empreitadas. Quem nunca passou por esses momentos? Muitos, de fato, alcançaram o sucesso e a realização, graças ao seu esforço, à sua dedicação e ao seu foco. Muitos, mas nem todos!

O que pode ter acontecido para que nem todos alcançassem suas perspectivas? O que os atrapalhou? Quem os demoveu de continuar no caminho que trilhavam para o destino que tanto almejavam? Certamente podemos encontrar muitas respostas plausíveis para essas perguntas porém, quero pinçar uma que muitos não mencionarão – talvez por a ignorarem ou, quem sabe, pela falta de habilidade em reconhecê-la –, mas que é uma causa comum para a interrupção de sonhos, planos, objetivos e metas. Trata-se da autossabotagem.

Com certeza você já ouviu falar em sabotagem, mas você sabe qual é exatamente o significado dessa palavra? Vamos a ele! Sabotar é agir de modo sorrateiro, dissimulado, às escondidas, para prejudicar algo ou alguém. É uma estratégia utilizada por oponentes para impedir que alguém chegue à execução e ao sucesso de seus planos. Ocorre que, por incrível que pareça, existem pessoas que usam esse artifício para prejudicar a si mesmas, ou seja, elas praticam a autossabotagem, puxam o próprio tapete.

Como alguém pode ter um comportamento que vai levá-lo a não vivenciar a felicidade e a satisfação geradas quando conseguimos, enfim, tornar nossos projetos realidade? Não o notando. A autossabotagem acontece por meio de armadilhas criadas de forma inconsciente pela pessoa que tem medo de experimentar a felicidade, que não se acha digna de ser bem-sucedida ou que entende que não merece ser feliz. É um comportamento de autodestruição de sonhos, de projetos e da possibilidade de um futuro promissor.

O autossabotador é meticuloso, e sua mente trabalha inconscientemente para que o plano de sabotagem seja seguido à risca em todos os detalhes. Ele não pode correr o risco de que as coisas deem certo para si! Visando o êxito de seus planos ardilosos, o autossabotador usa verdades e mentiras, assim como pessoas e coisas. Porém, a pessoa que mais o ajudará na empreitada de boicotar sua felicidade é ele próprio.

Para esse boicote são utilizadas diversas estratégias, a depender da área em que o plano precisa ser executado. A autossabotagem é aplicada nas áreas da vida em que a pessoa mais se sente fragilizada ou nas quais ela seria imensamente feliz e realizada caso obtivesse sucesso. Seja na vida sentimental, seja na profissional, financeira ou familiar, o autossabotador sempre terá um plano para interromper o caminho que poderia levar a um final feliz.

No capítulo dedicado ao "pensamento estratégico, falamos a respeito da palavra "estratégia". Estratégia significa pensar em detalhes, em minúcias, naquilo que muitos não pensam, fazendo-o de modo calculista e inteligente e analisando o problema e suas possíveis soluções. Na mente do estrategista há uma palavra-chave, e ela é "sucesso". Porém, na mente do autossabotador, aquilo que deveria ser usado para alcançar êxito nos planos de vida – ou seja, a estratégia – acaba disparando um sistema de autossabotagem!

Quando as estratégias começam a aflorar de forma voluntária na sua mente, num claro sinal de que se deseja obter eficácia nas ações que levarão ao sucesso de um projeto, algumas ciladas, da mesma forma e com a mesma força, brotam para que tais estratégias não deem certo. Ou, ainda, estratégias contrárias aos planos são concebidas no pensamento da pessoa que não se permite avançar em direção ao seu destino vitorioso.

É como se existissem dois personagens na mente da pessoa. De um lado, o personagem do bem com suas ideias animadoras: "Não desista do seu sonho", "Você é capaz sim!", "Você nasceu para ter sucesso", "Um dia deu errado, mas agora tem tudo para dar certo e dará" e "Não tenha medo, vá em frente". Do outro lado, está o personagem que representa o mal e que diz: "Isso não vai dar certo", "Olha quanta gente já tentou e acabou quebrando a cara", "Esqueça essa ideia, ela não vai funcionar" e "Isso não é para você, afinal, nada dá certo para você".

Podemos chamar as atitudes do personagem do mal de autossabotagem. Elas surgem em pensamentos que a própria pessoa tem a respeito de si e que são as mais diversas e mais criativas desculpas que ela é capaz de inventar para abortar seus planos – principalmente aqueles que têm tudo para dar certo e para fazer com que ela seja bem-sucedida. Ela traz ao presente experiências suas ou alheias que não deram certo como motivação para que ela mesma não viva sua conquista, para que não encontre sua felicidade ou ainda para que não usufrua de seu sucesso. É a autossabotagem em ação!

Mas como pode alguém não querer viver os seus próprios sonhos, aquilo que ela deseja? Como pode uma pessoa usar de artifícios para não ser feliz? O que se passa na mente e no coração dessas pessoas? Apesar de parecer um comportamento estranho, a autossabotagem é muito comum. E o interessante é que suas vítimas não a percebem, pois se trata de um ato inconsciente que está ligado a sentimentos como medo, autopiedade, orgulho e desejo de vingança, entre outros que abordaremos aqui.

Antes, porém, vamos falar sobre armadilhas e ciladas. A autossabotagem usa essas duas "estratégias do mal" com o objetivo de impedir a pessoa de prosseguir rumo às suas realizações. Elas aparecem quando se abandona o pensamento racional e prático para dar ouvidos aos medos, às incertezas e às inseguranças geradas ou existentes na alma. Podemos dizer que são como autotrapaças, armadilhas que o sujeito prepara contra si sem as detectar ao nível da razão.

As ciladas e armadilhas se aproveitam de fatores como limites autoimpostos, que funcionam tal qual uma barreira de contenção que impede a pessoa de ir em frente. Um exemplo é eleger a idade como limite. Algumas pessoas, por não se considerarem jovens, usam a idade como armadilha para não avançar e viver seu sonho. "Já estou velho para isso", "Posso começar e daqui a pouco morrer sem concluir" e "Isso é coisa de gente jovem" são alguns dos pensamentos daqueles que usam a idade para impor limites à sua conquista.

Sam Walton (1918-1992), fundador da grande rede de varejo Walmart, não permitiu que sua idade limitasse suas conquistas. Ele inaugurou sua primeira loja aos 44 anos. Vendo que estava fazendo mais do mesmo, ou seja, que não oferecia nada diferente em relação aos comércios que já existiam, ele estabeleceu sua primeira política de descontos. Foi considerado louco naquela época, mas, com o resultado dessa primeira ação, conseguiu abrir sua segunda loja. Dois anos depois, a rede já contava com 24 lojas e tinha um faturamento superior a 10 milhões de dólares. Graças à sua visão e ao seu trabalho, Sam Walton tornou-se o patriarca de uma das famílias mais ricas do mundo. Isso, sim, é não enxergar limites para sua conquista.

Hoje, uma pessoa de 44 anos ainda é jovem, mas em 1962, quando a medicina ainda oferecia poucos recursos, podia-se morrer muito cedo de causas hoje consideradas banais. Se a idade tivesse agido como um limitador para Sam Walton, milhares de pessoas não teriam a oportunidade de experimentar o que sua empresa pôde trazer para suas vidas. O que quero dizer com isso é que o seu sucesso pode ser o motivo do sucesso de outros.

Em vez de considerar sua idade cronológica uma desvantagem, quebre a autossabotagem usando o que a idade traz como benefício. Os anos de vida devem, na verdade, ser vistos como um privilégio; afinal, eles trazem experiência, parcimônia, habilidade, paciência, responsabilidade, compromisso e muitos outros atributos que desenvolvemos com o avançar dos anos. Pense assim e quebre a autossabotagem com argumentos racionais e verdadeiros.

A autossabotagem impede que a pessoa chegue aonde ela sempre desejou chegar. Trata-se de uma atitude que conspira contra o sucesso. Já sabemos que a autossabotagem é sempre inconsciente, mas quando adquirimos essa consciência encontramos a chave para uma mudança de hábitos, o que pode significar uma ruptura com esse estado mental doentio. É bem verdade que nem sempre conseguimos mudar tudo o que queremos, mas temos que tentar. Precisamos estar sempre à procura de mecanismos de superação. O segredo é aprender a localizar as armadilhas e desarmar os mecanismos da autossabotagem.

O medo

Uma das principais armadilhas impostas pelo inconsciente para que uma pessoa não seja feliz ou não obtenha sucesso em seu empreendimento é o medo. Essa pessoa tem medo de ser bem-sucedida ou, como se diz por aí, medo de ser feliz. Na maioria das vezes, ela não se dá conta disso, mas sente pavor da possibilidade de estar diante de sua conquista e não saber lidar com ela! Ela tem medo de estragar tudo. Medo de perder aquilo que acabou de ganhar. Medo de sentir uma alegria que, acredita, logo passará. Medo de não corresponder às expectativas. Medo da frustração.

A princípio, quando ela se vê diante da possibilidade real de alcançar o objetivo pelo qual tanto lutou, como a superação de desafios que surgiram em seu caminho, tudo parece muito estimulante, mas rapidamente vem o medo. Ele chega sutilmente, como aquele personagem do mal que se manifesta com suas questões inquietantes: "Mas será que você vai saber lidar com isso?" ou "É melhor parar por aqui e não se frustrar depois". De repente, um sentimento de temor entra no coração e leva a pessoa a se dividir entre duas possibilidades: "Continuo ou paro?".

O medo de dar certo pode ter raízes em situações vividas no passado, as chamadas "memórias de dor". O psiquiatra brasileiro Augusto Cury faz um relato interessante sobre essas memórias em seu livro *Dez leis para ser feliz*. Veja:

> Proteger os solos da memória é cuidar da qualidade dos arquivos conscientes e inconscientes que contêm os segredos da nossa personalidade.
>
> É se preservar do registro do medo, do desespero, das mágoas, enfim, do lixo de nossa existência.
>
> É também reescrever os arquivos doentios já arquivados.
>
> Todos se preocupam com os arquivos dos computadores, mas raramente alguém se preocupa com as mazelas e misérias arquivadas em sua memória. Se não protegermos a memória, é possível ter uma vida completamente infeliz, mesmo com uma infância saudável.
>
> Por favor, gravem isso. Nos computadores o registro depende da vontade, na memória humana o registro dos pensamentos e emoções é involuntário, realizado pelo fenômeno RAM (registro automático da memória). Nos computadores, a tarefa mais fácil é apagar os arquivos; no homem é impossível, a não ser por traumas cerebrais.
>
> Embora difícil, precisamos aprender a proteger a nossa memória.
>
> Toda angústia, medo, agressividade e ideias negativas registram-se e não podem mais ser deletados, só reeditados.
>
> Diariamente, você planta flores ou constrói favelas na sua memória. Como assim?
>
> AS FAVELAS DA MEMÓRIA
>
> Vamos comparar a memória com uma grande cidade, cada bairro com um arquivo e cada endereço com uma informação. Diariamente

arquivamos novas informações que constroem belos bairros ou áridas favelas. Por isso há ricos pobres e pobres ricos.
Muitos moram em bairros nobres, querem ficar distante das zonas pobres. Mas nos solos de sua memória pode haver inúmeras favelas, arquivos doentios. Alguns são privilegiados financeiramente, mas miseráveis interiormente. Em suas mansões há jardins, mas na sua emoção há tristeza e desolação.

O renomado autor cria contrapontos interessantes, como lixos e flores a ocuparem nossas memórias. Os sonhos que foram frustrados depois que se tornaram realidade, as decepções, as desilusões e os desgostos não podem ser relacionados como lixos. Eles contam a nossa história, são nossas experiências de vida. Por isso, são, sim, flores. Situações marcantes ou até traumáticas, que ficaram registradas no subconsciente e acabam por influenciar a pessoa ao longo da vida, não precisam ser as misérias do seu interior. Podem ser bases firmes e saudáveis para a construção da sua personalidade.

Já imaginou se José do Egito, personagem bíblico cuja história já narramos aqui,[13] tivesse parado em suas angústias, seus medos e suas frustrações? Ele certamente não teria sua história registrada na Bíblia. Foram exatamente suas mazelas que levaram esse ex-escravo traído a conquistar o posto de governador da nação mais poderosa da terra em sua época. Para José, seus traumas não foram lixo, mas motivos para que vencesse.

A autopiedade

A pessoa que sente medo de ser feliz quer se poupar de sofrer uma desilusão. Assim, como mecanismo de defesa, sua mente cria um plano para que tal objetivo não seja alcançado. Presa nessa autossabotagem, a pessoa usa o que acredita serem inabilidades para que os outros passem a ter pena dela, que nunca consegue conquistar nada.

---

13. Se quiser revisitá-la, a trajetória da vida de José é narrada em Gênesis 39-45.

Nesse cenário, há uma mistura de dois comportamentos, autossabotagem e autopiedade, um potencializando o outro. Ao se sabotar, a pessoa vê seus intentos não se realizarem e, assim, poderá sentir dó de si mesma por não conseguir realizar seus projetos. Essas duas atitudes são demoníacas, pois são evocadas pelo personagem do mal que age na vida daqueles que se deixam dominar pela autossabotagem e pela autopiedade.

É impossível viver uma história de sucesso quando se é dominado pela autopiedade. Nesse caso, sempre haverá boas desculpas para não avançar. Sempre haverá justificativas importantes para frustrar os planos. O autopiedoso é vítima de si mesmo, pois, em sua avaliação, ele é incapaz e incompetente para realizar qualquer coisa que leve ao seu crescimento, à sua realização e à sua felicidade. Com isso, nunca chegará aonde gostaria, nem fará nada de efetivo para que isso aconteça, por ficar paralisado diante desses sentimentos. Que desgraça!

Mas o que fazer para se livrar da autopiedade? Posso garantir que uma das primeiras e mais poderosas ações para isso é simplesmente olhar ao seu redor. Veja quantas pessoas com menos recursos ou condições estão vivendo muito melhor, conquistando seus espaços, realizando seus sonhos. Talvez você até encontre algumas pessoas que apresentem algum tipo de deficiência física e que não foram paralisadas por essa situação. Pode ser ainda que você encontre pessoas que não tiveram oportunidades como as que você teve, talvez de estudar, de ter uma família ou mesmo de ter pessoas que as apoiassem, mas elas simplesmente venceram esses problemas e avançaram.

Ao sentir dó de si, a pessoa passa a se enxergar como vítima de uma situação ou de um mundo no qual, na verdade, todos estão inseridos. Obviamente, existem aqueles que têm mais dinheiro, mas isso não significa felicidade, e aqueles que nasceram com uma aparência privilegiada, mas isso não significa sucesso. Existem também muitos pobres que, com seu trabalho, tornaram-se bem-sucedidos financeiramente, além de pessoas comuns que se tornaram ícones. Penso que a diferença sempre está no comportamento, na forma como os problemas são encarados e na autoconfiança. A fé, claro, é mais que um diferencial; ela é a grande motivação para uma vida de superação e de sucesso.

Os insucessos

Muitas pessoas vivem o insucesso quando seu destino – e quiçá sua vocação – deveria ser o sucesso. Mas o que as leva a isso? Os insucessos são, muitas vezes, frutos da autossabotagem, e não do fracasso em ações. Poderíamos chamar esse comportamento de "espírito de Aníbal", o general cartaginês que teve a vitória em suas mãos e deixou-a escapar por displicência.

Após constatar a falta de atitude de seu subordinado Aníbal, o comandante Maharbal disse: "Sabes como ganhar uma batalha; não sabes como explorar uma vitória". Essa frase foi dita durante a Segunda Guerra Púnica, quando Aníbal derrotou o grande e poderoso exército de Roma com seus soldados montados e deu a Cartago a supremacia sobre os romanos. Que feito!

Porém, após ter vencido essa batalha, Aníbal não quis avançar sobre Roma e conquistar a cidade. O historiador alemão Helge Hesse (1963), em sua obra *A história do mundo em 50 frases*, explica:

> Provavelmente nunca saberemos ao certo se Maharbal teria razão com as suas palavras acusadoras, e se Aníbal soube medir corretamente suas limitadas forças. As palavras de Maharbal ficaram famosas porque descrevem de forma certeira a situação em que o vencedor de uma batalha não sabe aproveitar a oportunidade para conseguir o triunfo final e, com ele, pôr fim à guerra. Foi assim, pelo menos, que Maharbal o viu. Na realidade, ambos os generais se encontravam numa situação que ocorre com alguma frequência na História: um inimigo (por vezes demasiado poderoso) pode ser vencido num momento de debilidade, mas essa vitória será sempre transitória.

Trazendo esse episódio para nosso tema, podemos inferir que o autossabotador tem o mesmo raciocínio e, consequentemente, a mesma postura de Aníbal. Ou seja, ele não toma as atitudes que tem de tomar para vencer a guerra, apesar de ter ganhado batalhas homéricas! Aliás, talvez por isso se sabote para não ter êxito no desenrolar da história. Aníbal simplesmente dispensou seus soldados num momento crucial, quando estavam em ritmo de vitória, ordenando que eles descansassem. Inacreditável!

Sem dúvida, esse comportamento, ainda que inconscientemente, repete-se na vida daqueles que sabem que podem vencer, mas que desviam suas energias para outras áreas com o desejo de viver insucessos. Mais do que um fracasso, entendo o insucesso como a não concretização de algo que era certo: o sucesso. Ele estava prestes a ser conquistado, mas a autossabotagem entrou em ação e transformou-o num inimigo a ser derrotado pela displicência.

A irresponsabilidade

Como foi dito no capítulo sobre responsabilidade, responder por algo é sempre uma dificuldade, em especial quando não somos os autores da ação. Ter responsabilidade é assumir uma postura diante das circunstâncias, negativas ou positivas, ruins ou boas, problemáticas ou não. Ser responsável é um traço importante da personalidade, uma mostra de consciência, de maturidade, de brio. Pode-se ser responsável ainda jovem ou irresponsável na maturidade.

Vamos imaginar um cenário em que as coisas não estejam correndo tão bem quanto gostaríamos. O responsável, diante dessa situação, assumirá a responsabilidade por todos os aspectos, e isso inclui buscar soluções. Para encontrá-las é preciso enxergar e entender os problemas. Aquele que ignora os problemas jamais encontrará uma solução! O responsável não tem medo do problema; antes, ele o procura para resolvê-lo.

Muitas pessoas, em vez de responsabilizarem-se, transformam-se em culpadas, ainda que não sejam. Elas querem atrair a atenção dos demais fazendo com que tenham dó ou raiva, pois assim elas poderão afastar-se do projeto. Sabe qual é o nome disso? Autossabotagem. Em vez de procurarem uma solução para o problema – que sempre existe –, essas pessoas se colocam como o problema e, assim, retiram-se do jogo.

Em todo e qualquer projeto haverá erros e frustrações, mas eles devem ser encarados como catalisadores que nos levarão a etapas mais favoráveis. Assumir a responsabilidade de forma madura e consciente afasta o vilão da autossabotagem. Saímos para enfrentar o medo, as críticas, a autopiedade e, assim, atraímos para nossas mãos o poder de decidir, de escolher. A escolha nos faz corajosos e donos de nossa vida. É o fim das desculpas e da autopiedade. É o começo de uma nova história destinada ao sucesso.

As frustrações

Segundo a psicanálise, a frustração é o estado de um indivíduo quando impedido por outrem ou *por si mesmo* de atingir a satisfação de uma exigência pulsional.

Chamei a atenção para a expressão "por si mesmo" porque, embora muitas pessoas tenham medo de viver ou reviver a frustração, é preciso entender que esse sentimento pode ser provocado pela própria pessoa. Como? Com a autossabotagem! Ela cria um círculo vicioso em que gera e é gerada pela autossabotagem.

Precisamos conviver com os erros e as frustrações porque eles sempre farão parte da vida. Não podemos nos poupar de vivê-los, ainda que signifiquem dor e sofrimento. O certo é que os erros e as frustrações nos ensinarão lições fundamentais para nossa existência, portanto saber lidar com esses sentimentos nos fará pessoas mais maduras e mais fortes. Evitá-los nos tornará frágeis e covardes.

Porém, não devemos ficar presos a algo que deu errado e não podemos desanimar diante de situações que não aconteceram conforme gostaríamos. O que deu errado ontem está no passado; hoje é um novo dia e precisamos encarar essa novidade. A frustração não pode ser um estado permanente, pois nem sempre as coisas sairão diferente daquilo que desejávamos. A vida está sempre em movimento!

Mas o que fazer diante de situações que tolhem sonhos e projetos? A única resposta plausível é enfrentá-las! Questione seu comportamento diante das novas circunstâncias. Diga a você mesmo que, ainda que tudo tenha dado errado em algum momento, nada garante que será assim outra vez. O que der errado deve entrar em seu currículo como experiência, e não como fracasso, pois arriscar-se faz parte da vida. E, mais que tudo, tenha a convicção de que, sim, você pode e merece ser bem-sucedido em seus projetos.

Tirar ensinamentos e proveitos dos erros e das frustrações é uma grande sabedoria. O psiquiatra e escritor brasileiro Augusto Cury disse que "a vida é uma grande universidade, mas pouco ensina a quem não sabe ser um aluno". O grande perigo é ter medo da vida e dos caminhos (ou lições) que ela apresentará. Cury também escreveu o seguinte sobre o assunto:

> Mas o que fazer com os traumas já registrados? É necessário reeditar o filme do inconsciente, sobrepondo novas experiências sobre as antigas. Eis o maior desafio da inteligência! É necessário "criticar" diariamente as imagens doentias da memória que nos controlam. É necessário também "não pedir", mas "determinar" ser alegre, ousado, seguro, saudável. Essas ferramentas reurbanizam as favelas do medo, do ódio, da autopunição e nos libertam.

As mágoas

A mágoa corrói a alma e, não raro, acarreta enfermidades físicas. Não há dúvidas de que uma pessoa magoada também é capaz de magoar. Agora, o que dizer daqueles que têm mágoas de si mesmos? Essa mágoa pode ser gerada por uma autossabotagem inconsciente e ganhar proporções avassaladoras, já que, por não detectar a autossabotagem, a pessoa não tem controle sobre ela, o que acarreta inúmeras ações geradoras de dor.

A mágoa, assim como a autossabotagem, precisa ser entendida racionalmente. Enquanto estiver no inconsciente será como um inimigo oculto, porém com poderes destrutivos reais. Muitas vezes, esse sentimento brota de situações mal resolvidas conosco ou da falta de atitude em resolver problemas que nos afligem. A mágoa acaba sendo utilizada como um instrumento de autopunição pelos nossos erros e falhas ou, ainda, como um sentimento inibidor de coisas novas, já que o passado ocupa um espaço que poderia ser destinado a situações ou até mesmo a sentimentos novos e nobres.

Para o escritor Steven K. Scott, o perdão é o remédio que cura corações magoados. Em seu livro *Salomão, o homem mais rico que já existiu*, o autor escreve: "Quando uma pessoa nos fere, ela também nos dá uma ótima oportunidade de respondermos com perdão e de nos sentirmos muito melhor. Não há atributo mais gracioso e louvável do que a capacidade de perdoar. Por isso, devemos ser gratos às pessoas que mais nos magoaram. Quanto maior o nosso perdão, mais correto e generoso se torna o nosso caráter".

Eliminar a mágoa faz com que a pessoa se sinta mais feliz e liberta dos açoites invisíveis que a feriam e que a continuariam castigando. Será que não está na hora de vasculhar cada canto do seu coração e inspecionar se existem mágoas o aprisionando? Situações mal resolvidas do passado ainda estão lá? Não responda agora. Pare e pense. Veja se vale a pena mantê-las dentro de você.

O silêncio

Se saber comunicar-se é um importante aprendizado em direção à realização, o silêncio pode ser uma interdição nesse caminho. Quando falamos sobre comunicação, argumentamos sobre a importância dessa ferramenta fundamental na obtenção do sucesso. Aquele que se fecha tranca dentro de si não só frustrações, angústias, medos e mágoas, mas também a possibilidade de que soluções sejam encontradas. Não seria, então, o silêncio uma forma de autossabotagem?

Vivemos na era do compartilhamento, cercados por facilidades para nos comunicarmos, o que é bom e ruim. O lado bom são os estímulos para que as pessoas se comuniquem, se expressem, troquem ideias e, assim, cresçam intelectualmente. O lado ruim é que não raro vidas ficam escancaradas quando se perde o limite entre o público e o privado. Como agir, então? De forma responsável e usando o bom senso, duas atitudes capazes de promover uma comunicação saudável entre as pessoas. É preciso saber falar, assim como saber ouvir.

É claro que não devemos sair por aí falando tudo o que pensamos, abrindo nossa vida e nossos projetos a qualquer um, mas existem pessoas que podem ouvir nossas intenções sem, contudo, querer prejudicar-nos ou desejar-nos o mal. Existem ouvidos prontos a nos escutar e corações bondosos para aconselhar-nos. Salomão disse: "Sem diretrizes a nação cai; o que a salva é ter muitos conselheiros" (Provérbios 11:14) e "Os planos fracassam por falta de conselho, mas são bem-sucedidos quando há muitos conselheiros" (Provérbios 15:22). É importante, portanto, que sonhos e planos sejam expostos – ou, pelo menos, parte deles – a pessoas maduras e capazes de incentivá-lo a alcançar seus objetivos. O rol de pessoas aptas a essa função, sem dúvida, é muito restrito. Talvez ele seja composto por pais, cônjuges, filhos e pastores, mas é importante que, entre esses, haja alguém com quem você possa abrir-se, dividir suas angústias, tirar dúvidas, desfazer temores e receber direcionamentos.

Não viva dentro de um casulo. Não se sabote utilizando o isolamento e o silêncio como desculpas para seus insucessos. Saiba que existem pessoas bem-intencionadas e experientes capazes de contribuir para suas realizações. Uma conversa construtiva, um conselho sóbrio e uma opinião bem fundamentada certamente contribuirão para seu crescimento. Palestras, cursos e seminários também agregarão conhecimento e direcionamento para alcançar seus objetivos.

A inércia

Deixar de fazer, deixar acontecer, não se preparar e não se esforçar são atitudes vinculadas à inércia, um dos agentes sabotadores mais presentes na vida das pessoas que esperam não realizar. Uma frase popular diz que "o que torna um sonho irrealizável é a inércia de quem sonha". Trata-se de uma pessoa que tem sonhos, que deseja vivê-los, mas que, por algum motivo, não luta por eles, não os torna concretos.

A inércia nem sempre é ficar parado, sem nada fazer. Por incrível que pareça, ela pode ser entendida também como fazer algo para que certas coisas não aconteçam! Isso, claro, também é autossabotagem. Para a física, a inércia é a resistência que a matéria oferece à aceleração, ou seja, há um trabalho, um esforço (resistência) para que algo não aconteça.

Talvez uma das explicações para esse comportamento seja o fato de que a pessoa não acredita que tem o direito de conquistar algo. Ela não se sente à vontade com a possibilidade de sua vida dar certo. Isso pode acontecer quando a autocrítica é impiedosa.

Mas como se livrar da inércia? Como sentir vontade de realizar algo? O que fazer para que o desejo de conquistar seja mais forte do que o trabalho para que ele não vingue? A resposta para todas essas perguntas está na vontade de viver!

O médico e biólogo francês Alexis Carrel (1873-1944) deixou-nos uma frase interessante sobre vida e inércia: "A vida esguicha como uma fonte para aqueles que perfuram a rocha da inércia". É necessário haver um esforço bastante grande para que a inércia seja vencida; talvez por isso Carrel a tenha comparado a uma rocha, pela sua dureza e pela dificuldade em ser superada. Porém, o fato é que, se houver desejo pela vida, valerá a pena o trabalho, porque ela certamente jorrará como resultado do esforço.

O que é a vida senão uma combinação de erros e acertos, de altos e baixos, de alegrias e tristezas, de temores e ousadias, de fracassos e sucessos? E o motor para tudo isso são as nossas atitudes diante de cada situação. É a vontade de ter uma vida repleta de histórias, de marcas, de experiências que produz a inspiração. O grande poeta português Fernando Pessoa escreveu: "Não importa se a estação do ano muda... Se o século vira, se o milênio é outro. Se a idade aumenta... Conserve a vontade de viver. Não se chega a parte alguma sem ela".

Também em Eclesiastes 3:1-8 somos lembrados de que a vida é formada por estações ou tempos:

> Para tudo há uma ocasião, e um tempo para cada propósito debaixo do céu: tempo de nascer e tempo de morrer, tempo de

> plantar e tempo de arrancar o que se plantou, tempo de matar e tempo de curar, tempo de derrubar e tempo de construir, tempo de chorar e tempo de rir, tempo de prantear e tempo de dançar, tempo de espalhar pedras e tempo de ajuntá-las, tempo de abraçar e tempo de se conter, tempo de procurar e tempo de desistir, tempo de guardar e tempo de lançar fora, tempo de rasgar e tempo de costurar, tempo de calar e tempo de falar, tempo de amar e tempo de odiar, tempo de lutar e tempo de viver em paz.

No tempo de Deus, Sua obra terá Seus recursos. É melhor esperar o tempo Dele do que correr contra o relógio. Tudo o que é feito antes ou depois do tempo de Deus é tempo perdido. Então, descanse e confie em Deus, pois Ele tem completo domínio sobre tudo. O tempo nos oferece a oportunidade de aprendizado. Sábio é quem adquire experiência com suas lições. Afinal, saber esperar não é se acomodar às circunstâncias; é, antes de tudo, aguardar o momento certo de agir.

Uma palavra final

> O sucesso está no fato de se olhar
> no espelho sem ter vontade de fugir.
> *Raoul Follereau*

Para algumas pessoas, ter atitude equivale a enfrentar uma dificuldade em cada oportunidade. Para outras, é encontrar uma oportunidade em cada dificuldade. Há aquelas que obtêm sucesso através de atitudes positivas, enquanto outras fracassam por terem atitudes negativas. Há, pelo menos, sete regras de ouro sobre *sucesso* e *fracasso* às quais precisamos atentar:

1. Jamais deixe que o sucesso suba à cabeça;
2. Não deixe que o fracasso desça ao coração;
3. Para cada degrau do sucesso, suba dois da humildade;
4. Veja o fracasso como um professor, e não como um coveiro;
5. Não espere obter o sucesso deitado sobre leves plumas;
6. Fracassado não é quem cai, mas quem permanece no chão;
7. Sucesso não é ser bem-sucedido, mas tornar-se um ser humano melhor.

Cada experiência – sucesso ou fracasso – é uma oportunidade a saborear na viagem da vida! O fato de certas atitudes trazerem sucesso para alguns e fracasso para outros já é o bastante para despertar, em nós, o interesse em conhecer *o poder da atitude*. Esses comportamentos mostram o que cada ser humano espera da vida. Por um lado, estão as atitudes medíocres, que são responsáveis por casamentos desfeitos, carreiras fracassadas, desemprego, promoções adiadas e bênçãos não alcançadas. Por outro lado, porém, estão os benefícios decorrentes de atitudes nobres: casamentos sólidos, carreiras bem-sucedidas, empregos cobiçados, promoções e bênçãos alcançadas.

No livro *Awake, my heart* [Acorda, meu coração], o pastor australiano J. Sidlow Baxter (1903-1999) faz uma pergunta: "Qual é a diferença entre um obstáculo e uma oportunidade?". Ele mesmo responde: "Nossa atitude diante deles". Toda oportunidade traz uma dificuldade e toda dificuldade traz uma oportunidade. Aqueles que almejam o topo da montanha não dão importância às pedras no caminho. Sócrates dizia: "Transforme as pedras em que você tropeça nas pedras de sua escada". Diferentes são as atitudes que as pessoas tomam *diante das pedras no caminho*:

- Os distraídos tropeçam nelas;
- Os pessimistas as veem como obstáculos;
- Os otimistas as enxergam como degraus;
- Os brutos as usam como armas;
- Os empreendedores as utilizam na construção;
- Os camponeses fazem delas assentos;
- Michelangelo, o artista italiano, fazia delas belas esculturas;
- Moisés, nas tábuas de pedras, escreveu os Dez Mandamentos;
- Davi tirou cinco pedras do ribeiro e com uma delas matou Golias.

Observe que a diferença não está nas pedras, mas nas pessoas! Não existem "pedras" no caminho que não possam ser aproveitadas para o nosso crescimento pessoal. Dificuldades e obstáculos são fontes valiosas de força para qualquer indivíduo. Os problemas e os dilemas fazem parte da vida. E a vida é a arte de superá-los.

O sucesso ou o fracasso, em qualquer empreendimento, é mais consequência de uma atitude mental do que de mera habilidade intelectual. O quociente de atitude (QA) tem se mostrado um fator mais importante do que o quociente de inteligência (QI).

A *coach* brasileira Deisi Nara Bierende, formada pelo Instituto de Coaching Integrado dos Estados Unidos e membro da International Coach Federation (ICF), destaca que é muito comum estranharmos que pessoas inteligentes, com inúmeras formações, possam agir de forma descontrolada. Ela explica que

> Confunde-se inteligência intelectual com inteligência emocional. Ser inteligente na área intelectual não faz diferença nenhuma na área emocional. O sujeito pode ser um gênio, mas se não souber lidar com suas emoções, com o estresse das situações de adversidade, com a diversidade, com as mais variadas demandas diárias, com a pressão por resultados e administrar seu tempo, apenas a sua genialidade não o leva muito longe.

Em sua obra *Segredos da atitude*, o escritor norte-americano John Maxwell também destaca que

> A atitude determina os relacionamentos pessoais. Toda a sua existência é afetada pelos relacionamentos. Você talvez não se dê bem com algumas pessoas, porém não consegue vencer na vida sem elas. Essa é a razão por que é essencial construir relacionamentos adequados neste mundo cheio de gente.

Maxwell oferece alguns dados do Instituto de Pesquisa da Universidade de Stanford, que dizem que apenas 12,5% do dinheiro ganho com esforço próprio são determinados pelo conhecimento enquanto 87,5% são consequência da capacidade de lidar com pessoas.

Na obra citada, Maxwell ainda reitera que o sucesso nas áreas intelectual e emocional denota a capacidade de usar a mente e as emoções como ferramentas no progresso pessoal e na construção de uma carreira sólida que traga reconhecimento. As capacidades de ter domínio sobre os sentimentos, de direcionar os pensamentos e de avaliar as próprias crenças fazem a diferença entre o sucesso e o fracasso na vida.

No mundo corporativo, por exemplo, ser competitivo é uma boa forma de alcançar o sucesso. Atitudes competitivas podem nos encher de energia e fazer com que nos sintamos capazes de assumir tarefas desafiadoras. Porém, um comportamento competitivo que atenta contra nosso bem-estar e equilíbrio pode cobrar seu preço, levando-nos à autodestruição e separando-nos das pessoas que mais amamos. Nesse caso, nenhum sucesso humano justificará o fracasso da família, a perda da saúde nem, principalmente, o afrouxamento da nossa relação com Deus.

Uma competitividade saudável, salvaguardando tais valores essenciais e respeitando as necessidades dos outros, é boa para nosso próprio bem-estar e para o bem-estar alheio, pois trabalha nossa ambição e ajuda-nos a alcançar o sucesso de forma mais gratificante.

Temos um potencial quase ilimitado para superar grandes desafios, mas poucas pessoas se dão conta disso. Quando Deus quer instruir uma pessoa, Ele não lhe envia bênçãos, mas desafios e problemas. Grandes líderes surgem em meio a crises. Na antiga nação de Israel, quando o gigante Golias se colocou contra os hebreus, todos os soldados pensaram que ele era grande demais e que jamais conseguiriam matá-lo. Davi olhou para o mesmo gigante e pensou: "Ele é grande demais. Não dá para errar".

Uma fábula de autor desconhecido, que circula na internet, revela-nos o poder da ousadia e os danos resultantes da falta de atitude daqueles que se acostumaram a pensar de modo medíocre e rasteiro:

> Conta-se que, certa vez, uma empresa de calçados resolveu enviar dois de seus vendedores para a Índia no intuito de realizarem um levantamento sobre a possibilidade de expandirem seus negócios por aquelas paragens [...]. Lá chegando, e após sondar o cenário local, um dos vendedores enviou um e-mail para a empresa, dizendo:

"Senhores fornecedores, cancelem o envio dos produtos, pois aqui na Índia ninguém usa sapatos!". O segundo vendedor, sem saber o teor da mensagem de seu colega, também enviou um e-mail para a empresa informando a situação encontrada, dizendo: "Senhores fornecedores, TRIPLIQUEM o envio de sapatos, pois aqui na Índia ninguém usa sapatos, AINDA!".

A chave para uma boa atitude é a disposição para mudar a realidade. Somos escravos ou senhores de nossas atitudes, e o que garante o sucesso de um empreendimento é a fé. Como vimos, a mudança depende de nossa atitude mental. James Allen (1864-1912), escritor e filósofo britânico, afirmou que "um homem é literalmente o que pensa, sendo seu caráter a soma total de seus pensamentos". Precisamos observar se nosso pensamento está indo na direção certa, pois aquilo que prende nossa atenção determina nossas ações. Viver é questionar a própria existência e suas razões. Segundo René Descartes, é o pensar que define nossa existência como seres humanos. "Penso, logo existo", afirmou o filósofo francês na sua obra *Discurso do método*, na qual ele permeia a autoridade da razão.

"A maior descoberta de minha geração é a de que as pessoas são capazes de transformar sua vida mudando sua atitude mental", acrescentou William James (1842-1910), filósofo e pedagogo norte-americano. O processo de mudança do pensamento começa quando identificamos seu ponto de partida: a atitude certa em relação ao sucesso e os princípios certos para alcançá-lo. Os princípios devem ser levados em conta, porque sucesso sem ética ou sem moral não passa de um falso sucesso. A realização obtida com trapaças não pode ser considerada sucesso, e sim fracasso e derrota. Afinal de contas, não se deve subir alto com um caráter baixo.

Infelizmente, na sociedade de valores invertidos em que vivemos, é comum sermos aconselhados a ser desonestos e sermos congratulados por ter enganado alguém. Precisamos avaliar bem o teor de nossas atitudes. Temos assistido a demasiados casos de sucesso que, na realidade, não o são. Precisamos conservar sempre nossos bons princípios, porque eles determinam os meios, e estes, os fins.

Lembre-se: *determinam*, mas não *justificam*. Não caia nessa crença de que os meios justificam os fins. Quem usa meios inadequados, quem age sem escrúpulos, sem ética ou sem moral para atingir certos fins, mostra ser sem princípios, e uma pessoa sem princípios não poderá ter um bom fim.

Como querer um mundo melhor se utilizamos meios escusos? Como querer um mundo melhor quando nem cumprimentamos o porteiro do prédio e o ascensorista no elevador? Como ter um mundo melhor quando achamos que aquele lixo que jogamos na rua é inofensivo e não vai prejudicar o planeta? Como querer um mundo melhor se nem sempre respeitamos as leis, por mais irrelevantes que possam parecer? Uma consciência pesada é bem pior que um corpo pesado. Ajude a mudar o mundo praticando boas ações, ainda que elas sejam pequenas. Madre Teresa de Calcutá disse: "Sei que o meu trabalho é uma gota no oceano, mas sem ele o oceano seria menor". Boas atitudes são assim. Elas podem ser pequenas, imperceptíveis, mas, no tempo certo, darão resultados; basta praticá-las.

No site Penso Positivo[14] há um artigo interessante, intitulado *O falso e o verdadeiro sucesso: qual você deseja?*. Nele, o autor diz que

> O indivíduo que luta pela projeção exterior sofre solidão, vazio, frustrações e tédio. Aquele que é tido pela sociedade como uma pessoa de sucesso não é, necessariamente, uma pessoa feliz. Todavia, muitos perseguem esse sucesso com sofreguidão, e para mantê-lo desgastam-se emocionalmente, fracassam na condução da própria família, inspiram ódios, guerras surdas ou declaradas, acumulam desgostos e ainda disponibilizam enfermidades.

O falso sucesso dá a impressão de que estamos nos saindo bem, mas, na verdade, estamos prejudicando a nós mesmos. Quando finalmente percebermos que precisamos fazer mudanças, poderá ser tarde demais. Lembro, aqui, as perguntas retóricas de Jesus Cristo: "Pois, que adiantará ao homem ganhar o mundo inteiro e perder a

14. O endereço do site é <www.pensopositivo.com.br>.

sua alma? Ou, o que o homem poderá dar em troca de sua alma?" (Mateus 16:26). Essas palavras dão um alerta contra uma atitude típica do falso sucesso, que é deixar que a vida gire em torno da busca por dinheiro e por bens materiais.

O sucesso verdadeiro está sempre acompanhado de preceitos éticos e de bons princípios, pois vencer sem escrúpulo não significa sucesso, mas, sim, pura ilusão. Crescer sem raiz é crescer destinado a cair. Não se pode esperar alcançar o topo da pirâmide atropelando todo mundo que se vê pela frente. Usar as pessoas como degraus para atingir o sucesso é declínio, e não progresso. O sucesso real está em fazer os outros também felizes, em dar um passo à frente sem pisar no pé de alguém. Afinal, ninguém tem o direito de ser feliz sozinho. Sucesso compartilhado é sucesso em dose dupla!

Pelo menos teoricamente, as pessoas sabem a diferença entre o falso e o verdadeiro sucesso, mas, na prática, é mais difícil tomar atitudes que reflitam um entendimento correto do sucesso.

Nossa vida espiritual, nossa saúde física e emocional e nossa família são presentes de Deus. Que saibamos valorizar essas bênçãos mais do que tudo na vida!

Referências Bibliográficas

ALLEN, Charles. *A psiquiatria de Deus:* fórmulas seguras para conseguir e manter a saúde mental e espiritual. Belo Horizonte: Betânia, 1981.

ARTAUD, Gerard. *Conhecer a si mesmo:* crise de identidade do adulto. São Paulo: Paulinas, 1982.

AUGSBURGER, David. *Importe-se o bastante para confrontar:* como entender e expressar seus sentimentos mais profundos em relação aos outros. Campinas (SP): Editora Cristã Unida, 1992.

BAXTER, J. Sidlow. *Awake, my heart:* daily devotional studies for the year. Grand Rapids (Michigan, EUA): Kregel, 1994.

BEAUMONT, Janise. *O poder do perdão:* perdoar as pessoas pode mudar sua vida para sempre. São Paulo: Gente, 2011.

BLANCHARD, John. *Pérolas para a vida:* pensamentos para sermões e palestras. São Paulo: Vida Nova, 1993.

BOSAK, Darcisio. *Desvendando os segredos da convivência.* São Paulo: AgBook, 2015.

CARDOSO, Alex. *O pavão de hoje é o espanador de amanhã:* quanto maior a arrogância mais brutal é a derrota. [S.l.]: Ed do autor, 2010.

_____. *Só merece o doce quem provou o amargo:* a noite mais escura vem antes da alvorada mais radiante. Rio de Janeiro: MK Publicitá, 2005.

______. *Faça cada dia valer a pena:* vencendo a tirania do mau humor. Rio de Janeiro: MK Publicitá, 2004.

CÉSAR, Elben M. Lenz. *Desça do elevador:* um chamado à humildade. Viçosa (MG): Ultimato, 1996.

CHANDLER, Steve. *100 maneiras de motivar a si mesmo:* um plano de ação para banir os pensamentos negativos que bloqueiam seus sonhos e objetivos. Rio de Janeiro: Sextante, 2014.

COLLINS, Jim. *Empresas feitas para vencer:* por que algumas empresas alcançam a excelência... e outras não. Rio de Janeiro: HSM, 2013.

COMTE-SPONVILLE, André. *Pequeno tratado das grandes virtudes.* São Paulo: Martins Fontes, 1995.

CURY, Augusto. *Treinando a emoção para ser feliz:* nunca a autoestima foi tão cultivada no solo da vida. São Paulo: Planeta; Academia de Inteligência, 2014.

______. *Dez leis para ser feliz:* ferramentas para se apaixonar pela vida. Rio de Janeiro: Sextante, 2003.

DICIONÁRIO Houaiss da Língua Portuguesa. Rio de Janeiro: Objetiva; Instituto Antônio Houaiss, 2009.

DORTCH, Richard W. *Orgulho fatal:* um ousado desafio a este mundo faminto de poder. Rio de Janeiro: Casa Publicadora das Assembleias de Deus (CPAD), 1996.

DYER, Wayne W. *Seus pontos fracos.* Rio de Janeiro: BestSeller, 2013.

EDWARDS, Gene. *Perfil de três reis:* cura e esperança para corações quebrantados. São Paulo: Vida, 2006.

EXLEY, Richard. *Cristianismo em ação:* o amor com mangas arregaçadas. São Paulo: Vida, 1992.

FERRUCCI, Piero. *A arte da gentileza:* as pessoas mais gentis são mais felizes e bem-sucedidas. 2. ed. Rio de Janeiro: Campus, 2004.

FLEMING, Kenneth C. *Ele humilhou-se a si mesmo:* redescobrindo a esquecida arte de servir. São Paulo: Vida, 1994.

GOLEMAN, Daniel. *Foco:* a atenção e seu papel fundamental para o sucesso. Rio de Janeiro: Objetiva, 2014.

______. *Inteligência emocional:* a teoria que redefine o que é ser inteligente. Rio de Janeiro: Objetiva, 2011.

GOODALL, Wayde. *O sucesso que mata:* fuja das armadilhas que roubam os seus sonhos. Rio de Janeiro: Casa Publicadora das Assembleias de Deus (CPAD), 2011.

HAGIN, Kenneth E. *Planos, propósitos e práticas*. Rio de Janeiro: Graça Editorial, s.d.

HERMÓGENES, José. *Saúde na terceira idade*. Rio de Janeiro: Nova Era, 2003.

HESSE, Helge. *A história do mundo em 50 frases*. Rio de Janeiro: Casa da Palavra, 2012.

KASSOY, Gisela. *Porta-ideias:* um guia para você estimular, guardar e aprimorar ideias. São Paulo: Cultura, 2000.

LEIDER, Richard J.; SHAPIRO, David A. *Reorganize sua bagagem:* tire o peso de sua vida. Rio de Janeiro: Rocco, 1996.

LUCAS, Miguel. *Seja seu próprio psicólogo*. 6. ed. Rio de Janeiro: Paulus, 1994.

LUTZER, Erwin W. *Por que pessoas boas fazem coisas más:* como a graça de Deus pode transformar nossa tendência de fazer o mal. Belo Horizonte: Betânia, 2004.

MACDONALD, Gordon. *Segredos do coração do homem*. Belo Horizonte: Betânia, 1999.

MALI, Taylor. *Um bom professor faz toda a diferença*. Rio de Janeiro: Sextante, 2013.

MAXWELL, John. *Segredos da atitude*. São Paulo: Mundo Cristão, 2003.

_____. *Às vezes você ganha, às vezes você aprende*. Rio de Janeiro: Casa Publicadora das Assembleias de Deus (CPAD), 2015.

_____. *Você pode realizar seu sonho:* 10 perguntas para ajudar você a identificar e agarrar seu sonho. Rio de Janeiro: Thomas Nelson Brasil, 2009.

MILLER, John G. *Você é mais capaz do que pensa:* assumindo sua responsabilidade no trabalho e na vida. Rio de Janeiro: Sextante, 2005.

MOORE, James W. *Como lidar com o stress*. São Paulo: No Cenáculo, 1995.

MORAES, Jilton. *O clamor da igreja:* em busca de excelência no púlpito. São Paulo: Mundo Cristão, 2012.

MOSCOVICI, Fela. *Desenvolvimento interpessoal:* treinamento em grupo. Rio de Janeiro: José Olympio, 2008.

PEALE, Norman Vincent. *6 atitudes para um vencedor*. São Paulo: Bompastor, 2001.

PERCY, Allan. *Kafka para sobrecarregados*. Rio de Janeiro: Sextante, 2012.

POUJOL, Jacques; POUJOL, Claire. *Os conflitos:* como se originam, como se desenvolvem e como solucioná-los. São Paulo: Vida, 2005.

ROMÃO, César. O orgulho é uma praga disfarçada. 2010. Disponível em: <www.cesarromao.com.br/redator/item32000.html>. Acesso em: 16 maio 2017.

SCHMITT, Carlos Afonso. *Automotivação:* um jeito especial de superar limites. São Paulo: Paulinas, 2004.

SCHÜLLER, Robert. *Atitudes para ser feliz*. São Paulo: United Press; Hagnos, 2001.

SCOTT, Steven K. *Salomão, o homem mais rico que já existiu*. Rio de Janeiro: Sextante, 1998.

SEAMANDS, David A. *Se ao menos...:* uma vítima ou um vencedor? A escolha é sua. Belo Horizonte: Betânia, 1996.

SILVA, Maria Júlia Paes. *Comunicação tem remédio:* a comunicação nas relações interpessoais em saúde. São Paulo: Gente, 1996.

STAMATEAS, Bernardo. *Gente tóxica:* como lidar com pessoas difíceis e não ser dominado por elas. Rio de Janeiro: Thomas Nelson, 2009.

SULLIVAN, Dan; NOMURA, Catherine. *As 10 leis do crescimento pessoal:* faça o seu futuro maior que o seu passado e dê sentido a sua vida. Rio de Janeiro: BestSeller, 2006.

TERÊNCIO. *O homem que se puniu a si mesmo*. Coimbra (Portugal): Instituto Nacional de Investigação Científica, 1992.

VARNADOE, Heet. *Chamados à excelência:* redefinindo o sucesso nos negócios. Niterói: BV Films, 2009.

WEISINGER, Hendrie. *Inteligência emocional no trabalho*. Rio de Janeiro: Objetiva, 1997.

WHITE, Jerry; WHITE, Mary. *Seu trabalho:* sobrevivência ou satisfação? Rio de Janeiro: Juerp, 1992.

Este livro foi composto em Adobe Garamond Pro e Bliss Pro e impresso pela RR Donnelley
para a Editora Planeta do Brasil em maio de 2017.